JN223097

Shuwasystem Industry Trend Guide Book

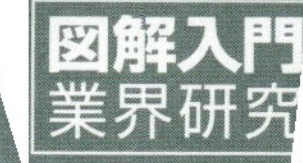

最新 物流業界の動向とカラクリがよ〜くわかる本

［第5版］

船井総研ロジ株式会社　著

秀和システム

●注意
(1) 本書は著者が独自に調査した結果を出版したものです。
(2) 本書は内容について万全を期して作成いたしましたが、万一、ご不審な点や誤り、記載漏れなどお気付きの点がありましたら、出版元まで書面にてご連絡ください。
(3) 本書の内容に関して運用した結果の影響については、上記 (2) 項にかかわらず責任を負いかねます。あらかじめご了承ください。
(4) 本書の全部または一部について、出版元から文書による承諾を得ずに複製することは禁じられています。
(5) 本書に記載されているホームページのアドレスなどは、予告なく変更されることがあります。
(6) 商標
本書に記載されている会社名、商品名などは一般に各社の商標または登録商標です。

はじめに

2017年頃から、深刻なドライバー不足により、「物流クライシス」という言葉が登場しました。最近で言うと「物流業界の2024年問題」が、新聞やニュース、ビジネス誌等で取り上げられることが急増しました。2024年4月からトラック運転手の時間外労働の規制が強化されたことで、〝モノが届かなくなる〟という事態が起きようとしています。このように、物流業界を取り巻く環境は、この数年間で激変しています。

とはいえ、一般の人にとって、その実態や内情はよくわからない業界というのが実際でしょう。あらゆるところでトラックや貨物列車などの輸送車両が見かけられるにもかかわらず、〝裏方〟であるため、全体像を知る機会がありません。

物流は経済において最も重要なインフラの一つであり、経営においても最も重要性の高い戦略の一つです。物流を企業戦略の要諦として位置づける企業も多く、主要官庁も物流政策を展開しています。

本書では、物流に少なからず関心を示し、本書を手にとっていただいた皆様に対して、詳しくわかりやすく物流業界の〝今〟を解説していきます。

なお最後に、日々のコンサルティング活動の中で多くの気づきや学びをくださる物流企業研究会「ロジスティクスプロバイダー経営研究会」会員企業の皆様、本書執筆の機会をいただきました秀和システム編集部様、誠にありがとうございます。末筆ながらここに感謝の意を表します。

2024年9月　船井総研ロジ株式会社　物流コンサルティングビジネス部

最新物流業界の動向とカラクリがよ～くわかる本［第5版］

はじめに……3

第1章 物流とは何か

1-1 〝物流〟という言葉の意味……10
1-2 企業戦略のなかの物流……12
1-3 流通経路と物流経路……14
1-4 〝物流〟と〝ロジスティクス〟……16
1-5 サプライチェーン・マネジメント（SCM）……18
コラム 物流コンサルタントの仕事……21

第2章 物流業界の仕組み

2-1 物流企業の分類……24
2-2 物流業界の構造（業界地図）……26
2-3 増え続けてきた物流企業……28
2-4 運送会社の分類と機能……30
コラム これから生き残る物流企業の特性……33
2-5 倉庫会社の分類と機能……34
2-6 流通加工会社の機能……36
2-7 引越会社、トランクルーム会社も物流企業……38
2-8 物流子会社の役割……42
2-9 元請け、下請け、孫請け……45
2-10 運賃の算出方法……47
2-11 倉庫料の算出方法……50
2-12 荷役料・流通加工料の算出方法……53
2-13 運送会社の原価構造……55
2-14 倉庫会社の原価構造……58

第3章 物流企業の組織と仕事

3-1 物流企業の商品とは……62
3-2 物流企業の組織構造……64
3-3 物流センターの機能……66
3-4 運送部門の機能とドライバーの仕事……68
3-5 倉庫部門の機能と倉庫管理者・作業員の仕事……70
3-6 営業部門の機能と物流営業マンの仕事……72
3-7 物流企業の人事制度……75
コラム 物流企業のマーケティング……78

第4章 物流業界の法律と規制、行政施策

4-1 物流業界に関わる許認可……80
4-2 モーダルシフト……84
4-3 港湾整備計画……88
4-4 空港整備計画……92
4-5 規制緩和の流れ……96
4-6 運転免許制度……99
4-7 業界団体……102
コラム 物流企業の労務マネジメント……104

第5章 物流業界のトレンド

5-1 2024年問題……106
5-2 改善基準告示の改正……108
5-3 物流革新に向けた政策パッケージ……110
5-4 ホワイト物流……112
5-5 ラストワンマイル……114
5-6 ESGロジスティクス……117
5-7 M&Aの活発化……119
5-8 物流BCP……121
コラム 内部監査が物流企業を救う……124

第6章 物流企業の歩みとこれからの物流業

6-1 戦後の物流企業の歩み……128
6-2 単機能サービスからロジスティクスへ……132

6-3 物流業界の構造変化……134
6-4 サードパーティー・ロジスティクスの役割……136
コラム “師と友づくり”の重要性……138

第7章 ドライバー不足とその対策

7-1 ドライバー不足にあえぐ運送業界……140
7-2 いまの時代に人が集まる運送会社の特徴……142
7-3 求職者の志向と求人対策……144
7-4 採用プロセスマネジメント……146
7-5 ダイレクトリクルーティング……148
7-6 ドライバーの定着率アップ策……150
コラム グレートカンパニー紹介～山岸運送グループ……152

第8章 ビッグカンパニーの動向

8-1 NXグループ……154
8-2 ヤマトホールディングス……156
8-3 SGホールディングス……159
8-4 セイノーホールディングス……161
8-5 近鉄エクスプレス……163
8-6 ロジスティード……165
8-7 山九……167
8-8 センコーグループホールディングス……169
8-9 郵船ロジスティクス……171
8-10 日本郵便……173
8-11 鴻池運輸……175
コラム グレートカンパニー紹介～フジトランスポート……177

第9章 物流DX

9-1 ロジスティクス4・0……180
9-2 倉庫ロボット……182
9-3 自動運転トラック……184
コラム グレートカンパニー紹介～エコトラック……187
9-4 ドローン配送……188
9-5 物流AIの基本……190
9-6 物流AIの実例……192

第10章 物流テック企業の紹介

10-1 Hacobu……196
10-2 souco……198
10-3 Shippio……200
10-4 Mujin……202
10-5 GROUND……204
10-6 ライナロジクス……206
10-7 KURANDO……208
コラム これからの物流業界と物流企業のあり方……210

DATA 資料編・索引

物流総合効率化法(流通業務の総合化および効率化の促進に関する法律)の概要……212
3PLビジネスのイメージ……213
令和6年度 モーダルシフト等推進事業において優先的に採択する案件の例……214
物流関係の資格……215
主な物流業界関連団体一覧および主な物流関連企業一覧……216
索引……222

第1章

物流とは何か

「物流」という用語が日本に紹介されて60年以上の月日が経ちます。用語の誕生後、半世紀が経過するなかで企業における「物流」の役割が大きく変化してきました。単なる商品の輸配送や保管だけの認識から、企業の利潤源としての「物流」、経営戦略上の性格を帯びた「ロジスティクス」「サプライチェーン・マネジメント」と企業経営の中心テーマになっています。

本章では、物流に関する基本的な知識、用語の意味などについてみていきましょう。

Section

1-1 〝物流〟という言葉の意味

本書を読み進めるにあたって、はじめに〝物流〟という言葉の意味についてハッキリさせておきましょう。

物流とは何か

物流＊とは、「物の流れ」ではなく**物的流通**の略称で、「商品が生産されてから、顧客に納品されるまでの『輸配送➡倉庫保管➡荷役➡流通加工➡梱包・包装』の一連の流れ」のことをいいます。

例えば、この本は印刷会社で商品として生産され、出荷作業が終われば、トラックなどで物流センターへ輸送されます。物流センターに本が到着すると、入荷作業が行われ所定の配置場所へ保管されます。お客様の注文が出荷依頼として物流センターに流れてきたら、ピッキング・仕分け、包装を行った後、出荷され、トラックなどに積み込んで、それぞれの本屋さんへ配送されます。このような一連の流れを物的流通というのです。

60年前に輸入

そもそも、物的流通という用語は元々日本にあった言葉ではなく、Physical Distributionの訳語で、1956年に日本生産性本部が派遣した「流通技術専門視察団」によって、海を渡りアメリカから輸入されてきたといわれています。それより以前は5機能として物流を構成する「輸配送」「倉庫保管」「荷役」「流通加工」「梱包・包装」といった商品・貨物を扱う個々の作業を指す言葉は存在していましたが、これらを統合した物の移動全体を示す物的流通、物流という言葉は、実は60年以上前に登場した新しい言葉だったのです。1980年代に入って情報技術が急速に発展し、物流の効率化やサービス向上のために情報管理の重要性が認識されるようになりました。この結果、「情報管理」が物流の6つ目の機能として加えられました。

物流　物流と似た言葉にロジスティクスがある（詳しくは1-4節参照）。これは「兵站（へいたん）」の意で、兵站とは軍事部隊の後方で、輸送や補給、修理などの任務を担う機能。転じて、効率的な物流を行う管理システムの意に使われるようになった。

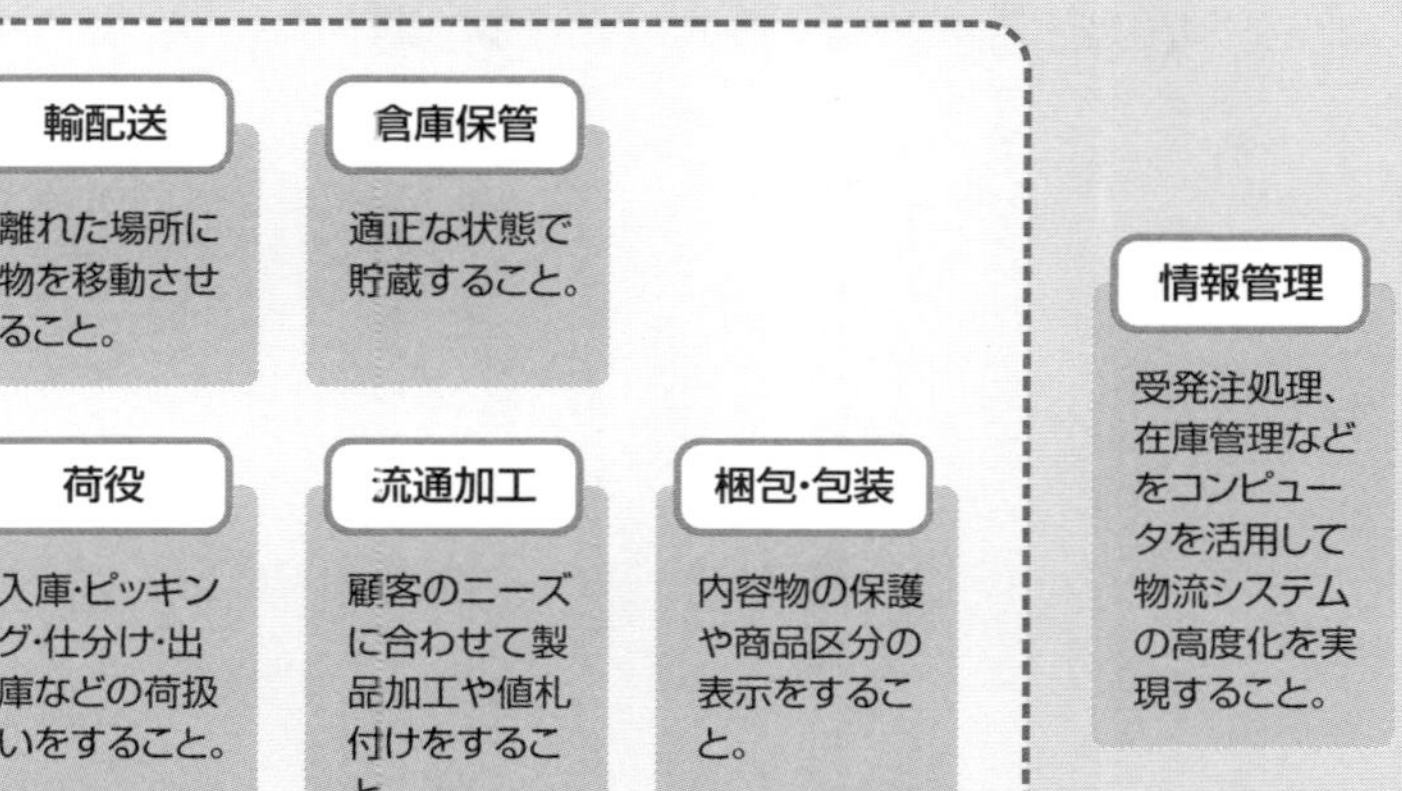

物的流通を輸入する視察団

物流の6機能　物流の6機能は、輸送、保管、荷役、包装、流通加工、情報管理の6つで構成され、物資の効率的な移動と保管を支え、全体の物流プロセスを最適化する役割を担う。

Section
1-2 企業戦略のなかの物流

物流は顧客に対するサービスの1つ、企業戦略における物流の役割がますます大きくなっています。

■企業戦略の構成要素に

従来の企業において、経営戦略を策定する場合、マーケティングや**マーチャンダイジング***などが重視されてきました。さらに、近年ではこれまで重視されてこなかった「物流」が再認識され、マーケティングやマーチャンダイジングなどと対等な位置付けを持つ経営課題となってきています。

1950年代から60年代にかけてのいわゆる「高度経済成長時代」のなかで、企業は**インフレーション***による生産コストの増大と急激な販売量の増加に頭を悩ませていました。そのため、当初、企業は合理化による生産コスト、なかでも物流コストの削減を行いました。しかし、合理化による物流コストの削減が、企業にとって1つの示唆を与えることになりました。それは「物流も顧客サービスの1つ」であるということです。このようにして、物流はマーケティングの重要な要素として認識されるようになり、経営戦略を立案するうえで重要な位置を占めるようになりました。

特に、通販やECなどの個人向けの物流は、口コミやお客様レビューとして評価されるため、出荷スピードや品質が売上にも直結します。

市場競争がますます激しさを増すなかで、企業が競合企業に比べて市場内で競争優位を確立するためには「戦略経営」が重要になります。戦略経営が企業に浸透するにつれて、物流も企業戦略のなかの重要な構成要素の1つとして考えられはじめました。物流戦略の立案においては「顧客視点で、どのような物流システムが必要になるのか」を考える必要があります。

現在では、環境や社会的責任などの社会性の追求が物流に求められるようになっています。

Term

マーチャンダイジング	商品を最適な場所、数量、時期、価格で販売するために行う活動。商品化計画。
インフレーション	物価高騰の意。インフレ。

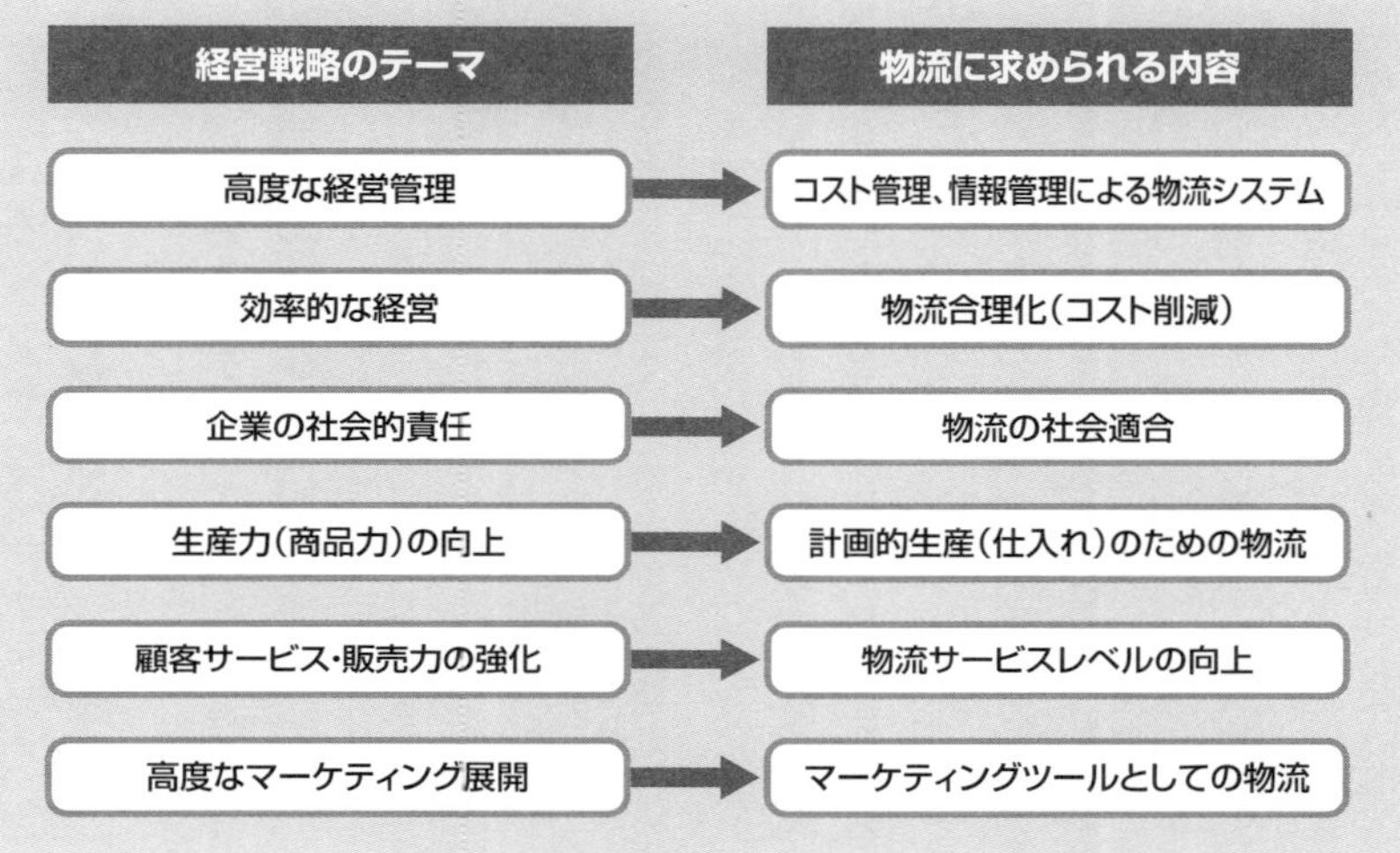

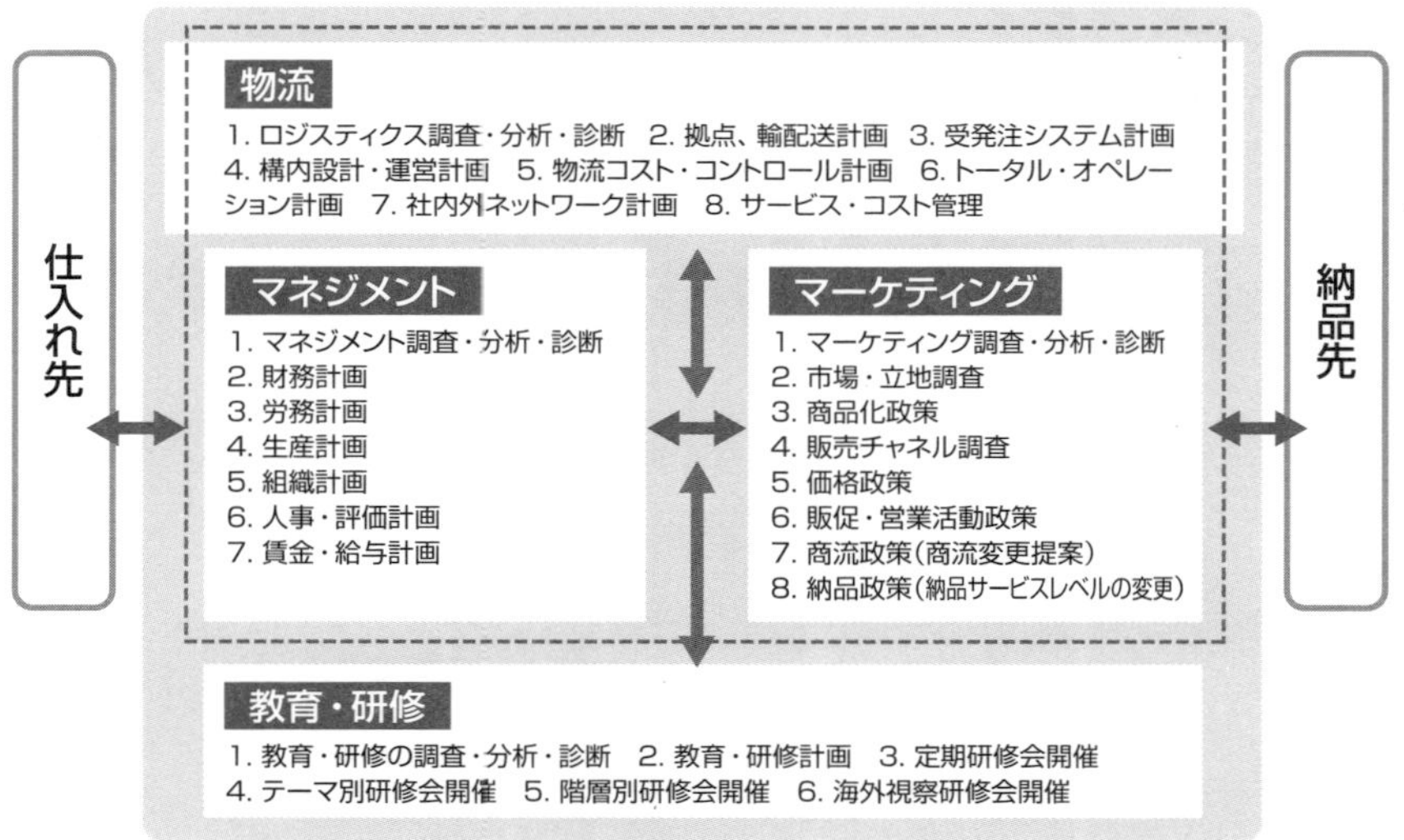

高度経済成長　1950年代半ばから1970年代前半の期間に渡って、日本は飛躍的な経済成長を達成した。1965年（昭和40）～1970年（昭和45）にかけては、「いざなぎ景気」と呼ばれる好況が続いた。

Section
1-3 流通経路と物流経路

流通経路と物流経路の違いは、商品の「所有権」が発生するか否かによるものです。近年は情報流が重要となっています。

流通と物流

一般的に「経路」という単語の意味は、物がたどってきた過程のことを示しています。ここでは**流通経路**と**物流経路**の違いについてみていきましょう。

流通経路という言葉を理解するうえで重要になってくるキーワードは**所有権**です。流通経路とは、商品が生産者から消費者にいたるまでの商品の流れるルートのことをいいます。つまりは、メーカーから卸売業、小売業を経て消費者に至る商品の流れのことを示します。**商流***とも言います。

このような一連の商品の流れは、商品の「所有権」の移動ルートを示していることにほかなりません。そのため、流通経路を考えた際には所有権の移動に関わらない企業はこの経路に含まれることはありません。

一方で、物流経路は所有権の移動を伴わない、ただ単なる物の移動としてとらえることができます。商品の取引とは関係のない運送業や倉庫業といった業種・業態が出現するにつれて、商品の取引ルートと物流ルートが分かれるようになりました。

また、メーカーや卸売業、小売業が自社で物流を行う場合でも、以前は「販売拠点＝物流拠点」であったものが、情報システムの進化と配送方法の進歩により、販売拠点と物流拠点を分離するようになりました。これは**商物分離**として捉えることができます。

金流と情報流

流通経路が複雑になった今日において、商品の「取引」や「物流」に関係しない企業（金融業、IT産業など）が多く出現するようになりました。経済が発展し、市場での

商流　商品がメーカーからお店に届き、消費者の手に渡るまでの売買の流れのことで、物流と対になる概念。

競争が激化するにつれて、企業はコア業務への注力と経営機能の**アウトソーシング***を行うようになりました。それにつれて商取引の経路を「物流（物の移動するルート）」「金流（お金の流れるルート）」「情報流（情報の流れるルート）」に分けて理解する必要があるでしょう。

特に近年は、DX・デジタル化を推進するにあたり、情報流の重要性が増してきています。情報流を整理することで、リアルタイムのデータ共有や、サプライチェーンの可視性向上、在庫管理の最適化、コスト削減などが実現します。

流通経路と物流経路

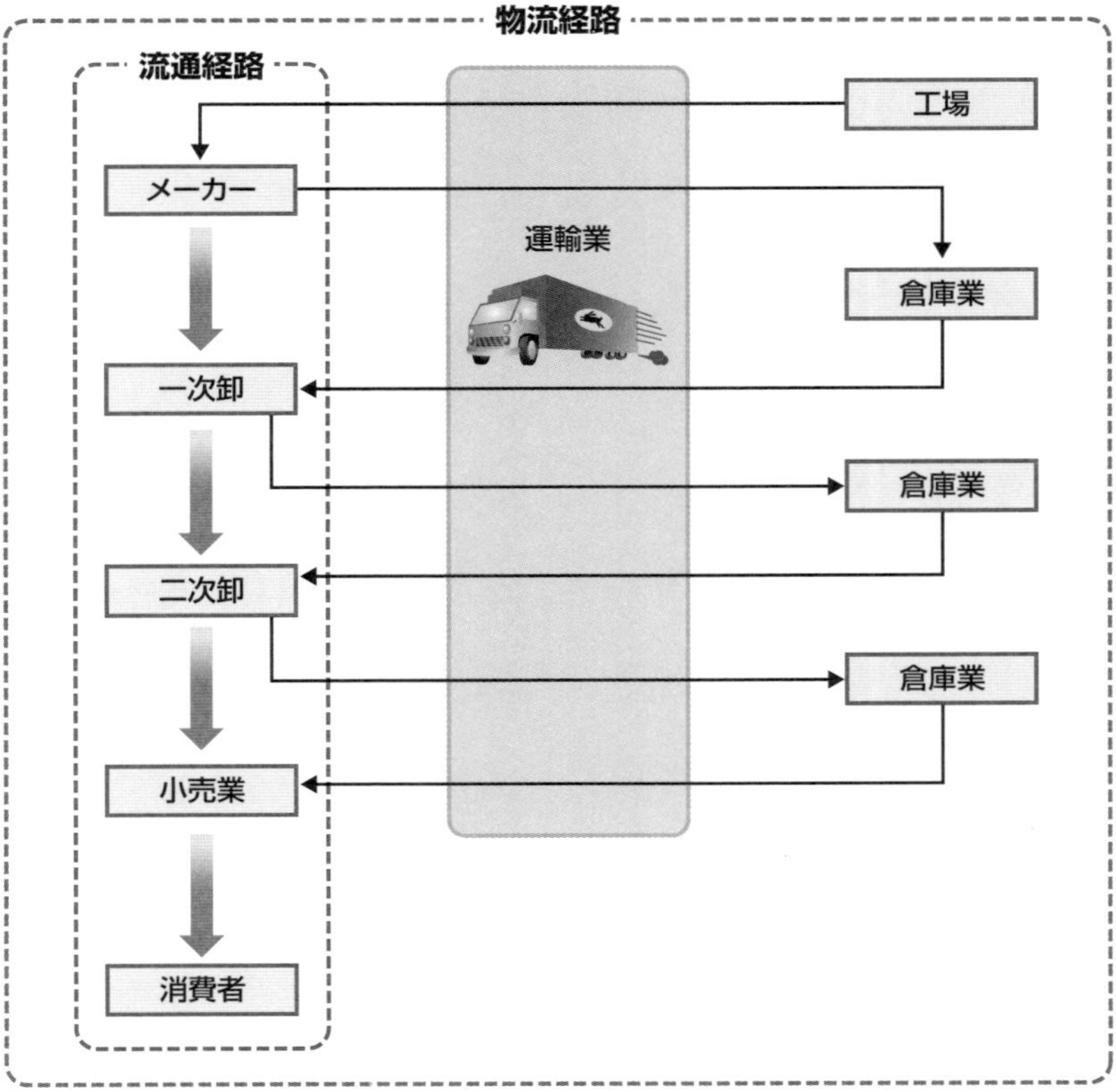

アウトソーシング　外部の業者へ仕事を企画から運営まで全面的に委託すること。

Section

1-4 〝物流〟と〝ロジスティクス〟

必要なものを、必要なときに、必要なぶんだけ供給するという考え方を「ロジスティクス」と呼びます。

■ロジスティクスとは

近年、**ロジスティクス**という用語が普及し、荷主企業は物流部門を「ロジスティクス部門」と名称を変更したり、物流企業は「ロジスティクス」を企業名に採用したりしています。このように、ロジスティクスという用語は「物流」の先進的なイメージを表す言葉として、理解されるようになりました。

ロジスティクス（Logistics）は元々は軍事用語であり、第二次世界大戦中のアメリカの作戦計画システムとして使用された用語です。

ロジスティクスの日本語訳は「兵站（へいたん）」であり、軍事戦略における軍需物資や兵員を戦線へと供給する後方支援を意味します。前線での戦術展開に加えて、そこで必要となる武器や弾薬、食糧などの輸送・配備計画を立案し、戦況に合わせたうえで実行する作戦戦略のことをロジスティクスと呼びます。

アメリカ・ロジスティクス管理協議会は、ロジスティクスを次のように定義しています。

「ロジスティクスとは、顧客の必要条件に適合することができるように産出地点から消費地にいたる財とサービス、ならびに関連する情報のフローとストックを効率的かつ効果的にするよう計画立案、実施、統制する過程である。なお、この定義には入出荷のための、または内部的・外部的な移動と環境保護のための諸材料の回収も含まれている」

■企業戦略

つまり、ロジスティクスとは「物流」だけではなくて、生産に必要な資材調達から生産、物流、店頭までの物の流

Point

ロジスティクス　英語のロジスティクス（Logistics）はフランス語の「Logistique」から来ている。元々は軍事用語だが、同時期に「戦略」や「戦術」などの言葉もアメリカに渡った。ナポレオンの活躍に見られるように、19世紀のフランスは軍事学の先進国であったことによる。

れを最適化し、必要なものを、必要なときに、必要なぶんだけ調達していこうという考え方です。

　そのため、ロジスティクスとは調達物流、社内物流、販売物流という荷主企業の物の流れ全体を指すと考えてよいでしょう。いわば、ロジスティクスは企業戦略そのものと捉えることができます。

■CLOの設置

　CLOとは、Chief Logistics Officer（最高ロジスティクス責任者）の略称で、調達・生産・保管・輸送・販売といった物流戦略全体を統括する役割のことを指します。2024年4月に可決された物流総合効率化法（物効法）と貨物自動車運送事業法の改正法案により、特定荷主に対してCLOの設置が義務化されました。これは、サプライチェーンに対して全体最適の視点で効率化を図る狙いがあります。

物流とロジスティクスの違い

物流とは…　“物的流通（Physical Distribution）”の略。
1956年にアメリカから輸入された言葉。

物流の6機能

輸配送	倉庫保管	荷役	流通加工	梱包・包装	情報管理

ロジスティクスとは…　Logistics。元々は軍事用語であり、日本語訳は兵站（へいたん）。前線で必要となる武器や弾薬、食糧などの輸送・配備計画を立案し、戦況に合わせて実行する作戦のこと。

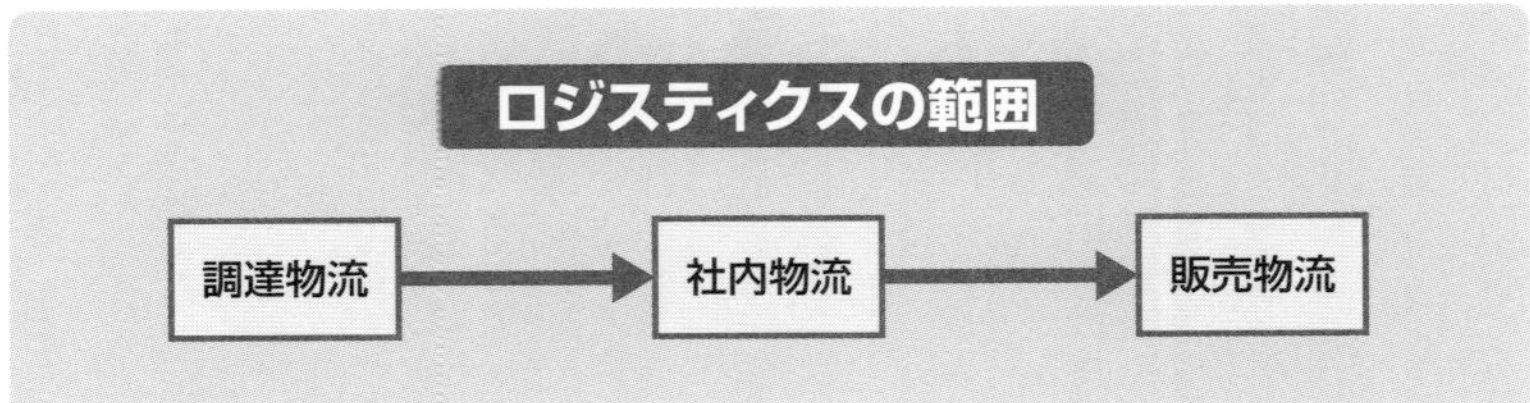

物流のフェーズ　物流はフェーズによって、調達・社内・販売の大きく3つに分類される。**調達物流**とは原材料や部品の仕入れにおける輸送・調達計画・在庫管理などのことで、**社内物流**は企業内での物資の移動や管理、**販売物流**は完成した商品を消費者へ届けるまでのすべての物流行程を指す。

Section

1-5 サプライチェーン・マネジメント（SCM）

サプライチェーン・マネジメントの目的は、過剰生産、過剰在庫を排することにあります。これにより、コスト削減とキャッシュフロー向上につながります。

■ひとつの鎖

サプライチェーン・マネジメント（SCM*）とは商品の調達から製造、販売までの企業横断的な業務の流れをひとつの鎖（供給連鎖）と捉えることによって、全体を管理していくマネジメント手法のことをいいます。

市場の需要状況に合わせて、必要なときに必要な量だけを生産・供給することにより、過剰在庫や販売機会ロスを少なくしながら、キャッシュフローの増大を図ることを目的としています。

アメリカのサプライチェーン協議会は、SCMの実行計画を次のように分類しました。

・プラン（PLAN）
・ソース（SOURCE）
・メイク（MAKE）
・デリバー（DELIVER）
・リターン（RETURN）

「プラン」は調達・生産・配送を最適化するために諸活動を計画し、需給のバランスを図ることを意味しています。「ソース」とは、計画や実需要に応えるために物やサービスを購買することを示します。

また、「メイク」とは計画や実需要に応えるために原材料を製品に変えることであり、「デリバー」とは計画や実需要に合わせて製品を提供することを指しています。「リターン」は返却された製品の回収と配送後の顧客サポートを行います。

SCM　Supply Chain Managementの略。
ERP　Enterprise Resource Planningの略。経営資源計画などと訳される。

サプライチェーン・マネジメントの主眼は、商品の流通段階で生じる見込み生産をもたらす「**ブルウィップ効果**＊（**鞭効果**）」を最小化し、実質的な需要にもとづいた商品と数量しか生産しないことにあります。

日本での現状

日本におけるSCM（サプライチェーン・マネジメント）の構築は、複雑な流通経路や固有の商習慣、中小企業の情報化の遅れが障壁となり、企業間連携が進みにくい現状があります。ERP＊ソフトやSCMパッケージなどの導入が進んでいるものの、ITシステムを活用する以前に、現場作業の標準化や組織体制の見直しが不可欠です。さらに、近年ではAIやIoTを活用したスマート物流が注目されており、リアルタイムでのデータ共有や予測分析によって、サプライチェーン全体の効率化と可視化が進んでいます。しかし、デジタル化には初期投資や技術人材の不足といった課題が残されており、さらなる取り組みが求められています。

サプライチェーン・マネジメント

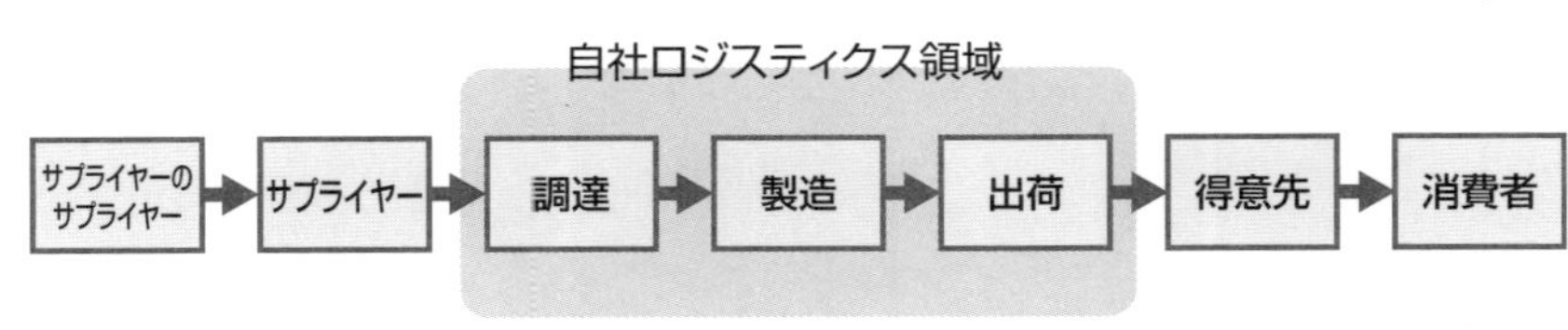

活動目標は、最低限のコストで目標とするサービスおよび品質レベルを満たすために必要な作業を計画して、実施すること

不要作業の撲滅、不要資産の極小化がキャッシュフロー向上のポイント!!

ブルウィップ効果　ブルウィップとは、もともと牛を追うために使われる長くてしなやかな鞭のこと。サプライチェーンにおいて、需要のわずかな変動が上流の企業に伝わる際に大きな変動となる現象が鞭のしなりに似ていることから名付けられた。

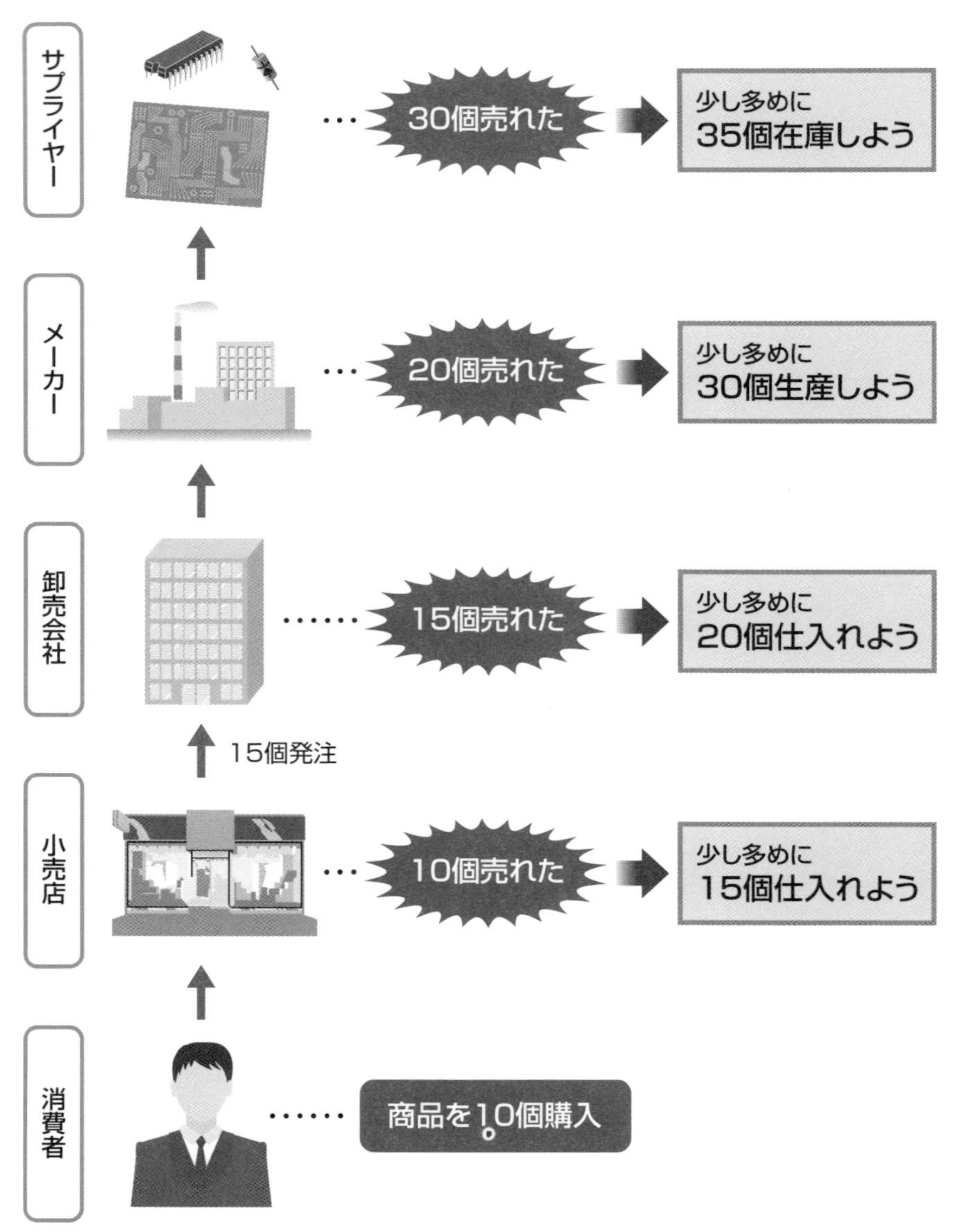
ブルウィップ効果
サプライヤー
30個売れた
少し多めに
35個在庫しよう
メーカー
20個売れた
少し多めに
30個生産しよう
卸売会社
15個売れた
少し多めに
20個仕入れよう
15個発注
小売店
10個売れた
少し多めに
15個仕入れよう
消費者
商品を10個購入

物流コンサルタントの仕事

物流コンサルタントの仕事には、大きく分けて2つあります。

1つは荷主向けのロジスティクスコンサルティング、もう1つは物流企業向けの経営コンサルティングです。

荷主向けのロジスティクスコンサルティングの内容は、

- 全体最適の視点から、物流部門の'あるべき姿'を策定し、競争優位に導く物流戦略策定
- 物流に関わるコストを総点検し、市場価格とのギャップを抽出し、改善施策を提案する物流コスト削減
- 既存の物流拠点をゼロベースで見直し、輸送効率やリードタイムの短縮を行う拠点統廃合の提案
- 倉庫内のオペレーションや最適な在庫マネジメントの改善を図る倉庫内の効率化
- お客様との契約内容と他社とコストデータを比較し、物流コストの妥当性とリスクを評価

などと多岐にわたります。

対象とする企業は、大手・中堅のメーカーや物流会社であり、物流部門や物流の戦略推進室といった企業の一部署に対してコンサルティングを行います。テーマに応じて、3ヶ月や半年といった短期間でプロジェクトを組み、物流に対する課題を抽出して、抜本的な改善を図る戦略的な提案を行うパターンが多いでしょう。

物流企業向けの経営コンサルティングは、運送事業や倉庫事業を行う物流企業に対して、業績アップのコンサルティングを行うサービスです。荷主向けのコンサルティングとは異なり、経営者と一緒になり、業績アップのための戦略づくりを行います。

主なテーマは、

- 新規の顧客を獲得するための営業・マーケティング支援
- ドライバー・倉庫作業員の募集を強化する採用支援
- 社員や管理職のレベルアップを図るための社員教育研修
- 人事制度や評価制度の構築
- 戦略的に業績を伸ばすために、必要な資金調達をサポートする財務支援

といった幅広い内容です。クライアントの喫緊の課題解決から中長期的に取り組むべき内容を、定期ミーティングを行い、実践していきます。

いま、まさに激変期を迎えている物流業界で、物流コンサルタントのニーズは高まっており、非常にやりがいのある仕事になっています。

MEMO

第2章

物流業界の仕組み

物流とは日本経済を構成するモノの「流れ」を意味しています。例えるなら、人間の体を流れる「血液」のようなものです。モノの「流れ」、すなわち人間の血液が止まってしまったら、人間はどうなるでしょうか。物流業界は日本経済の血液として日々、その「流れ」を絶やしてはならない重要なインフラです。

物流業界は「運送業界」「倉庫業界」の大きく分けて2つの業界から構成されています。

本章では、物流業界全体についての総論と共に、2つの業界を概観していきましょう。

Section
2-1 物流企業の分類

物流企業は大きく分けて、「運送業」と「倉庫業」の2つに区分することができます。その違いについて見ていきましょう。

自社物流と支払物流

「物流」はメーカーや卸売企業、小売企業が自ら行うケースとアウトソーシングするケースがあります。メーカーや卸売企業、小売企業が自社で行う物流のことを**自社物流**といい、アウトソーシングをした物流のことを**支払物流**（**委託物流**）といいます。この物流のアウトソーシング先として、荷主企業の物流を請け負う事業者のことを**物流企業**と呼びます。

物流企業とは、物流の6機能、つまり

①輸送・配送　②倉庫保管
③荷役　④流通加工
⑤梱包・包装　⑥情報管理

の業務を専門的に行う企業のことをいいます。

運送業と倉庫業

物流企業を分類すると、大きく次の2つに分けることができます。

①運送業
②倉庫業

①の運送業には、輸送機関別に「道路貨物運送業（トラック運送業）」「水運業（海運業）」「鉄道業」「航空運輸業」が含まれています。さらには、「利用運送業」や「港湾運送業」も運送業として分類することが可能です。利用運送業とは自身ではトラックや船舶、航空機を保有せずに、他の運送会社を利用することで荷主企業に対して輸送サービスを提供することをいいます。また、港湾運送業とは、海上輸送に必要な港湾での貨物の積み込みなどの荷役作業を専門で

倉庫会社　代表的な倉庫会社に「三菱倉庫」「住友倉庫」「三井倉庫」「澁澤倉庫」などがある。詳しくは2-5節参照。

行う事業を示しています。

②の倉庫業は倉庫業法という法律に基づいて経営している事業をいい、そのような倉庫を**営業倉庫**といいます。一方、企業が自社の商品を保管するために保有している倉庫を**自家倉庫**といいます。倉庫会社は、荷主企業の商品を営業倉庫に保管し、その商品の保管料や入出庫料を主な収入源としています。

運送業でありながら倉庫業を兼業しているケースも多く、また逆に倉庫会社が運送業を行っているケースも多くみられます。

運輸業・郵便業の事業所数・従業者数

（単位：事業所、人）

企業産業小分類	事業所数	従業者数	1事業所あたり従業者数
H 運輸業，郵便業	128,861	3,293,955	25.6
42 鉄道業	3,822	230,692	60.4
421 鉄道業	3,704	208,801	56.4
43 道路旅客運送業	18,029	476,027	26.4
431 一般乗合旅客自動車運送業	2,059	118,875	57.7
432 一般乗用旅客自動車運送業	12,897	292,515	22.7
433 一般貸切旅客自動車運送業	2,616	51,044	19.5
439 その他の道路旅客運送業	266	7,381	27.7
44 道路貨物運送業	73,190	1,776,512	24.3
441 一般貨物自動車運送業	65,552	1,678,415	25.6
442 特定貨物自動車運送業	1,184	20,111	17.0
443 貨物軽自動車運送業	3,595	18,899	5.3
444 集配利用運送業	1,361	36,776	27.0
449 その他の道路貨物運送業	129	1,436	11.1
45 水運業	3,019	47,989	15.9
451 外航海運業	250	9,857	39.4
452 沿海海運業	1,605	22,777	14.2
453 内陸水運業	391	4,355	11.1
454 船舶貸渡業	727	10,535	14.5
46 航空運輸業	816	49,446	60.6
461 航空運送業	729	47,736	65.5
462 航空機使用業（航空運送業を除く）	74	1,496	20.2
47 倉庫業	11,081	222,588	20.1
471 倉庫業（冷蔵倉庫業を除く）	9,373	189,355	20.2
472 冷蔵倉庫業	1,500	28,568	19.0
48 運輸に附帯するサービス業	18,508	386,930	20.9
481 港湾運送業	2,198	60,498	27.5
482 貨物運送取扱業（集配利用運送業を除く）	4,588	79,697	17.4
483 運送代理店	763	10,956	14.4
484 こん包業	2,547	65,347	25.7
485 運輸施設提供業	880	26,332	29.9
489 その他の運輸に附帯するサービス業	7,168	138,167	19.3
49 郵便業（信書便事業を含む）	381	103,552	271.8
491 郵便業（信書便事業を含む）	335	102,320	305.4

出所：総務省統計局「令和３年経済センサス－活動調査」

Section
2-2 物流業界の構造（業界地図）

日本通運を代表とした日本の物流業界は、まだまだ陸送中心の物流網を拡大しています。輸送機関ごとの分担率を見てみましょう。

運送業界の業界マップ

２０２０年、運送（陸運）業界の市場規模はおよそ19・4兆円といわれています。経済と暮らしのライフラインとして、産業活動や国民生活に不可欠な存在となっています。

運送業界のなかでも最も大きな企業は、２０１２年に誕生した日本郵政グループの日本郵便株式会社です。同社の２０２４年３月期の売上高はおよそ２兆７２１２億円、経常利益２９１億円（経常利益率１・０％）を誇ります。

第２位は、NIPPON EXPRESSホールディングス（日本通運）です。２０２３年12月期の連結売上高はおよそ２兆２３９０億円、経常利益８１２億円（同３・６％）の日本を代表する物流企業です。

続いて、ヤマトホールディングス（ヤマト運輸）があります。同社は物流業界のなかでは第３位であるものの、宅配業では国内第１位の売上規模を誇ります。２０２４年３月期の売上高は１兆７５８６億円、経常利益が４０４億円（同２・２％）となっています。同社のグループは、２００５年11月に、ヤマト運輸（旧）がヤマトホールディングス、ヤマト運輸分割準備がヤマト運輸（新）にそれぞれ社名変更し、日本の運送業界初の持ち株会社制へ移行しました。

ヤマト運輸に続く、日本第４位の物流会社はSGホールディングス（佐川急便）です。同社の２０２４年３月期の売上高は１兆３１６９億円、経常利益は９０８億円（同６・８％）となっています。

輸送機関別輸送分担率

次ページ表は、貨物の輸送機関別輸送分担率です。

国土が狭く、フレキシブルな輸送サービスが求められる

陸送以外の市場規模　運送（陸送）以外の市場規模としては、倉庫業と外航海運でどちらも約2.5兆円、港湾運送で約1兆円と言われている。飛行機を使った航空貨物市場は約4000億円である。

わが国においては、トラックによる貨物輸送の割合が90%超と非常に高いといえます。

ただし、輸送トンキロで計ると、内航海運や鉄道の割合が増えます。このことから、長距離の輸送については、これらの輸送機関も有効に使われていることが判ります。特に、近年は、トラックの手配が難しくなってきていることから、これらの輸送機関の利用を検討する荷主企業が増えてきています。

なお、「**トンキロ**」とは、貨物輸送において貨物の重量と輸送距離を掛け合わせた単位です。1トンの貨物を1キロメートル輸送した場合の輸送量を「1トンキロ」と表します。これは、輸送の効率や経済性を評価する際に重要な指標となり、鉄道やトラック、船舶など異なる輸送手段の比較にも用いられます。トンキロの数値が高いほど、より多くの貨物が長距離で輸送されたことを示します。

輸送機関別輸送分担率の推移（貨物）

年度	輸送トン数（%）				輸送トンキロ（%）			
	自動車	鉄道	内航海運	国内航空	自動車	鉄道	内航海運	国内航空
令和４年度	91.6%	0.7%	7.7%	0.0%	55.8%	4.2%	40.0%	0.0%
令和３年度	91.7%	0.7%	7.6%	0.0%	55.6%	4.5%	40.0%	0.0%
令和２年度	92.0%	0.7%	7.3%	0.0%	55.5%	4.7%	39.8%	0.0%
令和元年	91.5%	0.9%	7.6%	0.0%	57.2%	4.3%	38.5%	0.0%
平成30年度	91.4%	0.9%	7.8%	0.0%	55.5%	4.3%	40.2%	0.0%
平成29年度	91.2%	0.9%	7.9%	0.0%	55.0%	4.7%	40.1%	0.2%
平成28年度	91.2%	0.9%	7.9%	0.0%	54.9%	4.7%	40.2%	0.2%
平成27年度	91.1%	0.9%	8.0%	0.0%	54.3%	4.8%	40.7%	0.2%

注）輸送トンキロとは…輸送した貨物の重量（トン）にそれぞれの輸送距離（キロ）を乗じたもの。
出所：国土交通省「交通関連統計資料集」

Section

2-3 増え続けてきた物流企業

規制緩和によってトラック運送会社の起業がしやすくなったのを背景に、現在では約6万社のトラック事業者が存在します。

規制緩和による事業者の増加

かつては国内貨物輸送の主役であった鉄道貨物輸送をトラック輸送が凌駕するようになったのは戦後間もないころです。わが国経済の高度成長を支える輸送手段としてモータリゼーションの波に乗ってトラック輸送が急成長、事業者数も増え続けました。1990年の**物流二法**＊の施行で規制が緩和され競争がさらに激化し中小の事業者を中心に増え続けたのです。

1970年代前半に3万社を突破した事業者は、その後も増え続け、物流二法（貨物自動車運送事業法など）が施行された1990年には4万社を突破しました。その後、規制緩和により中小事業者の参入が相次ぎ、10年後の2000年度（平成12年度）には5万5427社、2007年度末には6万3122社に達しました。

競争激化による事業者数の頭打ち

新規参入の増加に伴い、価格競争も激化を極め、倒産・廃業事業者数も増加しました。2008年にはじめて、新規参入事業者数を退出事業者数が上回り、減少に転じました。トラック事業者が前年度比でマイナスとなったのは、旧運輸省時代を含め国交省が統計を取り始めてから初めてでした。その後、2007年の6万3122事業者をピークに、横ばい～微減傾向にありましたが、令和に入ってから再び増加し2021年に6万3252事業者と過去最高を更新しました。

大半は中小零細事業者

2023年3月末の事業者数を規模別にみると、保有車両10台以下の事業者が全体の54・8%、中小事業者の目安

物流二法　「貨物自動車運送事業法」と「貨物運送取扱事業法」を指し、1990年12月に施行。その後、物流業界の公正な競争と安全な運行を確保するために、何度か法改正が行われている。詳しくは4-5節参照。

となっている100台以下では全事業者の97・8%に上っています。

こうした中小事業者が荷主の下請け業務や、大手の元請事業者のもとで下請・二次下請など多層構造の体系を形づくっているのです。

貨物自動車運送事業者の特徴

●貨物自動車運送事業者の推移

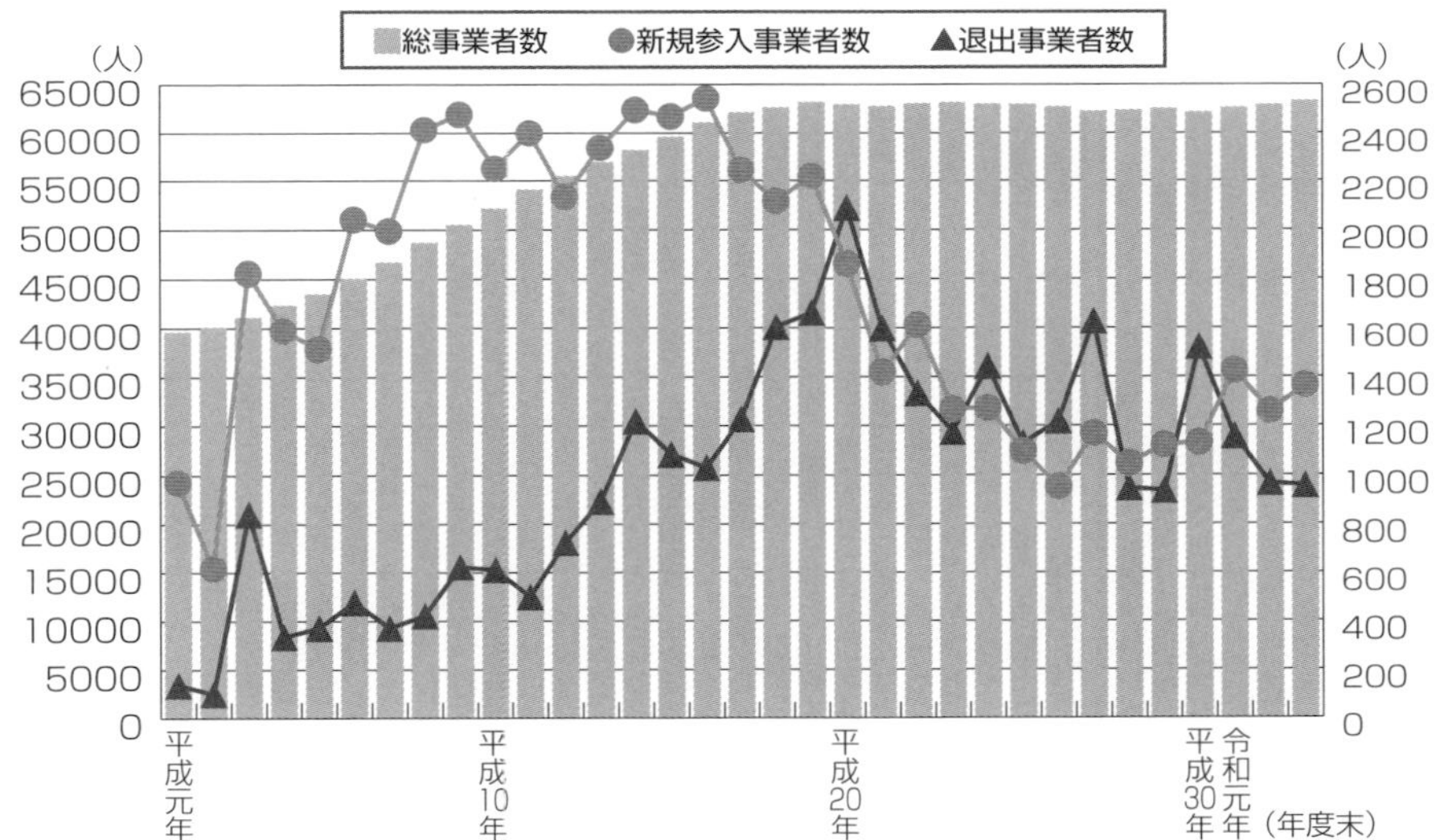

●車両数別貨物自動車運送事業者数（令和5年度3月31日現在）

業種＼両	10両以下	11～20	21～30	31～50	51～100	101～200	201～500	501以上	合計
特積	14	11	11	33	51	81	69	44	314
一般	29,756	13,158	5,950	4,711	2,981	902	242	49	57,749
霊柩	4,557	142	25	20	6	4	1	0	4,755
特定	281	18	5	3	2	0	0	0	309
計	34,608	13,329	5,991	4,767	3,040	987	312	93	63,127
構成比	54.8%	21.1%	9.5%	7.6%	4.8%	1.6%	0.5%	0.1%	100.0%

出所：国土交通省　貨物自動車運送事業者数（規模別）

Section

2-4 運送会社の分類と機能

運送会社は、運送サービスの多様化と運送機能の高度化を図っています。これにより、営業形態の多様化が進んでいます。

■路線トラックと区域トラック

第二次世界大戦後、それまで工場や商店に頼まれて荷物を近くまで配達することから始まった**運送業**は大きく変化してきました。復興経済から高度経済成長へ移るなかで、経済活動の活性化から荷物の移動が活発化してきました。それに伴うように、運送業も発展してきました。

荷主*と呼ばれる工場や商店などに委託されて輸配送を請け負うというかたちから始まり、複数の荷主の荷物を積み合わせて輸配送を行う**運送会社**が現れてきました。当初、運送業は大きく分けて2つに区分されていました。**路線トラック**と**区域トラック**です（それに加えて「通運トラック」がありましたが、鉄道輸送の凋落により発展しませんでした）。

路線トラックは、いわゆる遠距離輸送を行い、全国に輸送ネットワークを築き大企業化を図りました。代表的な路線トラック会社としては、日本通運や西濃運輸などが挙げられます。

一方で、区域トラックとは、特定の地域に対してのみ輸配送を行うかたちのもので、特定の荷主企業の専属運送というものが多く、荷主企業の業績の成長に合わせて発展しました。なかには複数の荷主企業を持つものが現れるなど、一部の区域トラック会社は大企業化しました。

■営業形態の多様化

1990年に**道路運送法**から**貨物自動車運送事業法**に代わり施行されることで、運送業界の規制が緩和されました。路線トラックと区域トラックの区別がなくなり、通運事業法がなくなりました。

1990年時点で4万72社の運送会社が、2007年

荷主　文字どおり、荷物の主で、メーカーや問屋、小売事業者など、物流において商品や貨物の運送を依頼する側のことを指す。

は6万3122社と1.5倍以上に急増しました。その後、2023年は6万3127社とほぼ横ばいで推移しています。運送業の営業形態は多様化し、さまざまなタイプの運送会社が存在しています。

例えば、一般的な運送会社は荷主と呼ばれる「会社」を相手にしたBtoB*のビジネスモデルですが、一般消費者を取引相手としたBtoC*ビジネスを展開している宅配便や引越専業会社などもあります。

さらには、卸売業などの共同配送を行う会社や、百貨店の納品代行を行う会社、特定の荷主企業の物流を包括的に請け負う会社や梱包などの流通加工や情報システムに強みを有する運送会社も多く現れるようになりました。

宅配の場合、住宅街の狭い道路にも入っていく必要があるため、主に軽自動車を用いて配送します。個人事業主や小規模事業者も参入しやすい業態で、軽貨物運送事業者が行っています。

コロナ禍以降では、ネットショッピングの利用が爆発的に伸び、荷物量も増加したことで軽貨物配送を行う会社・個人も増加しています。

企業淘汰の波

このように、単なるトラックを使用した輸配送だけではなく、共同配送や納品代行などのサービスの付加や流通加工やITシステムなどの機能強化など、運送サービスの多様化や運送機能の高度化を強みに成長を遂げる運送会社があります。

一方で、多くの運送会社は中小規模でチャーター営業をしており、運送業界のなかでも「元請」「下請け」の構造が明確に認められるようになりました。

今後は、トラック運送業において、企業淘汰の波がくるものと思われます。

BtoB Business to Businessの略。
BtoC Business to Consumerの略。

トラック運送業の形態

運送業

種　類	概　要
路線トラック	全国・広域ネットワークで混載輸送を行う
共同配送	複数の同業種企業の荷物を集荷し、混載で配送する
宅配便	宅配貨物に特化し、専門サービスを提供する
納品代行	複数の納品業の荷物を集荷し、百貨店へ一括納品する
元請け	特定荷主の物流を一括して受託するもの
総合物流	保管・在庫管理・流通加工などを一貫して受託するもの
地域共配	特定地域の集配を混載化する
統合納品	特定のチェーンストアの納品をまとめて扱う
専門トラック	特殊な貨物、商品に特化し、輸送を請け負う
物流子会社	荷主の子会社として物流業務を行うもの
運送取扱い	輸送依頼のとりまとめを行う
引越	引越を専門に行う
下請け	元請けの下で部分的な輸配送を行う
張りつき	特定荷主の配送のみを受託する
チャーター	特定荷主に運転手つきでトラックをチャーターする

共同配送　近年は物流コスト削減や環境負荷低減のため、共同配送の需要が高まっている。複数の企業の荷物を共同で配送することで、トラックの積載率を向上させ、輸送効率を高めることができる。

これから生き残る物流企業の特性

物流業界は大変革期を迎えており、生き残りをかけて各社様々な努力をしています。トレンドキーワードとしては、2024年問題、慢性的な人手不足、コンプライアンスの徹底、DX、AI・ロボティクスです。これらのキーワードによってもたらされる状況は以下8つです。

①人材（ドライバー・作業員・管理職）の募集はさらに困難になる
②人材の流動性は高まり、定着率は下がり続ける傾向にある
③長時間労働の是正により、特に長距離輸送の協力会社・傭車の手配も困難になる
④労務リスクが高まり、ノンコンプライアンス企業が淘汰されていく
⑤車体価格や倉庫建設費、人件費等、あらゆるコストが増大していく
⑥倒産・廃業・M＆Aが増加する
⑦自動化、省人化、省力化（物流AI・ロボティクス技術）が著しく進化する
⑧デジタル化の拡大により、生産性・収益性において二極化が進む

これらを踏まえると、いままでの延長線上の取り組みでは、生き残っていくことは難しいでしょう。抜本的な改革や全社一丸となった取り組みが求められます。上記を踏まえ、これから生き残る物流企業の特性としては、まず人が集まり、そして顧客が集まる、次のような要件を備えた企業だと思います。つまり、以下９つの要件を満たすことです。

①自社メディアで若手人材を集められる会社
②未経験者を採用し、短期間・高確率で一人前に育成できる会社
③荷主への運賃交渉を実施し、適正な運賃を収受している会社
④適切な輸送モードを活用できる
⑤コスト低減・管理能力が高い
⑥DX・デジタル化を推進している会社
⑦業界平均以上のコンプライアンス対応ができている
⑧安全・事故防止への取り組みレベルが高い
⑨労働条件、福利厚生のレベルが高い
⑩時間当たりの生産性・指標を管理している会社

上記のポイントをしっかりと押さえて業界研究をすることで、物流業界が違った見え方をしてくると思います。

Section

2-5 倉庫会社の分類と機能

荷物の大量・長期保管を中心業務としながらも金融機能まで持つ倉庫会社は、様々な種類が存在します。

以前は、倉庫会社は港湾を中心に貨物が集中するところに立地し、大量の貨物の長期保管をしていました。また、なかには倉庫証券を発行するなどの金融機能を持っている倉庫会社も存在していました。

現在では、メーカーや卸売業、小売業などで物流システムが進化していくなかで、流通センターや配送デポと呼ばれる**流通倉庫**が現れました。これら流通センターや配送デポは卸売業や小売業が自社で保有するものもありますが、倉庫会社が持っている倉庫を借りて利用したり、自社倉庫を倉庫会社が運営したりするケースも多く存在します。

倉庫の種類としては、以下のようなものがあります。大きく分けて４つの形態があります。倉庫業法で定められた**営業倉庫**＊、自社保有の**自家倉庫**、協同組合が保有する**協同組合倉庫**、そして農協が保有する**農業倉庫**です。倉庫業法で定められた**営業倉庫**はさらに３つに分類されます。**普**

倉庫業とは

総務省統計局「令和３年経済センサス―活動調査」によると、**倉庫業**を営む事業所は、冷蔵倉庫業を併せて1万873事業所存在します。

倉庫業とは、倉庫という建物・施設を保有し、荷主企業の商品や製品を預ることで保管料や入出庫料、荷役料などをもらう会社のことをいいます。「倉庫業」は国土交通省の管轄で、「倉庫業法」という法律に基づいた許可を得ることで営業をすることができます。すなわち、荷主企業の商品や製品を、代金を取ることで「保管」できるのは倉庫業法の許可をとった会社のみです。そのため、倉庫業法の許可を得ていない会社は**一時置き**や**仮置き**などの言葉を使用しています。保管ではなく、倉庫に「とりあえず置いています」という状態のことです。

営業倉庫　倉庫業法によって国土交通大臣の登録を受けた倉庫業者が、第三者の商品や製品を預かり保管するなど、営業目的で所有する倉庫を指す。

通倉庫と温度管理が可能な**冷蔵倉庫**、材木などを水面で保管する**水面倉庫**です。

営業倉庫には第三者の荷物を預かるという性質があり、施設設備基準が厳格に設けられています。基準は倉庫の種類によって異なりますが、建築基準法その他の法令の規定への適合、外壁・床の強度、耐火性、防水性、防湿性、遮断性、必要な設備など23の項目があります。また、火災保険への加入が義務付けられており、保険料は倉庫業者が負担しなければいけません。顧客が安心して荷物を預けられるよう様々な規制が設けられています。

近年、倉庫事業者がトラックを保有し、保管から配送までを行う形態も多くなってきている一方で、トラック運送事業者が倉庫業法の許可をとり、普通倉庫を営むというケースも多くなってきています。運送だけだと利益が残りにくいため倉庫保管も絡めてサービス提供したいという思惑と、2024年問題により労働時間削減のため自社倉庫で荷物を積んで出発したいという背景があります。

倉庫の分類と機能

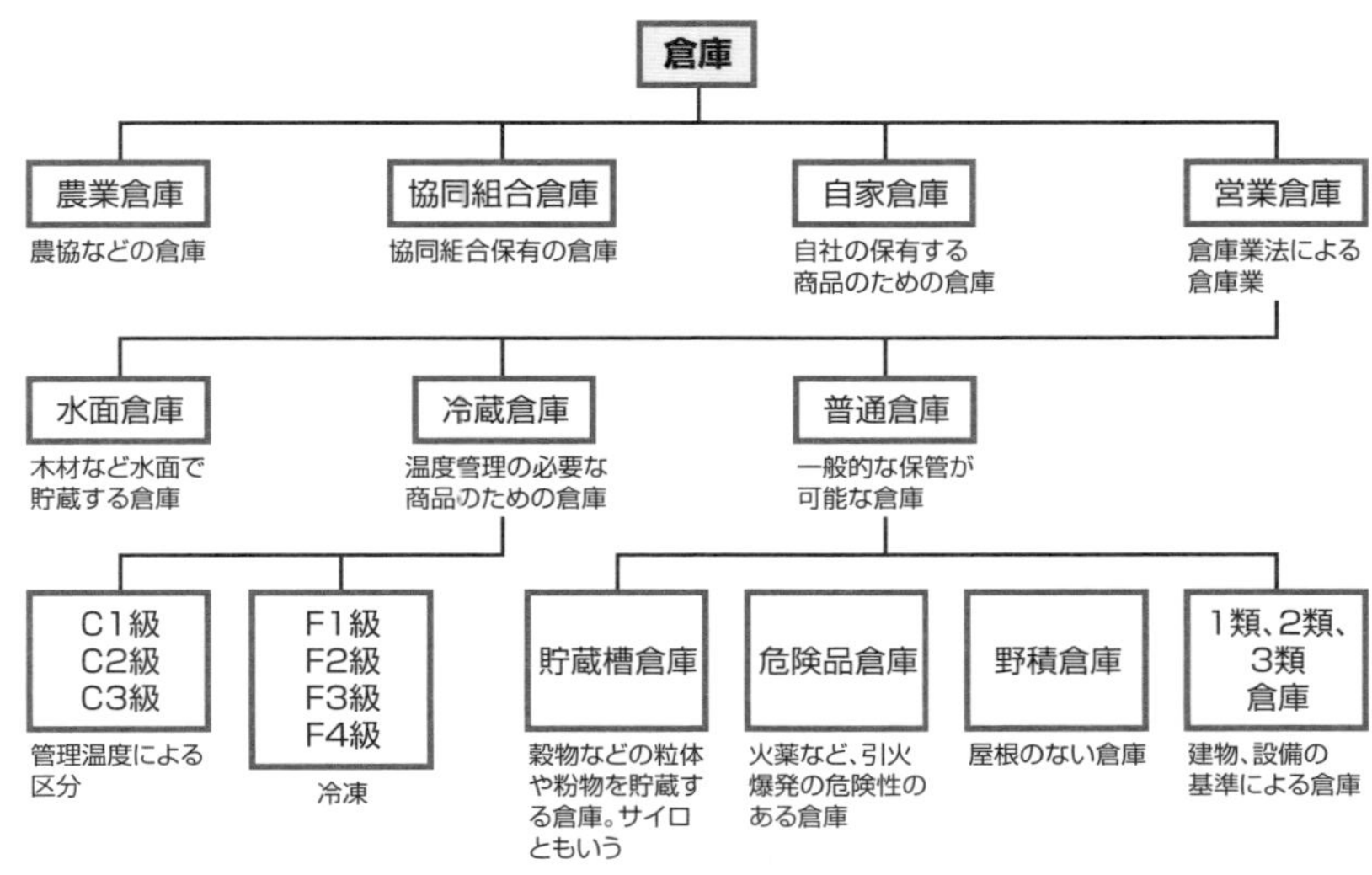

C級、F級　10℃以下で保管する倉庫はすべて冷蔵倉庫に分類され、保管する商品の特性に応じてC３級（クーラー級、10℃以下～－20℃未満）やＦ４級（フリーザー級、－20℃以下）まで、細分化される。

Section

2-6 流通加工会社の機能

物流業務のなかで「顧客ニーズ」とのマッチングを果たす役割を担うのが「流通加工業務」です。流通加工に専門特化した物流会社が出現するなど、今後注目を集める物流機能の1つといえるでしょう。

物流の6機能

物流の6機能として、「輸送」「保管」「荷役」「流通加工」「梱包・包装」「情報管理」があります。「輸送」に関しては、運送会社の事業領域として捉えられ、「保管」から「情報管理」までの5つの機能を倉庫会社の事業領域としてわけることができます。

最近、卸売業や小売業において「物流」の果たす役割が認識されてくることによって、それまで倉庫会社の事業領域であった機能群の1つに専門特化した物流会社も現れてくるようになりました。その代表的なものが**流通加工会社**です。

流通加工とは

流通加工とは、商品の物流過程において、顧客の要望に応じて商品に付加的な「加工」を施すことをいいます。流通加工は従来、卸売業や小売業のバックヤード内での業務として行われてきました。

しかし、小売業などでは**GMS**＊の出現により、流通加工は物流センター内で行われる構内作業の1つとして集約されました。近年では、流通加工業務を専門に行う物流会社に委託することで、卸売業や小売業は「商物分離」をいっそう促進し、流通構造の変化をもたらす要因にもなっています。

GMS　General Merchandise Storeの略。総合スーパー。

代表的な流通加工作業には、生鮮食品や繊維品の二次加工や小分け、商品化包装、値札付け、製品検査、組立てなどがあり、それぞれ加工作業には前もって定められた作業手順や方法が存在します。

流通加工を商品の物流過程で行う最大のポイントは「顧客ニーズ」とのマッチングにあります。商品の小分け・再包装や値札付けを行うことにより、商品に対して付加価値をつけることになります。

流通加工は技術革新やロジスティクス革命が進展するなかで、今後注目を集めていくと思われる物流作業の1つです。

物流の6つの機能と流通加工

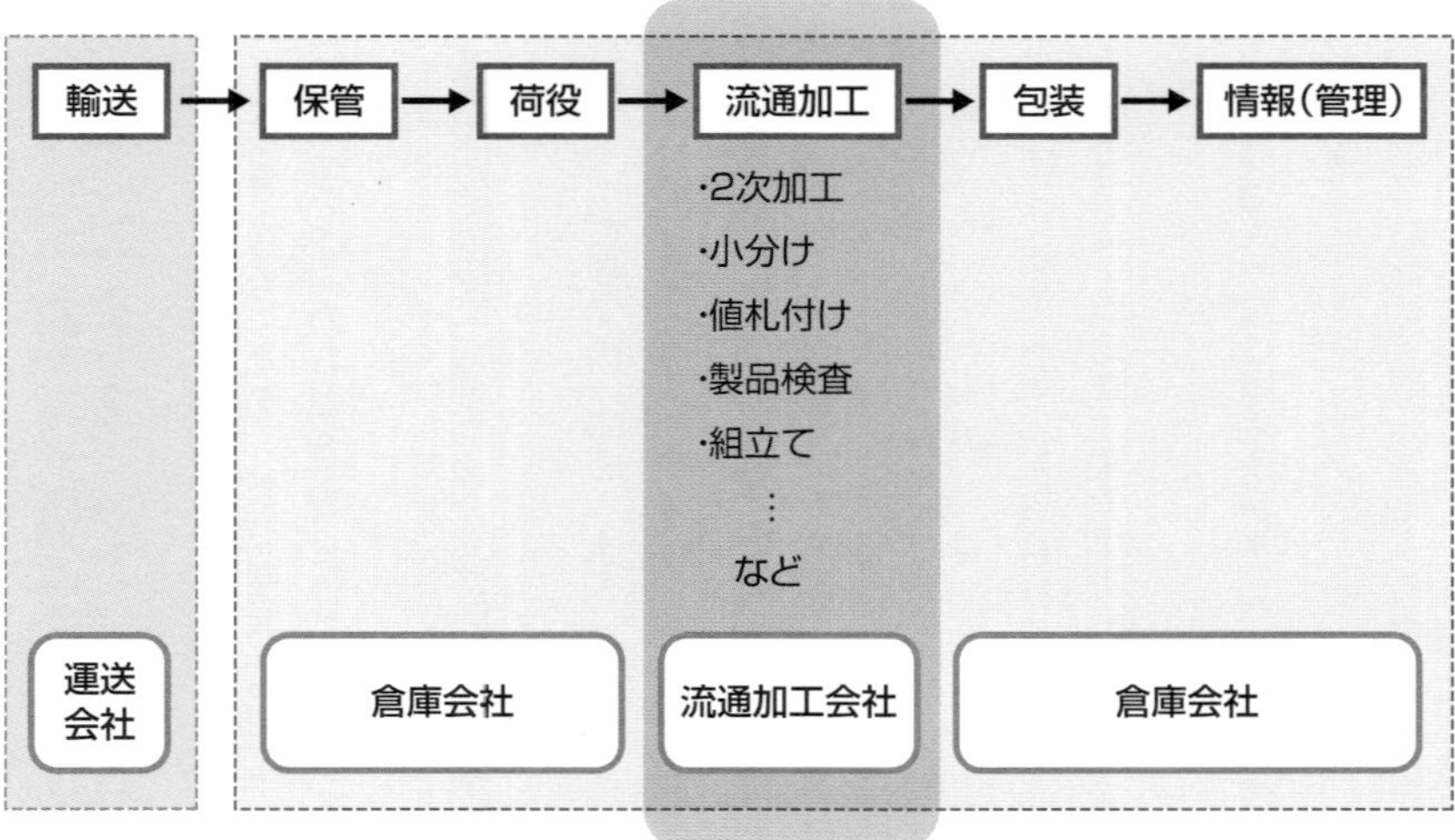

流通加工　流通加工には、検品や検針、検査などのチェック作業、値札付けやタグ付け、袋詰めなど店頭ですぐに陳列できるようにするための作業、セット組やアソート作業、ギフト包装など、多岐にわたる作業がある。

Section

2-7 引越会社、トランクルーム会社も物流企業

主に個人（消費者）を取引対象とする引越会社やトランクルーム会社も、物流会社として分類することができます。

■消費者物流

引越会社やトランクルーム会社も物流企業として捉えることができます。運送会社や倉庫会社との違いは対象顧客が異なることです。一般的に、運送会社や倉庫会社の顧客はメーカーや卸売業、小売業を営む「会社」です。一方で、引越会社やトランクルーム会社の対象顧客は「個人（消費者）」であることから、**消費者物流**と呼ばれています。

■引越会社

引越サービスを行っている会社には**引越専業事業者**と「一事業部門として引越サービスを行っている運送事業者」が存在します。

引越サービスの売上高の上位5社をみてみると、最も大きな売上高を誇っているのはサカイ引越センターで、その売上高はおよそ1168億円にのぼります。2位は、アートコーポレーションでおよそ788億円、3位の日本通運はおよそ519億円となっています。日本通運は一事業部門のなかで引越サービスを行っている会社であり、サカイ引越センターとアートコーポレーションは引越専業会社として区別できます。

ここ最近の傾向として、専業会社の勢いが増しており、2013年度は、サカイ引越センターが初めて日本通運を抜いて日本一になった年度でした。

引越サービスは**個人引越**と**事務所移転**という2種類に分けられます。前者は一般的な引越を意味しており、個人（消費者）を対象にして住居の移転に際しての家財道具の移転作業をいいます。後者は企業や法人の引越を意味しており、

Point

引越業界の需要　引越業界では繁閑の差が非常に激しく、年度末や新生活が始まる3月・4月は引越の需要が集中し、料金が高騰しやすくなる。一方、夏や年末などは閑散期で、需要が減少し、料金も比較的安くなる傾向がある。

事務所や工場の移転のことをいいます。個人の引越に対して、事務所や工場の移転は引越規模が大きく、受注金額も大きいものとなっています。

しかし、個人の引越に比べて事務所移転需要は少ないことから、事務所移転を受注し、実行できる会社は限られたものになっています。

トランクルーム会社

トランクルームとは「その全部または一部を、寄託を受けた個人（消費者）の物品の保管に使用する倉庫」のことをいいます。言い換えると「個人用の物置きスペース」を想像すればいいでしょう。

また、トランクルームは消費者物流の1つではあるものの、個人（消費者）だけではなく、企業の利用も想定されています。

引越大手５社の最新引越売上高ランキング

（単位：百万円、増減率%）

会社名	売上高	伸び率	増収額	決算期
サカイ引越センター	116,861	6.7%	7,305	24/3
アートコーポレーション	78,868	2.2%	1,715	23/9
日本通運	51,998	▲9.4%	▲5,409	23/12
全国引越専門協同組合連合会	29,301	1.1%	319	21/12

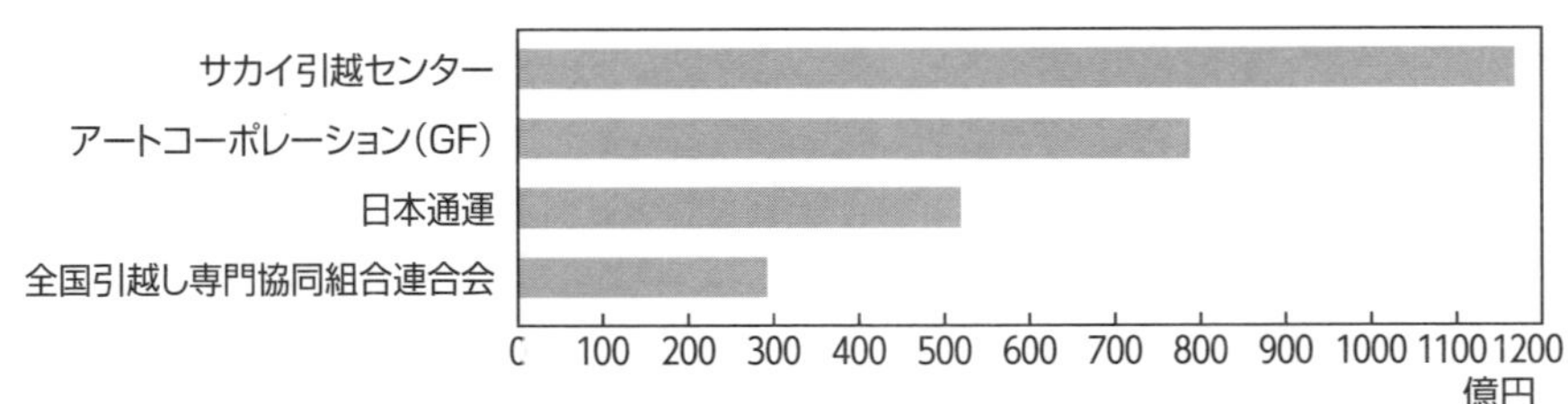

※全国引越専門協同組合連合会は2021年度以降の引越実績を公開していないため、公開している最新のデータを掲載する。
※下のグラフは上表の数字をもとに参考までに作成した

出所：HJ引越情報

トランクルームは、倉庫業法のもとで国土交通省より「認定」を受けたもののことを示しています。トランクルームの売上高の上位企業をみてみると、最も大きな売上高を誇っているのはキュラーズです。続いて、2位はライゼ、3位はエリアリンクとなっています。

トランクルームに寄託する代表的な物品は、個人（消費者）の場合、ソファなどの家具類や季節性の高い物品（スキー板や衣類など）、趣味の品などが多いようです。企業の場合は、帳票類や書類関係、フロッピーディスクやCDなどの磁気データがあります。

トランクルームに預ける物品が個人や企業に限らず、貴重品が多いため、トランクルーム内の温度管理や湿度管理はもちろんのこと、防火性や耐震性、セキュリティーサービスなどの品質も事業を展開していくうえでの重要な要素になっています。

また、一部のトランクルームでは、預けた衣類や布団のクリーニングサービスや、不要品を売却できるオークションサイトとの連携機能なども提供されています。これにより、単なる保管スペースとしてだけでなく、家事代行や不用品処分の手間を軽減する付加価値が高いサービスが展開されています。

トランクルームサービスを提供している主な会社

会社名	サービス名
キュラーズ	キュラーズ
ライゼ	ライゼボックス
エリアリンク	ハローストレージ、ハロートランク
三井倉庫	三井倉庫
寺田倉庫	テラダトランクルーム、My ストレージ
住友倉庫	住友倉庫
加瀬ホールディングス	加瀬のレンタルボックス
押し入れ産業	押し入れ産業
トラストワン	オレンジボックス
京葉物流	プライベート BOX
稲葉製作所	イナバボックス
レオパレス 21	レオパレス 21

トランクルーム　近年生まれた新しいサービスのように見えるが、実はトランクルームの歴史は意外と長く、始まりは昭和の初めごろ（1930年代）に遡る。

レンタルスペース

近年では、国土交通省の「認定」を受けたトランクルームの他に、**レンタルスペース**と呼ばれるトランクルームと似たサービスを提供する会社も現れています。

レンタルスペースは建物の一部やコンテナなどを用いて、個人（消費者）の家財道具や企業の事務用品などを預っています。顧客に対しては、家財などの収納スペースを提供するサービスであって、物品の保管や管理を行うものではないことを謳っていますが、実際にはトランクルームとの区別がつけにくいことが実態です。

最新のレンタルスペースでは、ＩｏＴ技術によるスマートアクセス管理を行っています。スマートフォンやカード、ＱＲコード、顔認証などを使って入退室を管理することで、セキュリティを強化しつつ、管理業務の効率化を図っています。

IoTでスマートアクセス管理されたレンタルスペースを提供している。

レンタルスペースの内部の様子

©ysishikawa

Section
2-8 物流子会社の役割

物流子会社はいままさに、「コストセンター」から「プロフィットセンター」への転換が求められています。

物流子会社の特徴

「子会社」とは親会社の業績を向上させるために、社内の一部またはすべてを別会社とするものでした。

物流子会社とは、企業が持っていた物流部門を切り離して独立させた会社です。親会社やそのグループ企業の物流を主として担当しています。企業にとっては、物流部門を子会社化することで「物流コスト」を明確にし、その削減を図ることが目的とされています。物流子会社にとっては、親会社の物流コスト削減は自社の業績を悪化させることにつながります。そのため、物流子会社は親会社の物流業務だけではなく、外部企業の物流業務を請けるようになってきました。子会社化する前は、企業内で**コストセンター**として位置づけられた物流部門を子会社化することにより、分離独立させることで、独立採算による利益創出が求められる**プロフィットセンター**＊としての役割が求められるようになりました。今日、多くの物流子会社が存在するなかで、重要な経営課題のひとつは親会社からの売上構成比率を下げて、外部企業による売上構成比率を上げていくことで、利益を確保することです。

ただし、トラック不足で集車が難しくなっている最近は、親会社から、グループ企業の業務の優先度を上げるように要請が出ているケースが多くなっています。

また、物流子会社を独立系3PL企業、または他の物流子会社へ売却し、集車等の物流部門の運営はアウトソーシングして、自グループは製造や販売等のコア業務に専念しようとするケースも目立っています。

物流子会社の2つのタイプ

物流子会社には2つのタイプが存在します。1つは「物

プロフィットセンター　「プロフィット＝Profit」は利益の意。

流管理」を専門に行う物流子会社です。つまり、輸配送や倉庫管理などの実業面は他の物流会社に委託し、物流子会社としては、その管理のみを行うタイプです。二つめは「物流業務全般」を行う物流子会社です。物流管理だけではなくて、輸配送や構内作業などを行うタイプのことです。なかには、輸配送を運送会社に委託し、倉庫内の作業を物流子会社が運営するというケースも存在します。

「物流子会社」という形態は日本独自のものであり、アメリカなどの欧米諸国にはあまりない物流機能であるといえます。物流へのニーズが多様化し、親会社からの物流コスト削減を迫られる物流子会社は一種のジレンマを抱えた存在であるということができます。

物流子会社の再編

近年、物流子会社の再編が活発に進められています。例えば、2023年に日立製作所は、日立物流の株式を米国のプライベート・エクイティ会社KKRに売却しました。また、2024年にはセイノーホールディングスが三菱電機ロジスティクスを、572億円で66・6%の株式を取得しています。

このように、経営効率の向上と戦略的投資のため、物流子会社の売却や再編を実施しています。再編の背景には、デジタル化やサプライチェーンの最適化、グローバル市場での競争力強化などが挙げられます。特に、大手企業は物流子会社を売却することで、資金を新たな成長分野に投入し、持株会社*体制への移行やグループ間のシナジー強化を図っています。

物流子会社・グループの例

社名	業種	物流子会社・グループ会社
キユーピー株式会社	食品	株式会社キユーソー流通システム
キリン株式会社	食品・医薬品	キリングループロジスティクス株式会社
株式会社ニトリホールディングス	家具	株式会社ホームロジスティクス
株式会社小松製作所	建機	コマツ物流株式会社
株式会社ブリヂストン	ゴム製品	ブリヂストン物流株式会社
住友商事株式会社	総合商社	住商グローバル・ロジスティクス株式会社
近畿日本鉄道株式会社	鉄道	株式会社近鉄エクスプレス
大日本印刷株式会社	印刷	株式会社DNPロジスティクス

持株会社　他の企業の株式を所有し、その企業の経営に影響力を持つことを主な目的とする会社のこと。自社で事業を直接運営するのではなく、グループ会社の経営管理や戦略策定を行う役割を持つ。持株会社は、グループ全体の統制や資本の効率的な運用を図るために設立されることが多い。

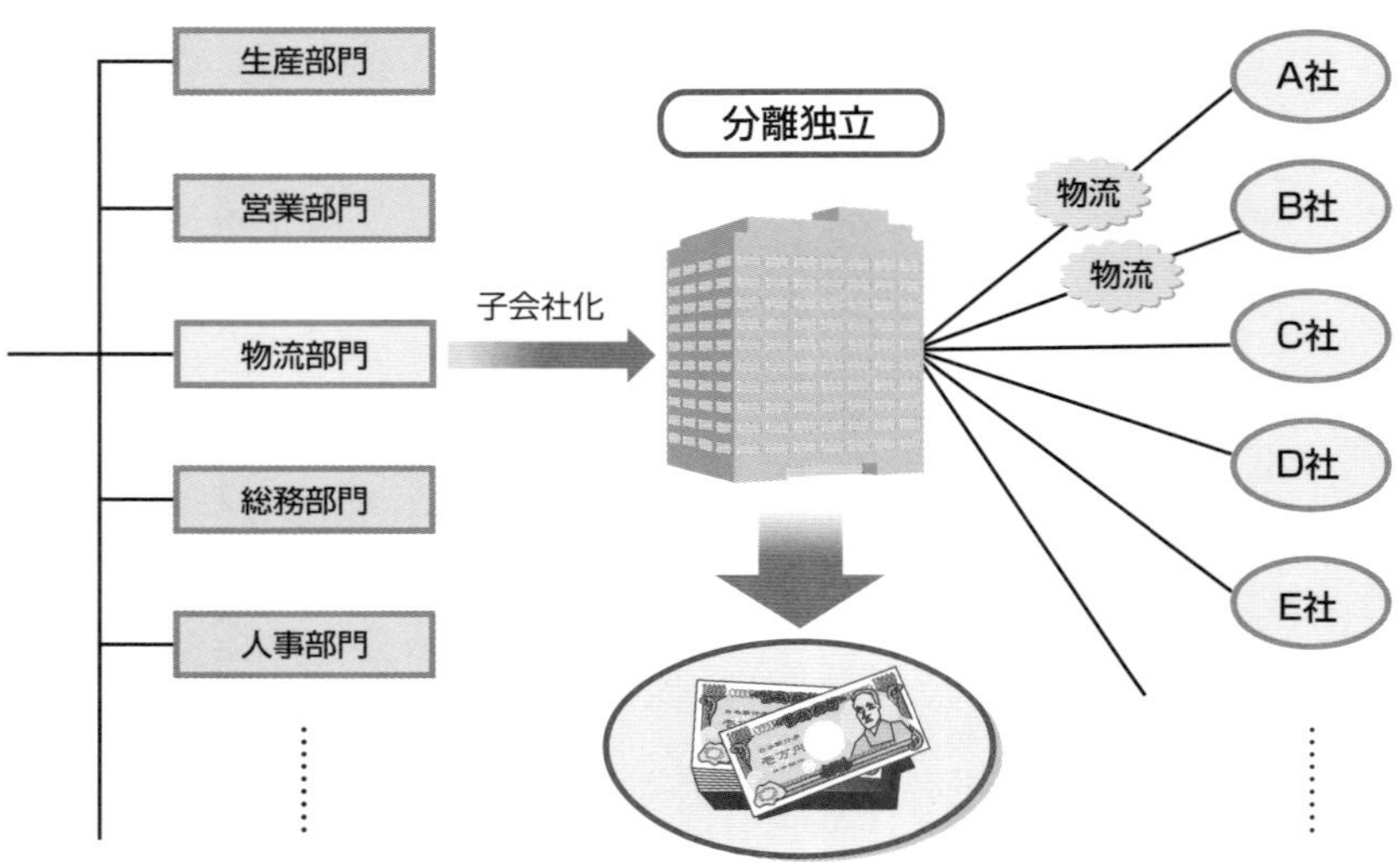

物流子会社に求められるもの　物流管理のみを行う物流子会社の場合、自社でアセットを持っていないため、物流戦略の策定やサプライチェーンの最適化など、より高度な物流マネジメントでの貢献・価値発揮が求められる。

Section 2-9 元請け、下請け、孫請け

物流業務は、「元請け」の物流企業を頂点にしたピラミッド構造になっています。多重下請け構造の問題点と是正の動きを見ていきます。

■物流会社のピラミッド構造

物流アウトソーシングにおける構造として注目される点は、「ヒエラルキー構造（階層構造）」になっているということです。つまりは、荷主企業から物流業務を直接委託される**元請け会社**と呼ばれる物流企業を頂点にしたピラミッド構造になっているということです。

荷主企業による物流業務の委託の流れをみてみると、まずは自社の物流全般をアウトソースすることができる物流会社を選定します。近年では**3PL**＊（サードパーティー・ロジスティクス）と呼ばれる物流会社に委託するケースが増えています。3PL企業のように、荷主企業と直接物流の委託契約を行う会社を「元請け会社」と呼んでいます。

■下請けと孫請け

次に、荷主企業の物流委託を直接契約した元請け物流会社は、一部もしくはすべての物流業務を、契約している他の運送会社や倉庫会社に卸します。このような元請け会社と直接契約している運送会社や倉庫会社を**下請け会社**と呼んでいます。さらに、下請け会社は元請け会社から受けた業務を、契約している他の運送会社や倉庫会社に一部もしくはすべて卸していくという構造になっています。このように、下請け会社と直接契約している運送会社や倉庫会社を**孫請け会社**と呼んでいます。

元請会社、下請け会社、孫請け会社という一連の業務構造は日本に3PL企業が出現したことによって、より明確化したといわれています。もちろん、収益構造もそれぞれに異なっており、元請け会社の収益が高く、次いで下請け

3PL　3rd（Third）Party Logisticsの略。サードパーティー・ロジスティクス。詳しくは6-3、6-4節参照。

会社、孫請け会社の順番になっています。そのため、物流業務のヒエラルキーが明確になればなるほど、下請けや孫請けとしてのポジションにいる物流会社は経営が苦しい状況にあるといえるでしょう。

■多重下請け構造の是正・取引台帳の作成

このように物流業界の多重下請け構造は、適正取引を阻害する要因として長らく問題視されてきました。2024年国土交通省は貨物自動車運送事業法の改正案で、元請運送事業者に実運送事業者の社名などを記載した「実運送体制管理簿」の作成を義務化しました。この管理簿は、実運送事業者の名称・貨物の内容・区間・何次請けに該当するか、といった記載項目があります。

また、全日本トラック協会は、取引は2次下請けまでに制限すべきとの提言をまとめました。元請会社には、標準的な運賃に加えて**利用運送手数料**＊10％を収受するよう、荷主と交渉する必要性を指摘し、利用運送事業者にも、依頼元の運送事業者などから運賃とは別の手数料を確保し、実運送事業者に適正な運賃が行き届くように求めています。

物流業界のヒエラルキー（階層構造）

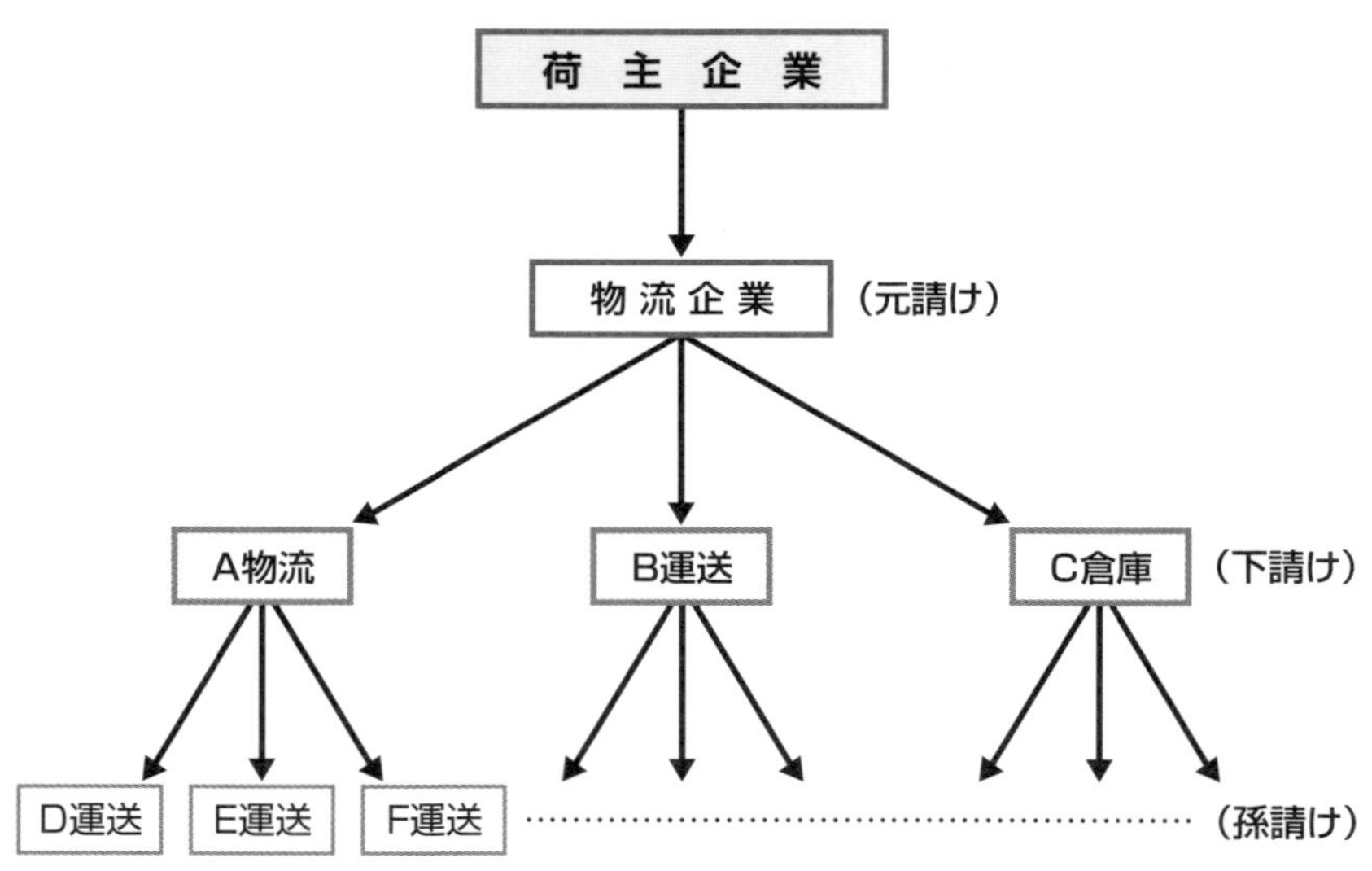

利用運送手数料　運送事業者が自社の車両や設備を使用せずに、他の運送事業者のサービスを利用して貨物を運送する際に、そのサービスの提供に対して支払う手数料のこと。

Section
2-10 運賃の算出方法

トラック運賃は、走行距離（稼働時間）と距離単価（時間単価）の2つの項目で決定します。計算方法は次のとおりです。

■運賃制度の推移

1990年12月、トラック事業の運賃が**貨物自動車運送事業法**の制定により、それまでの「許可制」から「事前届出制」に移行しました。運賃が許認可制であったころは、路線トラックは全国一律であり、区域トラックに関しても地域別で一律の運賃体系でした。

その後、2002年6月に**物流二法**（**貨物自動車運送事業法**および**貨物運送取扱事業法**）が改正され、**貨物自動車運送事業**＊で規定されていたトラック運賃の事前届出制が撤廃されることになりました。改正物流二法は2003年4月に施行され、これによって、運賃は運送事業者の「自主性」に委ねられることになりました。

しかし、多くの運送会社は、許可制であったころの一律運賃をそのまま届出するケースが多くみられました。

トラック運賃には次の5つの種類があります。まず1つめは旧路線運賃に相当する**積合運賃**、2つめは重量30kg以下の荷物を扱う**宅配運賃**、3つめはトラックを貸しきるかたちの**貸切運賃**、4つめに引越を扱う**引越運賃**、最後にタンクローリーなど特殊車両に適用される**特殊運賃**です。その他にも、取扱高に応じて設定される「歩率制」などもありますが、公示料金価格制度上では、不適正な運賃と認識されています。

■トラック運賃の決定方法

トラックの運賃は次の式で表されます。

・**トラック運賃＝走行距離（km）×距離賃率（円／km）**

もしくは、

貨物自動車運送事業　物流二法の施行以前は、トラックは「一般路線貨物自動車運送業」と「一般区域貨物自動車運送事業」の2つに分類されていた。詳しくは4-5節参照。

・トラック運賃＝稼働時間（h）×時間賃率（円／時間）

これはトラックの運賃が走行距離や稼働時間によって比例的に増加することを示しています。走行距離や稼働時間によって運賃が変化してくることがわかると、1㎞当たりコスト、1時間当たりコストがどのくらい増加するのか、つまりは「単価」を求めることができれば運賃原価を計算することが可能になります。

距離賃率（円／㎞）と時間賃率（円／時間）は1㎞（または1時間）トラックで走行するのに係る「燃料費」「タイヤチューブ費」「修繕費」の3つで決定されます。一方で、走行距離（㎞）や稼働時間（h）は、荷主企業による運送依頼の「稼働時間（または走行時間帯）」「貨物特性」「納入条件」によって決定されます。

標準的な運賃の導入

標準的な運賃とは、法令を遵守して、継続的に事業をおこなっていくための基準となる運賃のことです。トラック運送業では、長時間労働や過酷な労働環境、低賃金によるドライバー不足が深刻化しています。加えて、令和6年4月1日から施行された時間外労働の上限規制や、トラック運送業者の荷主に対する交渉力の弱さから、必要なコストに見合った対価を収受できない事態も問題となっています。

国土交通省はこのような背景を踏まえ、ドライバーの労働条件の改善を図るために、令和2年標準的な運賃の告示制度を導入しました。

標準的な運賃は適正な原価（変動費＋固定費）に適正な利潤を加えることで算出されます

変動費は、走行距離や時間に比例して発生する運行費、トラックドライバー人件費などです。一方で走行距離に関係なく発生する費用、車両費、自動車関連諸税、保険料などになります。そこに事業を継続的に経営していくために必要な適正な利潤を加えたものが標準的な運賃とされています。

標準的運賃は、人件費や物価の地域差を考慮し、運輸局別（北海道・東北・関東・北陸・中部・近畿・中国・四国・九州）と2トン・4トン・10トン・20トンの車格別で運賃が設定されています。

また、運賃と料金が区別され、今まで実質的には収受できていなかった**待機時間料**や**附帯作業料**などの運送以外の役務などの対価に関しても明確化されました。

規制緩和　近年、国土交通省によって運輸・運送に関わる規制緩和が進められている。改正物流二法と同時に、改正鉄道事業法も施行された。さらに、2005年4月には改正内航海運業法が施行された。物流二法については、4-5節参照。

トラック運賃の算出方法

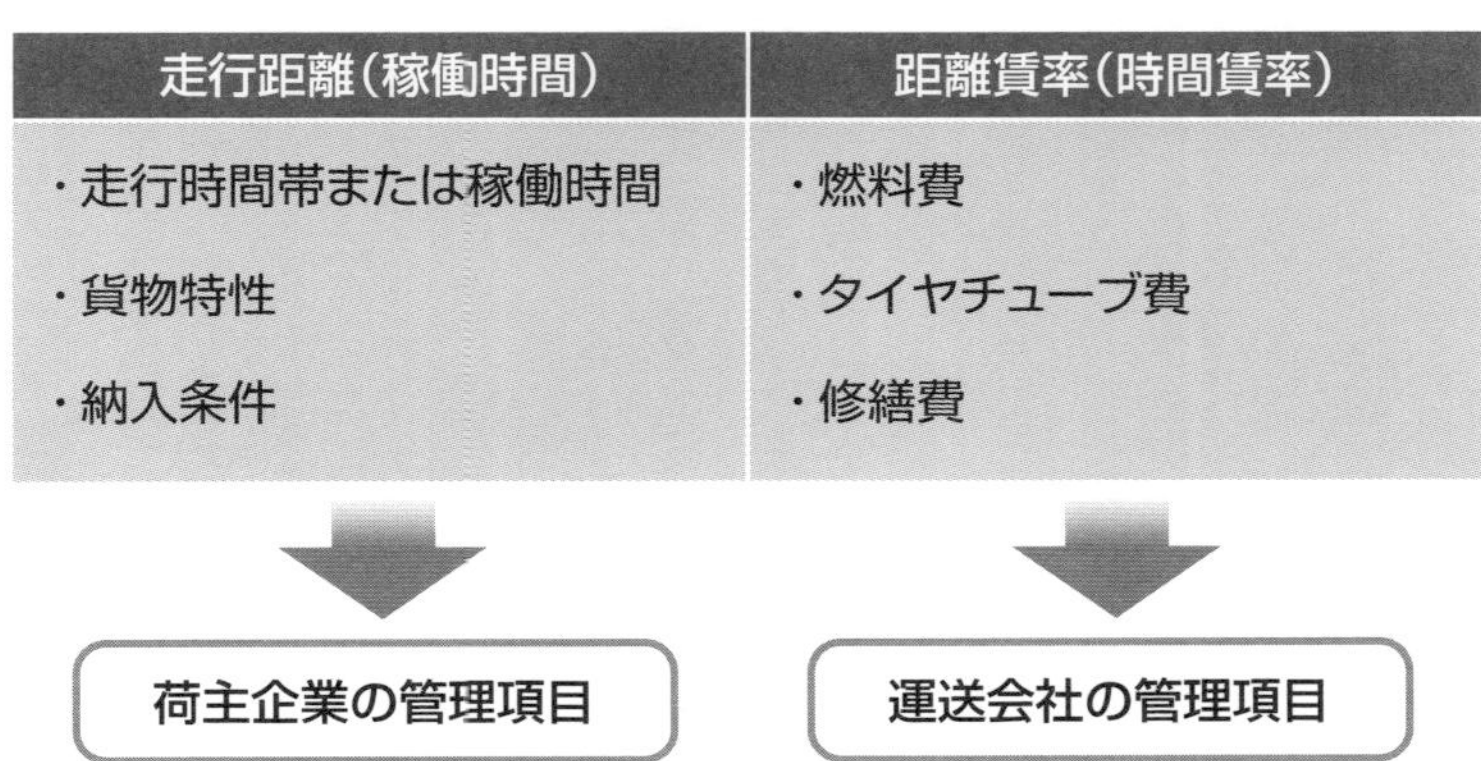

「運賃」と「料金」の区別を明確化

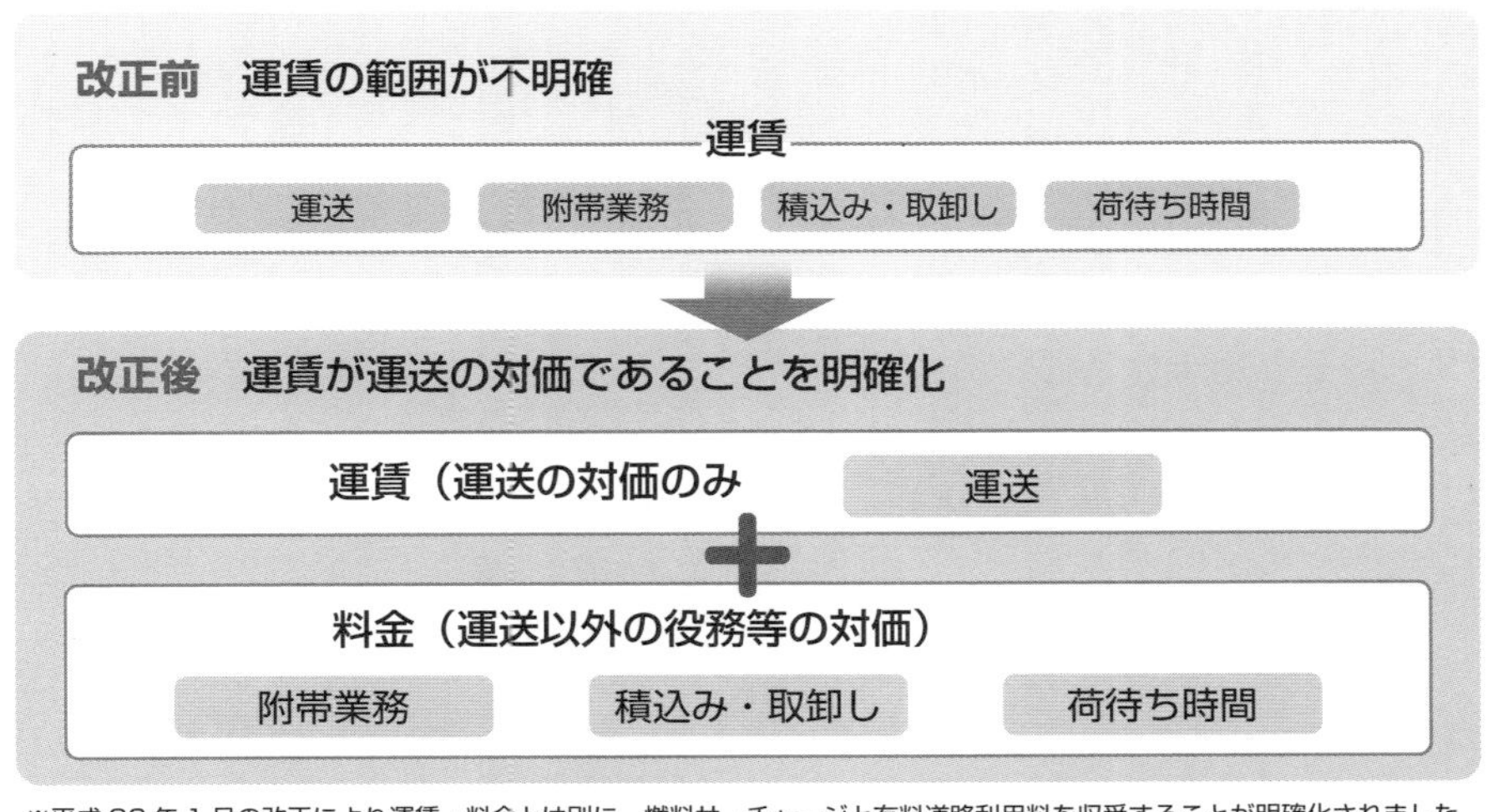

※平成 26 年 1 月の改正により運賃・料金とは別に、燃料サーチャージと有料道路利用料を収受することが明確化されました。

標準貨物自動車運送約款等の改正により運賃が運送の対価であることを明確化

出所：国土交通省

Section

2-11 倉庫料の算出方法

倉庫料の算出は、取扱商品の「配分率」の決定方法が重要になってきます。算出方法は次のようになります。

三期制

三期制とは、1ヶ月を10日単位に分けて倉庫の保管料を決定する方法のことをいいます。毎月1日から10日までを第1期、11日から20日までを第2期、21日から末日までを第3期に分けて、それぞれの期で倉庫料金の計算を行います。

例えば、5月1日に商品を倉庫会社へ保管するとします。そうすると、保管された商品を5月2日に出庫しても、9日に出庫しても同じ期内であるため、倉庫料金も同額になります。

一方で、5月8日に入庫し、5月19日に出庫します。この場合、保管期間は2期にまたがるため、倉庫料金は2期分、つまり「商品1期当たりの保管単価×保管商品数×2(期)」で表される金額になります。

なお、三期制で保管料を収受するためには、営業倉庫でなければできません。営業倉庫は、第三者の荷物を預かり、その保管に対して保管料を受け取ることを業務としています。一方、自家倉庫は自社の商品の保管を目的としており、他社から保管料を受け取ることを目的としていないため、三期制で保管料を徴収することはできません。

倉庫料の基本的な算出方法

ここでは、荷物の保管に必要な**倉庫料金**の算出方法について みていきましょう。

いま、メーカーA社は倉庫費用総額で100万円を支払っているとしましょう。A社は自社の商品α、β、σの3種類を倉庫に預けているとします。つまり、この3種類の倉庫費用総額として100万円を支払っているわけです。ここで問題になってくるのは、倉庫費用総額を原価計算対象

Point **作業料の徴収についての注意点**　営業倉庫でないと、保管料だけでなく、倉庫内の作業料も徴収すると倉庫業法に違反し、罰則を受けるリスクがあります。

である商品α、β、σにいくらずつ負担させるかということです。

A社では、商品の取扱ケース数*を把握しているとしましょう。例えば、商品αは200ケース、商品βは300ケース、商品σは500ケースを取り扱っています。この例で考えると、3つの商品の「取扱ケース数」で倉庫費用総額の配分を決定していくことになります。それぞれの商品の配分率と倉庫費用は、次のようになります。

- **商品α　配分率：20%　倉庫費用：20万円**
- **商品β　配分率：30%　倉庫費用：30万円**
- **商品σ　配分率：50%　倉庫費用：50万円**

ここでは「取扱ケース数」が多いほど、倉庫面積が必要になるうえ、入出庫回数や管理に費やす時間的コストも増えると考えられることから商品の「配分率」による倉庫費用計算となっています。

配分率

倉庫料金の**配分率**をさらに詳細に把握するにはどのようにすればよいのでしょうか。倉庫内で行われる「活動」は多種多彩であるため、活動別のコスト把握をする必要があります。

ここで重要になってくるのが、配分率を「何」で決定するのかということです。先の例では配分率の決定を商品の「取扱ケース数」にしました。配分率の決定に際しては、次のような項目を用いる場合が多くあります。

- **入庫・検品：「出荷数」「ケース数」**
- **入庫移動・在庫補充・梱包：「パレット*数」「ケース数」**
- **ピッキング：「注文数」「製品の種類」**
- **出庫・出庫準備：「注文数」「パレット数」**

このような倉庫内作業別の費用の算出は、最終的には「顧客満足度」の向上を目的に行われます。顧客満足の達成のためには、物流の効率を上げるための「情報」を引き出すことが重要になってきます。

ケース　商品の保管や輸送を目的とした箱や容器で、段ボール箱やプラスチック製コンテナなどがある。同じ種類の商品を一定数量でまとめて梱包することで、取り扱いやすさ、保管の効率化、輸送時の保護などを目的としている。

倉庫料の算出方式

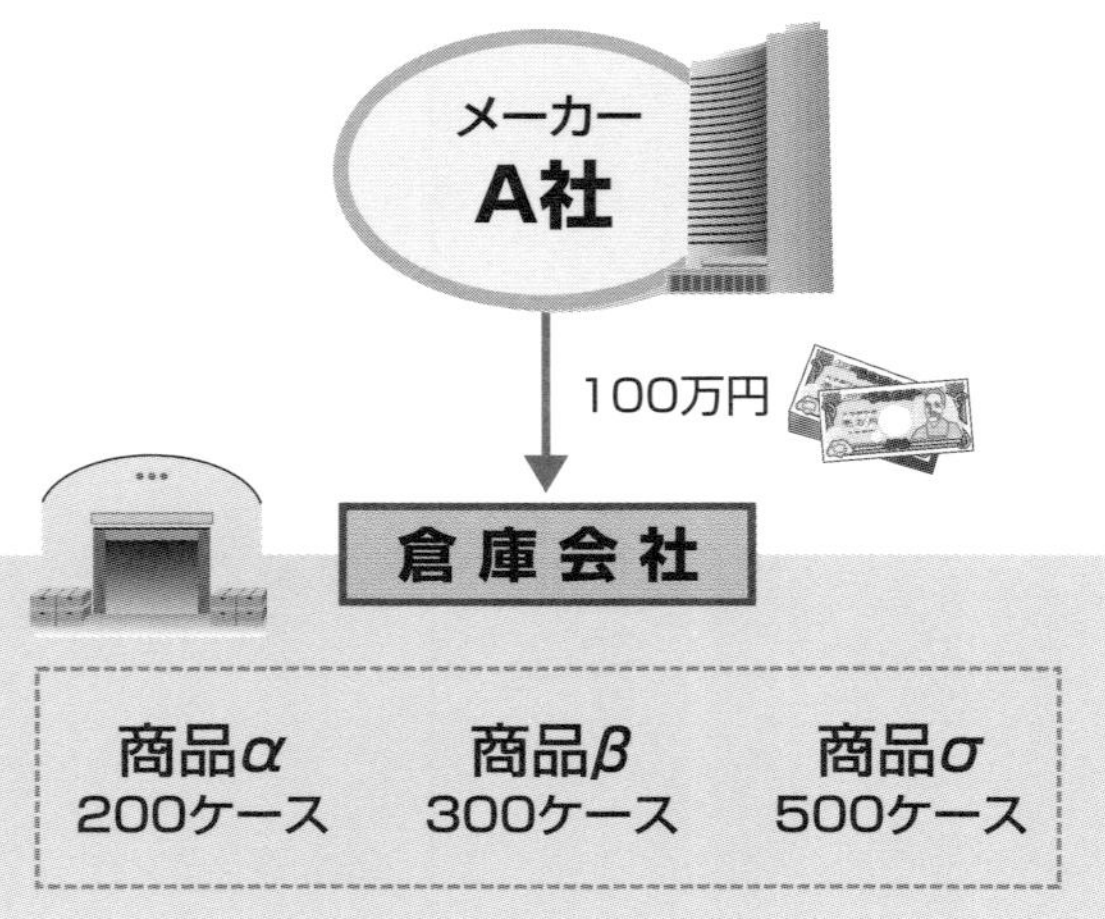

配分率の計算

・A社が倉庫会社に委託している商品の取扱ケース数合計

200ケース + 300ケース +500ケース = 1000ケース

・それぞれの商品の「配分率」

商品αの配分率 = 200ケース ÷ 1000ケース = 20%

商品βの配分率 = 300ケース ÷ 1000ケース = 30%

商品σの配分率 = 500ケース ÷ 1000ケース = 50%

・それぞれの商品の「倉庫料」

商品αの倉庫料 = 100万円 × 20% = 20万円

商品βの倉庫料 = 100万円 × 30% = 30万円

商品σの倉庫料 = 100万円 × 50% = 50万円

パレット　貨物を効率的に積み重ね、輸送や保管を容易にするための平板。フォークリフトでの運搬が可能で、物流作業の効率化と安全性向上に寄与する。日本での標準サイズは1100mm×1100mmで、通称イチイチパレットと呼ばれており、木製やパレット製がある。

Section

2-12 荷役料・流通加工料の算出方法

ABC分析による作業標準時間の計測によって、荷役料・流通加工料を計算します。４つの算出方法の特徴は次のとおりです。

荷役作業料金の算出方法

ここでは倉庫内で行われる「荷役」「流通加工」、それぞれの料金算出方法をみていきましょう。

荷役や流通加工の料金設定にはＡＢＣ＊（**活動基準原価計算**）と同様に、「活動別」「取扱量別」「コスト（工数×賃率）別」にそれぞれ実態調査を行い決定しなければなりません。

荷役作業料金には**能率性単価**、**補償的単価**、**一括請負**、**人工**（にんく）があります。「能率性単価」とは標準工数（時間）に標準賃率（レート）をかけた金額のことを示しています。「補償的単価」は基準となる人員数（もしくはフォークリフト台数など）に人員単価をかけたものを商品の取扱量で割った金額のことをいいます。

また、「一括請負」は基準となる人員数（もしくはフォークリフト台数など）に人員単価をかけた金額になります。最後に「人工」は人員（もしくはフォークリフト台数）に人員単価をかけた金額を指します。

能率性単価

荷役作業料金の４つの設定方法のなかでも最も優れているといわれているのは「能率性単価」ですが、能率性単価の実施のためには業務量を調査しなければならないため、物流の特性によっては適用不可のケースも存在します。

能率性単価による荷役・流通加工料金を設定する場合は「標準時間（時間）」と「標準賃率（レート）」を査定する必要があります。「標準賃率（レート）」に関しては、作業単価として捉えることができます。ここで問題になるのは「標準工数（時間）」の査定です。

ABC　Activity Based Costingの略。

標準工数の設定の際には、ＡＢＣ分析によって作業ごとに標準時間を設定する必要があります。ＡＢＣ分析によって、作業標準時間だけでなく、効率的な作業手順の発見とそれによるコストダウンにつながる可能性もあります。

作業生産性の改善

荷役作業や流通加工作業の効率を上げるために、ベストプラクティス*を実践する作業員の動画を撮影し改善を図ることは、非常に効果的な手法の一つです。

優れた作業員と一般的作業員の作業の様子を撮影し、どのような動きの違いがあるのかを把握することで、無駄な動きや改善の余地を特定し、作業効率の向上につなげるのです。

荷役作業料金の４つの設定方法

能率性単価 ＝ 標準工数（時間）× 標準賃率（レート）

補償的単価 ＝ 人員数 × 人員単価 / 商品の取扱数量

一括請負 ＝ 基準となる人員数 × 人員単価

人工 ＝ 人員 × 人員単価

＊「人員」は「フォークリフト」などにも置き換えられる

ベストプラクティス　特定の業務や作業において、最も効果的で効率的な手法やプロセスのことを指す。成功事例や実績をもとに、他の場面でも応用可能な優れた方法として広く採用される。

Section 2-13

運送会社の原価構造

運送会社の総経費の構成を紹介します。運送会社では、人件費が収益の40%を占める原価構造になっています。

運送会社の原価

次ページの表は、トラック運送事業の総経費の構成です。運送会社の原価構造は、主として次のような項目で構成されています。

- **人件費**
- **燃料油脂費**
- **修繕費**
- **減価償却費**
- **保険料**
- **施設使用料**
- **事故賠償費**
- **道路使用料**

人件費はドライバーへの給与を示し、燃料油脂費はトラックの燃料代等、修繕費はトラックのメンテナンス費用と考えればいいでしょう。そして、人件費・燃料油脂費・修繕費は運送原価の基礎的な項目になっています。

保険料とは、トラックやドライバーにかけられる各種保険への支払項目です。事故賠償費は輸配送時の万一の事故に備えた費用を示しています。また、道路使用料とは高速道路やその他有料道路を走行する際の走行料です。

人件費の割合が高い運送会社

下の表をみてもわかるとおり、運送原価のなかで最も大きな割合を示しているのが人件費です。総経費に占める人件費の割合が40%近くになることがわかります。運送会社にとっては、人件費の高騰を抑えながら、トラックを走らせることが重要になってきます。

トラック　日本の主なトラックメーカーは、「いすゞ自動車」「UDトラックス（旧日産ディーゼル工業」「日野自動車」「三菱ふそうトラック・バス」など。世界的な自動車業界再編の流れを受けて、日産ディーゼルはボルボに、三菱ふそうはダイムラーに買収されたりするなどの影響が及んでいる。

赤字企業と黒字企業の違いは、前者は、運送原価構造において人件費と減価償却費の割合が大きいことです。また、最近は、燃料費の高騰が運送会社の収益率を圧迫しています。

トラック運送会社にとっては、人件費と同時に、荷主企業から適正な運賃をもらいながら輸配送を続けていくことが重要になっています。2017年〜2019年頃まではドライバー不足問題により運賃は上昇傾向にありましたが、2020年からのコロナ禍で物量が減少し、再び下落してしまいました。その後、2024年問題と各種原価の高騰により、近年の運賃は再び上昇傾向にあります。

トラック運送事業の総経費の構成

（単位：%）

項目 ＼ 年度		平成30	令和元	2
運送費	計	85.5	85.5	85.2
	人件費	39.7	38.4	39.6
	燃料油脂費	15.1	13.4	11.9
	修繕費	5.6	5.8	5.8
	減価償却費	5.9	6.2	6.3
	保険料	2.0	2.1	2.0
	施設使用料	1.0	1.0	1.2
	自動車リース料	1.4	1.6	1.8
	施設賦課税	0.6	0.5	0.6
	事故賠償費	0.1	0.1	0.1
	道路使用料	3.7	3.7	3.7
	フェリーボート利用料	0.3	0.3	0.3
	その他	10.1	12.2	11.9
一般管理費	計	14.5	14.5	14.8
	人件費	8.2	8.3	8.9
	その他	6.3	6.2	5.9
合計		100.0	100.0	100.0

資料：全日本トラック協会「経営分析報告書」より作成
（注）：端数処理の関係で合計が一致しない場合がある

出所：全日本トラック協会「日本のトラック輸送産業（令和3年3月）」

三菱ふそうのトラック

©Comyu

軽油価格の推移（リットルあたり円）

出所：（一社）日本エネルギー経済研究所 石油情報センター

ウクライナ紛争の影響　軽油高の背景には複数の要因が絡むが、近年では特にロシアとウクライナの間での紛争がエネルギー市場に大きな影響を与えている。ロシアは世界有数の石油輸出国であり、紛争がエスカレートすることで供給に影響が生じ、原油価格が高騰する。

Section
2-14 倉庫会社の原価構造

倉庫会社の原価を見ていきましょう。倉庫会社では、人件費と下請け費用が原価の半分を占める構造になっています。

下請け費用の割合が高い倉庫会社

次ページの表は、倉庫会社の主要原価の推移を示しています。倉庫会社の原価構造は主として次のような項目で示されています。

①人件費
②請負費用
③派遣費用
④減価償却費
⑤賃借料
⑥租税公課
⑦その他
⑧営業外費用

2022（令和4）年における倉庫会社の①から⑧の原価項目のなかでも、原価総額に占める割合が大きな項目としては人件費（19・0%）と請負費用（27・7%）が挙げられます。人件費は倉庫内で商品のピッキングや仕分けなどの荷役作業を行う構内作業員やフォークリフトオペレーターに対する給与を示します。人件費と請負費用の2項目で原価の半分近くを占めることから（46・7%）、倉庫会社の原価構造上、最も重要な項目であるといえるでしょう。

また、②請負費用と③派遣費用も人的リソースの確保のために発生する費用ですが、請負と派遣では法的な責任や管理方法、指示命令系統が大きく異なります。

Point **倉庫業における「請負」と「派遣」の違い**　**請負**は請負業者が作業の進め方や人材の管理を自ら行う。依頼者は業務の成果に対して支払いを行う。**派遣**は労働契約は派遣元企業との間にあり、依頼者が派遣社員に対して作業の指示や管理を行い、その業務内容に関して責任を負う。

倉庫会社1社平均の主要原価の推移

（単位：千円、%）

区分	平成30年度	令和元年度	2年度	3年度	4年度
①人件費	394,806 (21.1)	405,563 (20.7)	393,223 (20.0)	393,434 (19.8)	387,218 (19.0)
②請負費用	526,131 (28.1)	576,805 (29.4)	529,502 (26.9)	566,297 (28.5)	564,473 (27.7)
③派遣費用	71,352 (3.8)	40,016 (2.0)	40,401 (2.1)	38,535 (1.9)	48,898 (2.4)
④減価償却費	135,990 (7.3)	142,113 (7.3)	164,748 (8.4)	176,621 (8.9)	177,929 (8.7)
⑤賃貸料	233,859 (12.5)	255,169 (13.0)	262,875 (13.4)	280,368 (14.1)	282,883 (13.9)
⑥租税公課	53,094 (2.8)	58,867 (3.0)	65,906 (3.4)	64,351 (3.2)	67,747 (3.3)
⑦その他	442,952 (23.6)	465,429 (23.8)	494,851 (25.2)	455,157 (22.9)	499,009 (24.4)
⑧営業外費用	15,971 (0.9)	14,999 (0.8)	15,777 (0.8)	14,778 (0.7)	13,096 (0.6)
（うち金融費用）	11,283 (0.6)	10,804 (0.6)	9,879 (0.5)	8,785 (0.4)	9,473 (0.5)
費用合計	1,874,155 (100.0)	1,958,962 (100.0)	1,967,283 (100.0)	1,989,542 (100.0)	2,041,251 (100.0)

※（　）は、費用に占める割合を示す。
※「その他」とは、旅費、水道光熱費、通信費、消耗品費、交際費等。

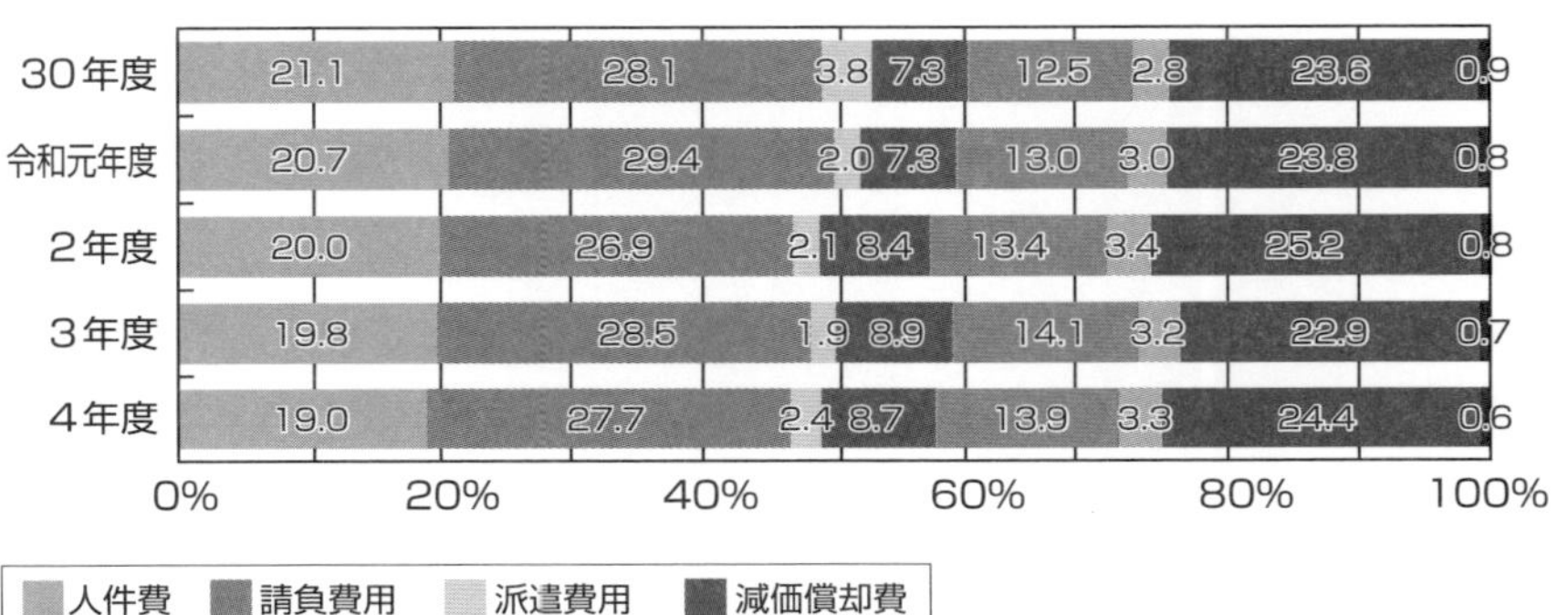

出所：国土交通省ホームページ

MEMO

第3章

物流企業の組織と仕事

物流企業の一般的な組織体制は「現業」「営業」「情報システム」「管理」の４部門から構成されています。私たちが道を歩いているときによく見かけるトラックや倉庫は、「現業部門」で行われている業務の結果でしかありません。

本章では、物流企業の組織体制を通してみる、トラックや倉庫内での作業など、物流企業の仕事の実態をみていきましょう。

Section

3-1 物流企業の商品とは

物流企業の商品は、荷主企業のロジスティクス・システムに関するPDCAの受託です。従来の認識との違いを知っておきましょう。

物流企業の商品

物流企業の〝商品〟は何でしょうか。

『大辞泉』によると、「商品」とは「販売を目的とする財またはサービス」と定義されています。つまり、お客様である荷主企業が対価を支払う価値を見出すものです。

よって、物流企業にとってのスタンダードな商品は、**輸配送サービス**、**倉庫保管サービス**、**荷役サービス**、**流通加工サービス**、**梱包・包装サービス**、**情報管理サービス**（物流の6機能）となります。これに付加商品として、受発注処理やコールセンター受付といった**代行サービス**などが加わります。近年では、荷主企業における物流業務の人手不足が加速しており、リフト免許など特定の資格・技能を持った人材の派遣や、物流センターの運営をまるごと請け負うサービスも増えています。

また、先進的な事例としては、ロジスティクス関連のコンサルティングサービスや、物流情報のレポーティングサービスを有償で提供している物流企業もあります。最近は荷主企業がノンコア業務のアウトソーシングを促進する傾向にありますので、いくつかの商品（サービスメニュー）を複合的に委託するケースが多いといえます。

よって、従来は「運送会社の商品はドライバーだ」「自動倉庫がうちの商品だ」といった認識の物流企業が多かったのですが、ロジスティクス・ビジネスが発展した今日においては、「荷主企業のロジスティクス・システム全体または一部に関する**PDCA**＊（企画・実行・検証・改善）の受託が自社の商品だ」と考えて商売を展開すべきでしょう。ドライバーや**マテハン機器**＊（物流機器）などは商品を構成する素材です。

Term

PDCA　Plan-Do-Check-Actionの略。PDCAサイクルなどとも呼ばれる。
マテハン機器　「マテハン」はマテリアルハンドリングの略。

なお、お客様からの商品の評価はどのようなものでも「価値／価格（価値÷価格）」が判断基準です。例えば、輸配送サービスであれば、「こわさない」「汚さない」「遅れない」「ドライバーのマナーがよい」といった基本サービスに加え、情報システムによる輸配送状況確認などの付加サービスの品揃えと品質が対価に見合っているかどうかで、評価が下されます。

特に、物流企業のようなサービス業の商品は目に見えないのに加え、契約締結後にしか発生しないので、お客様の要求内容とのマッチングに注力する必要があります。

物流企業

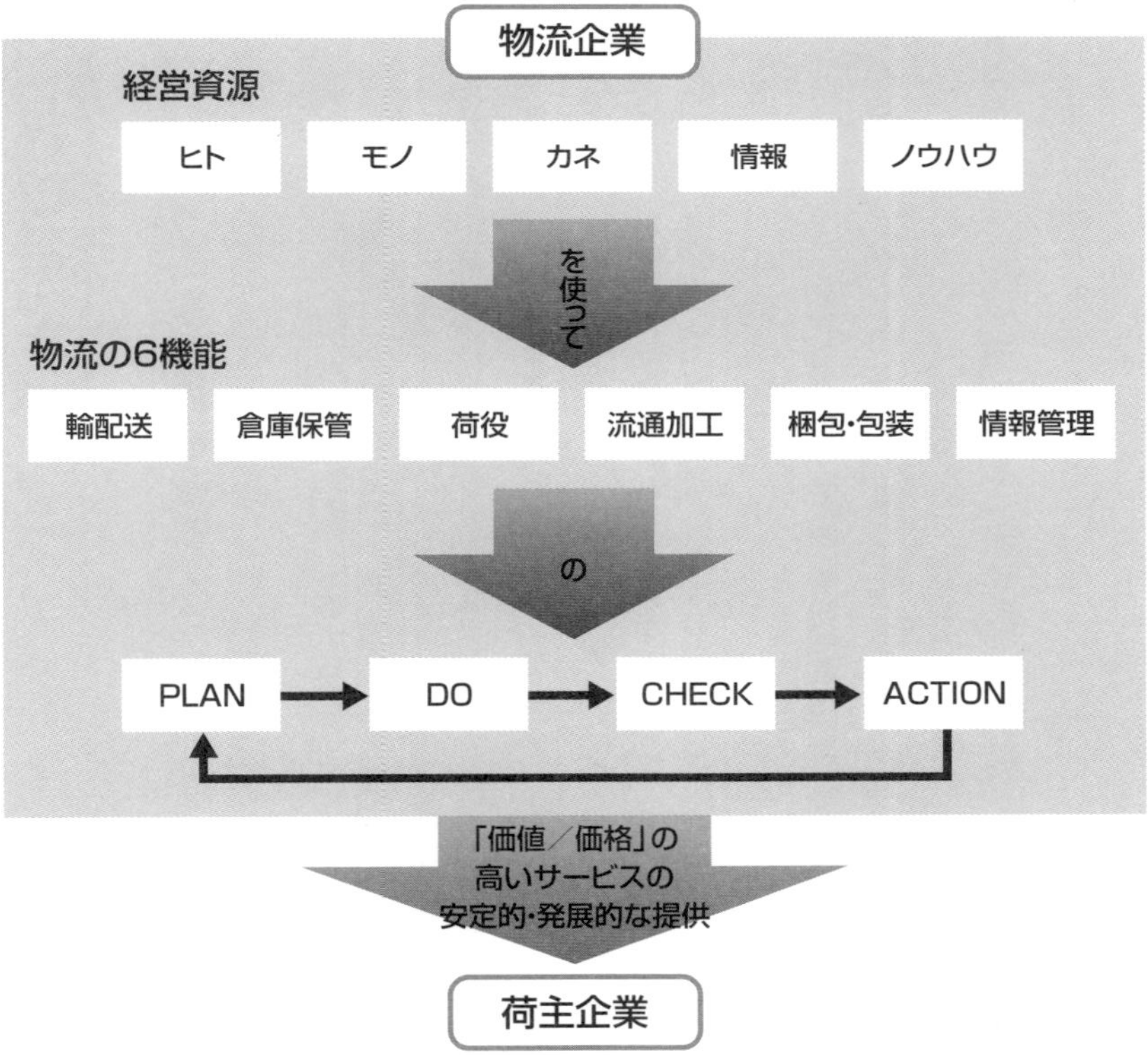

物流企業

経営資源

ヒト	モノ	カネ	情報	ノウハウ

↓ を使って

物流の6機能

輸配送	倉庫保管	荷役	流通加工	梱包・包装	情報管理

↓ の

PLAN → DO → CHECK → ACTION →（PLANへ戻る）

↓ 「価値／価格」の高いサービスの安定的・発展的な提供

荷主企業

物流情報のレポーティングサービス　在庫適正化や作業効率向上のため、在庫回転率や人時生産性、作業品質などについてレポーティングを行い、改善につなげる。

Section

3-2 物流企業の組織構造

物流企業の組織は大きく分けて、「現業部門」「営業部門」「情報システム部門」「管理部門」の4部門があります。

物流の4部門

一口に物流企業といっても、その事業内容は様々であるため、組織の形態も同様ではありません。ここでは、運送業と倉庫業を営む物流企業の組織構造の例について述べていきます。

物流企業の組織は現業部門、営業部門、情報システム部門、管理部門の大きく4部門に分かれます。ただし、組織の規模や事業戦略によっては、一部門として独立しておらず、経営層や他部門、または外部の協力企業がその機能を担っている場合もあります。

4部門はそれぞれ密接に関わっており、企画立案から計画策定、物流管理、実運営とつながっています。

① 現業部門

現業部門は、その名のとおり現場の業務（現業）を担う事業部門です。この中には次のような部署が含まれます。

・運送部門
・倉庫部門
・車両整備部門*

② 営業部門

営業部門は、主に新規契約獲得のための営業戦略・戦術の立案と実行をする部門です。既存の荷主企業の保守を目的とした営業活動は、現業部門が担当している企業が多いようです。

Term

車両整備部門　車両の安全性と効率性を確保するために、定期的な点検や故障修理、オイル交換、タイヤの交換、ブレーキの調整など、車両の整備全般を担当する。

③ 情報システム部門

情報システム部門は、経理システムやグループウェアなどの社内の経営管理システムと、**WMS**＊（倉庫管理システム）や**TMS**＊（輸配送管理システム）といった現場運営のための物流情報システムの開発・選定・保守管理を担っています。

④ 管理部門

管理部門は他の業種と同様、経営企画や総務、経理などの経営管理業務を行います。

なお、先に述べたとおり、組織の形態は規模や戦略によって様々なパターンがあります。裏を返せば、組織図を見ればその企業の戦略がある程度読めます。10年ほど前までは現業部門のメンバーが経理や総務といった業務を兼業しているケースが多かったですが、昨今は生産性向上が業界内でも注目され、現業部門と管理部門を切り分けて経営する物流企業が多くなっています。

物流企業の組織図（例）

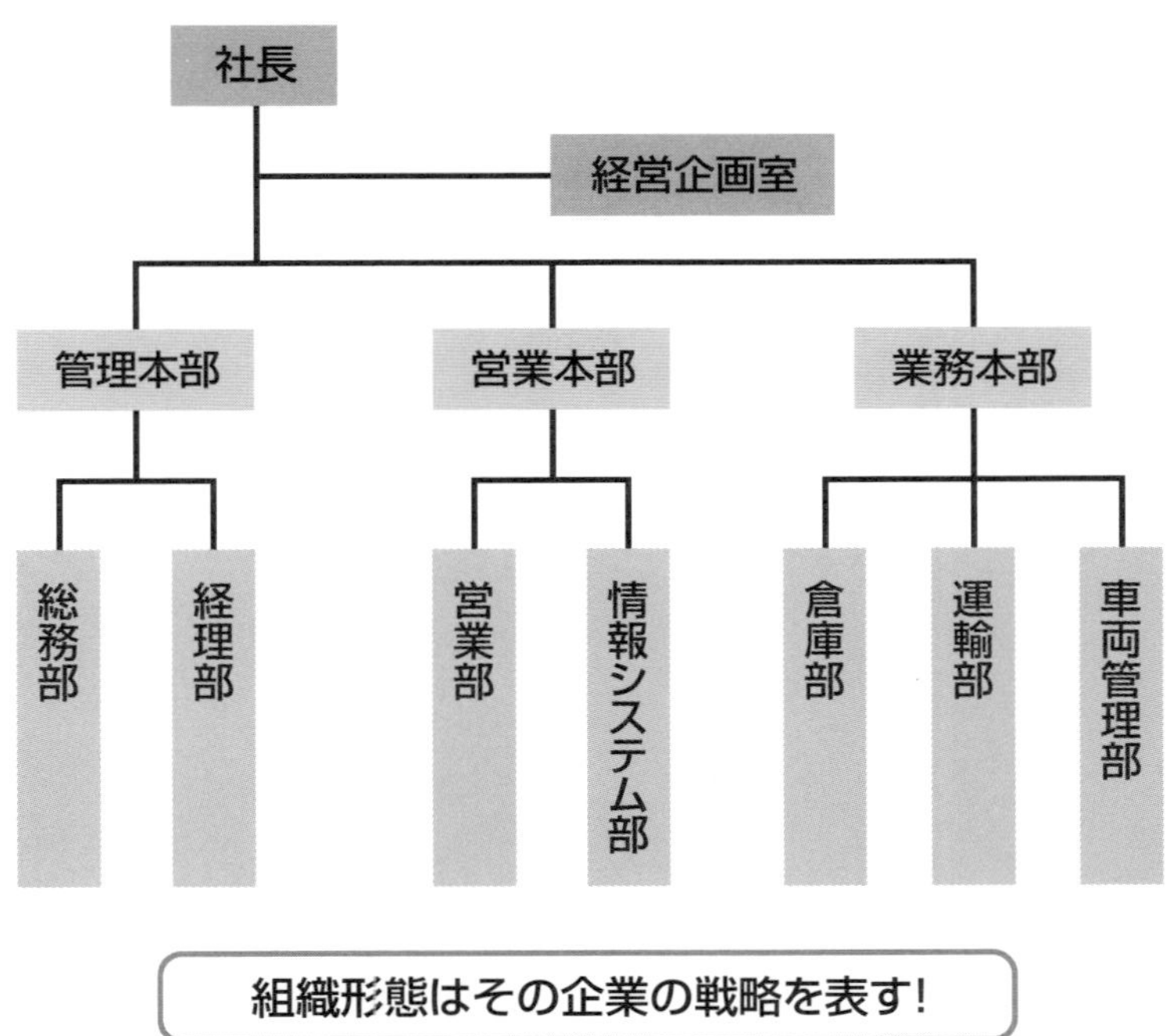

WMS　Warehouse Management Systemの略。
TMS　Transportation Management Systemの略。

Section

3-3 物流センターの機能

物流センターはロジスティクス最適化に向けて、従来の発想にとらわれない新たな機能が求められています。

物流センターの8機能

物流センターは流通センター、配送センター、デポ*などとも呼ばれ、多種大量の荷物を荷主企業から荷受けし、多数の納品先の注文に応じて発送する重要な物流拠点です。

倉庫が荷物を一定期間保管するための場所であるのに対して、物流センターにおける保管の目的は「出荷準備」であることがそれぞれの大きな違いです。よって、物流センターは倉庫以上に、作業効率アップに主眼を置いて構造や作業工程の設計が行われます。

また、物流センターは、保管を行う**DC（ディストリビューションセンター）型**と、在庫を持たない通貨型の**TC（スルーセンター）型**の大きく2つに分かれます。

物流センターの主な機能は、以下のとおりです。

- **必要在庫の保管・管理機能**
- **ピッキング機能**
- **流通加工機能**
- **商品仕分け機能**
- **検品機能**
- **梱包・包装機能**
- **出荷機能**
- **伝票発行等の事務機能**

この他、高機能な物流センターでは、商品の入荷検査や品質管理、受注業務までを行っているケースもあります。

デポ　倉庫・保管所の意。フランス語の「デポー」から。

また、最近では、従来の機能にはなかった製品の最終組み立てラインや返品処理ライン、修理ラインなどを設備する物流センターも出てきています。従来の発想にとらわれずにロジスティクス最適化に向けての戦術を立案する好例といえるでしょう。

なお、今日では一センター内のみの効率化だけではなく、荷主企業とその調達先、納品先を含めたサプライチェーン全体の最適化のための物流センター配置戦略、オペレーション計画の立案が物流企業に求められています。

物流センターの機能

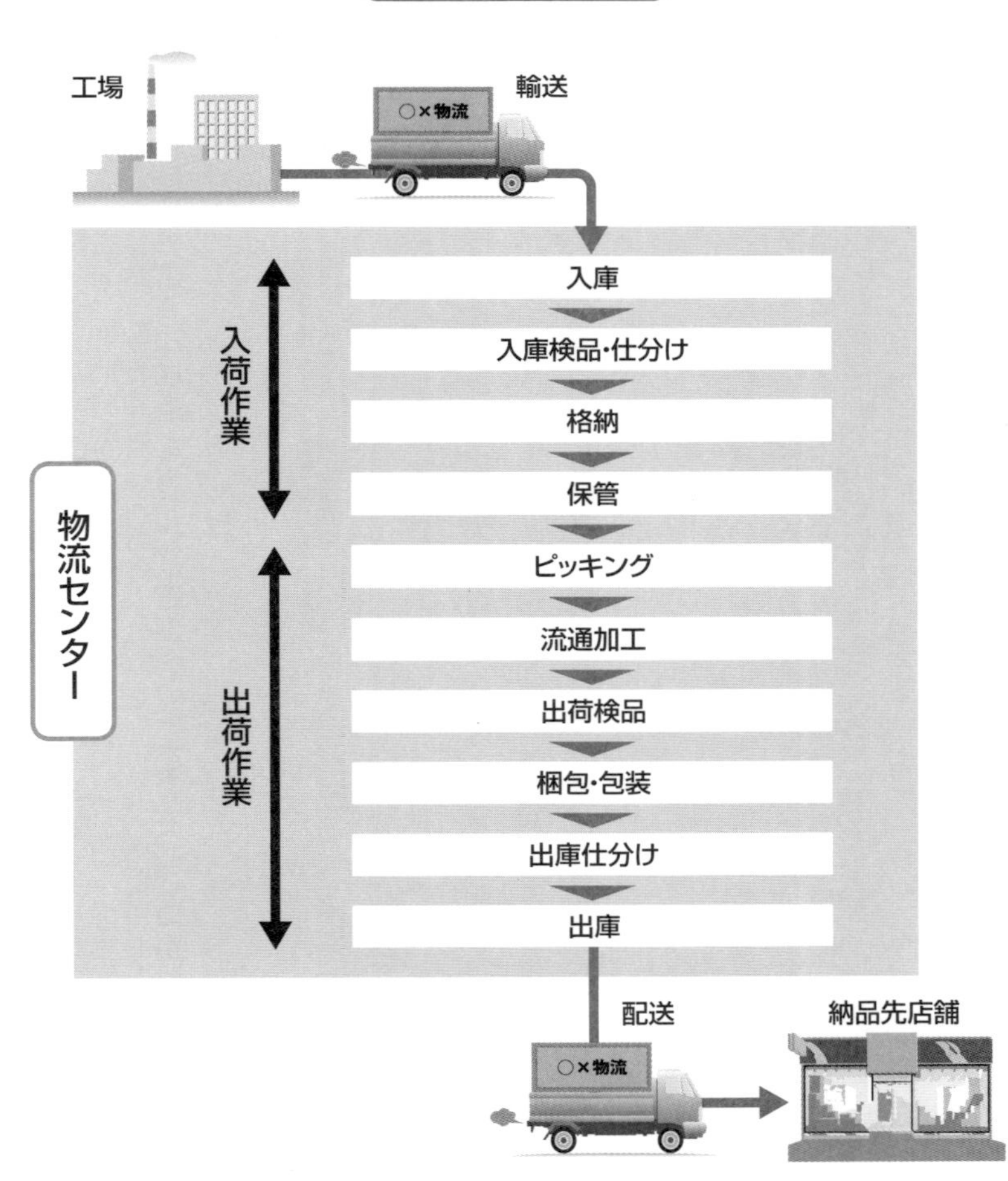

Section
3-4 運送部門の機能とドライバーの仕事

荷主企業の荷物を効率的かつ正確に納品先まで届ける、これが運送部門の任務です。6つの機能を紹介します。

■運送部門の6機能

運送部門の任務は、トラックその他の輸送手段を使って、荷主企業の荷物を効率的かつ正確に納品先まで届けることです。そのために、以下のような機能が必要になります。

① 業務企画・推進

- 業績の管理や中長期的な運送全般の業務計画・個別の作業計画、収支計画を策定します。
- 請負・リースや保険の契約、精算、輸送品質の維持・向上のための教育、安全対策などのフォロー、業務支援システムの導入など、業務推進管理を行います。
- 輸配送作業の進捗状況の管理や緊急対応、安全対策などを行います。

② 配車・運行管理

- 荷物と作業の量を把握し、ドライバーや車両（傭車*を含む）を調達します。
- 協力会社（傭車先）の選定、契約、管理を行います。
- ドライバーの点呼や指導・監督、乗務割り当ての作成、乗務記録・運転者台帳の管理、事故防止対策などを行います。

③ 輸配送作業

- 運行計画に基づいて、トラックで荷物の輸送・配送を行います。乗務開始前に車両の点検・報告を行い、乗務完了後は乗務記録の作成・報告を行います。
- 荷物の車両への積み込み、積み付け、取り卸し作業と、関連機器（情報端末やマテハン機器）の操作を行います。

傭車　他の業者から車両を借りること。

④ 輸送梱包作業

- 付帯作業として、梱包資材・緩衝材を利用して荷物を輸送単位に梱包・包装します。
- 荷物の種類や形状、目的などに応じ、ユニットロード機器（コンテナ*、パレットなど）を選択し、積み付けます。

⑤ 車両整備

- 車両の運行計画との調整を図りながら、日常点検（運行前点検）整備と定期点検整備の計画の策定、点検・整備作業を行います。

⑥ 業務改善

- 輸配送の効率化やコストの削減を目的に、情報システムやマテハン機器などの導入を進めながら改善を行い、顧客満足度の最大化を目指します。

なお、これらのうち③と④、および⑤の日常点検がドライバーの仕事となります。

ドライバーの仕事（運行業務）の流れ

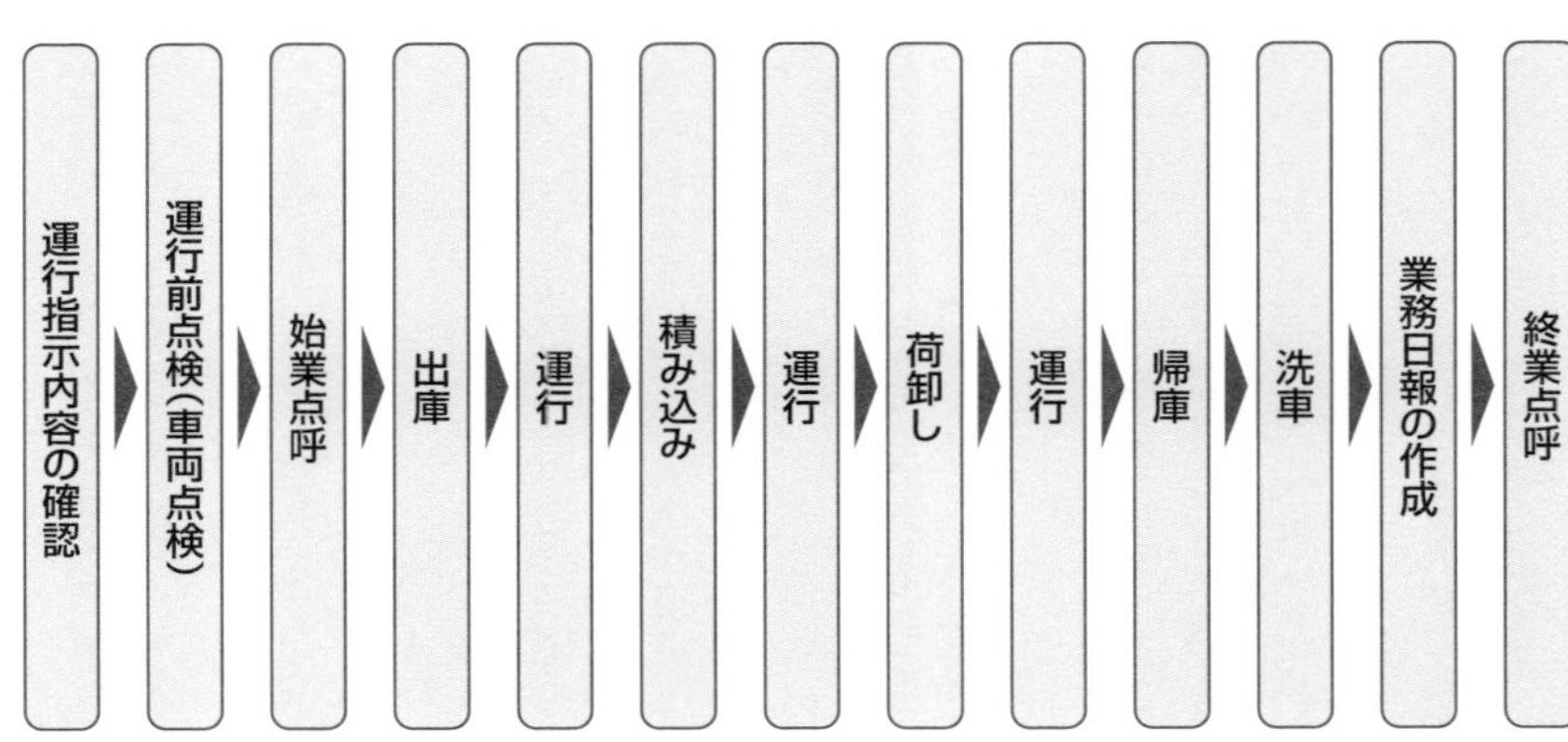

コンテナ　荷物を安全に大量に運ぶための大きな箱です。主に船舶や鉄道貨物などで使われ、簡単に積み替えができるようにサイズや形が統一されている。

Section
3-5 倉庫部門の機能と倉庫管理者・作業員の仕事

倉庫部門の仕事は、荷主企業の荷物を安全かつ正確に保管・管理し、発注に合わせて迅速・正確に入出荷することです。

■倉庫部門の4機能

倉庫部門の任務は、荷主企業の荷物を安全かつ正確に保管・管理し、発注に合わせて迅速・正確に入出荷することです。そのために、以下のような機能が必要になります。

① 倉庫運営

- 作業の進捗管理や作業力の把握・調整、クレーム・安全・モラル管理、各種トラブルへの対応を行います。
- 荷主企業からの入出荷指示に対応する情報システムの運用管理を行います。
- 入出荷作業、在庫管理に関連する各種帳票の作成・発行を行います。
- 倉庫施設・設備の損傷箇所の点検・保守を行います。

② 倉庫現品管理

- 棚卸業務計画を策定・実施し、理論上の在庫数と実際の在庫数の付き合わせを行います。付帯作業として、荷主企業の要請に基づく入庫貨物受領書や入庫・出荷報告書を交付する場合もあります。
- 保管している荷物の種類、荷姿、個数などに応じた保管品質の維持を図ります。

③ 入荷・保管・出荷

- 入出荷指示書、入出荷伝票によって、荷物の受領・検品・出庫を行います。また、付帯する庫内搬入・搬出の移動・**はい付け***やロケーション管理、異常管理を実施します。
- 荷主企業の出荷指示に基づき、出庫指示書の内容に従って、配送単位にピッキング、仕分けを行います。

はい付け　倉庫内などに、一定の方向で規則正しく積み重ねられた荷（バラ荷以外）の集団を「はい」という。「はい」となるように荷を積み上げることを「はい付け」、崩すことを「はい崩し」という。こうした作業を行うことを「はい作業」という。

④ 業務改善

- 担当業務の効率化や倉庫運営での事務や作業の効率化、コスト削減に向けた改善を行い、顧客満足度の最大化を図ります。

なお、これらのうち管理業務を倉庫管理者が行い、帳票発行や入出荷作業、棚卸時の実数カウントなどを作業員が行います。

荷主企業がノンコア領域として物流業務の一括アウトソーシングを促進する流れにある今日では、ロジスティクスの要となる倉庫や物流センターの役割はさらに大切になってきています。よって、絶えざる作業効率化や情報システム（WMS＊）の高度化への取り組みが、物流企業の生き残り策として非常に重要だといえます。

具体的には、リアルタイムでの在庫把握による在庫管理の精度向上、プロセスの標準化や自動化、レイアウトの最適化などが挙げられます。

倉庫部門の４つの機能

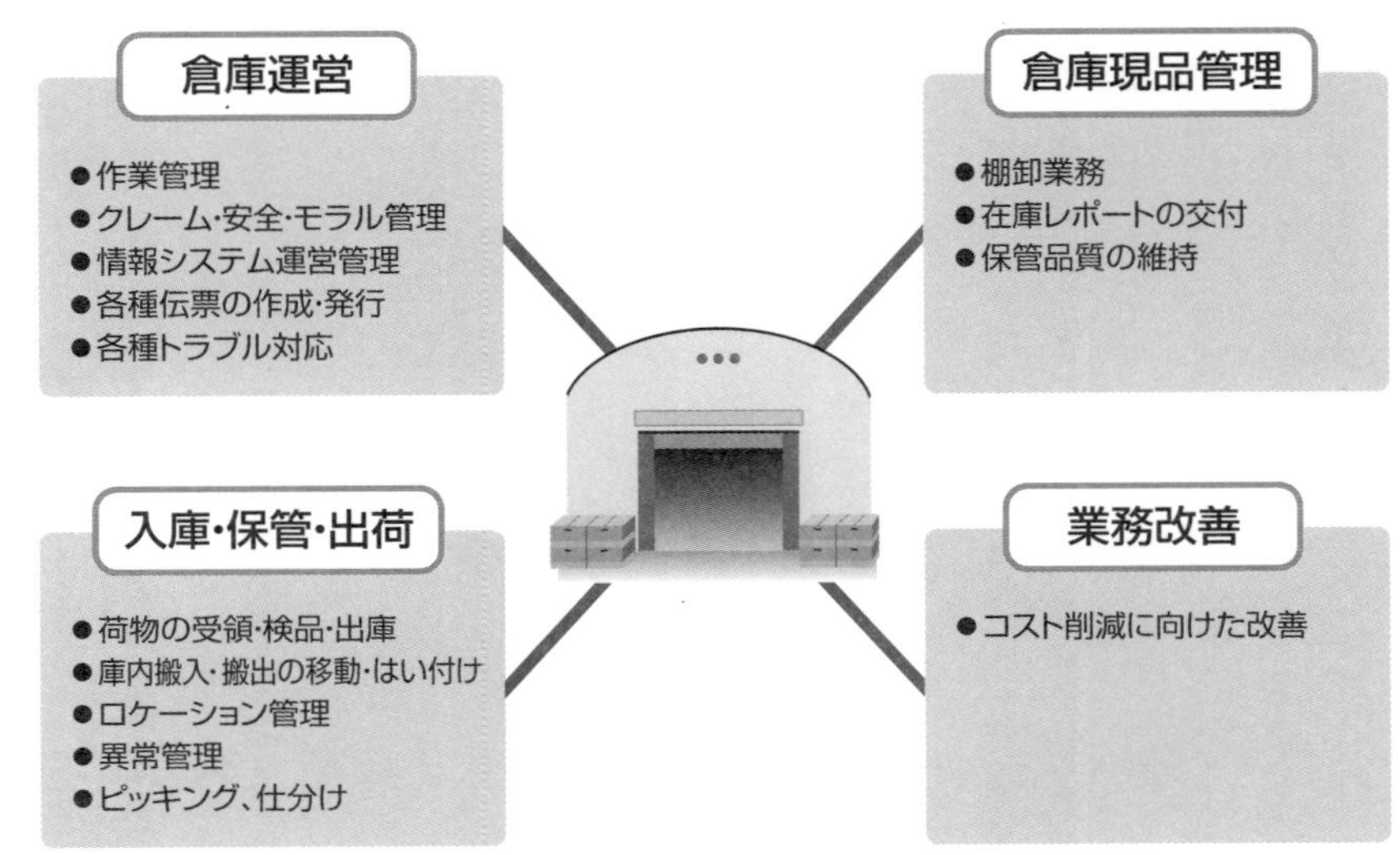

WMS　Warehouse Management Systemの略。

Section
3-6 営業部門の機能と物流営業マンの仕事

物流営業マンには、物流システムの提案力が必要になります。5つの機能を紹介するとともに、求められる能力を説明します。

■営業部門の5機能

物流企業もある程度の規模になると、経営者自ら営業活動を行うトップ営業から、独立した**営業部門**による組織営業に、営業形態が変革されていきます。

事業形態にもよりますので一概にはいえませんが、自社のオペレーションする物流業務が売上の80％以上を占める物流企業では、年商が伸びて10億円に近づいてきたあたりから営業部門を設置して組織営業を展開しなければ成長が鈍化する傾向にあるようです。

営業部門の任務は新規業務の獲得ですが、これにはまだ取引関係のない荷主企業と取引を開始する場合と、既存の取引先荷主企業から新たな業務を受託する場合があります。

営業部門の主な機能は、以下のとおりです。

①営業ターゲットの選定

- トップの示した営業方針・戦略に基づき、営業ターゲットリストを整備します。

②営業ターゲットへの初期アプローチ

- ダイレクトメール、飛び込み電話、飛び込み訪問などの手法で、ターゲット荷主企業とのアポイントを獲得します。
- 最近では、ホームページの強化、営業部門主催の物流改善セミナーや定期勉強会の開催、メールマガジン・FAXニュースレターの配信など、いわゆるプル型*営業を展開する物流企業も増えてきています。

新規営業活動の重要性は年々増しています。実車率や積載効率を向上させ、収益性を高めるために、

プル型　元々はインターネット上のメディアの特性を区別する言葉だったが、現在は広く転用されている。プル型（Pull＝引く）を平たくいうと、受動的行動とでもなる。反対はプッシュ型（Push＝押す）で、能動的行動。

営業部門の機能

営業部門の機能	①営業戦略・戦術の立案、②全社横断型営業案件のチーム編成・進攻管理、③販促・営業ツールの制作、④ホームページの管理・運用、⑤営業人材の育成企画立案・運用、⑥マーケットリサーチ（情報収集・分析・周知）

フェイズ	マーケティング・セールスフロー	使用ツール
案件発生	リスト作成 → DM*送付 → テレマーケティング SEM → ホームページ → 問い合わせ対応	・ホームページ ・SEM（検索エンジンマーケティング）マニュアル ・ターゲットリスト ・DMデータベース ・テレアポマニュアル
初回訪問	訪問準備 → 初回訪問 → 与信調査	・訪問仮説設定シート ・会社案内書 ・サービス紹介（動画） ・アプローチブック ・ヒアリングシート ・企業情報票
機密保持契約	機密保持契約	・機密保持契約書
物流診断*	現状調査・分析 → 診断レポート作成 → 診断結果報告会	・データ開示依頼書 ・現場視察チェックシート ・ヒアリングシート ・物流診断レポート雛形
企画提案	現状詳細調査 → 提案見積書作成 → プレゼンテーション	・物流調査進捗管理表 ・企画提案書雛形 ・企画提案書データベース
業務委託確約	業務委託確約	・業務委託確約覚書
委託詳細準備	詳細条件の整備 → 設備・道具の手配 → 募集・採用活動 → マニュアル作成	・SLA（サービスレベルアグリーメント）設定シート ・マテハンデータベース ・作業手順書データベース ・現場立ち上げ進捗管理表
契約	契約書作成 → 契約締結	・業務委託契約書雛形 ・覚書雛形 ・契約書類データベース
運用準備	辞令の交付 → 教育・研修	・事例雛形

DM　ダイレクトメッセージの略。郵送DMやFAX-DMが主流だったが、近年は費用が安価なメールDMが増えてきている。

③ 荷主企業の現状および要望の把握・分析

- アポイントが獲れた荷主企業を訪問し、現状のロジスティクスの概要および課題、今後の方向性などを詳細にヒアリングします。
- 荷主企業の現場の調査結果と実績データから分析を行います。

④ 荷主企業のあるべきロジスティクス・システムの立案

- ③の分析結果といままでの知識および経験に基づき、荷主企業のロジスティクス・システムのあるべき姿を企画立案します。
- あるべき姿を実現するためのスケジュールを立案し、費用を見積もります。

⑤ 商談交渉・契約

- 荷主企業の要望と自社の提案の落としどころを決定するための商談交渉を展開し、契約まで持っていきます。

■求められる提案力

業界紙が毎年実施している荷主企業向けアンケートによると、荷主企業が物流企業に求める要件の最たるものは、ここ数年間ずっと「物流システムの提案力」です。

よって、物流営業マンには闘志やコミュニケーション能力などの営業担当者としての基礎的な資質に加え、ロジスティクスに関する深い知識と問題発見・解決能力、プレゼンテーション能力などが求められます。

なお、最近では先の③、④を荷主企業からコンサルティング・フィーをいただいて展開する先進的な物流企業も出てきています。

受発注業務フローや倉庫運営などの物流プロセスの分析や、輸送コスト・在庫コスト・オペレーションコストなどのコスト分析、WMSやTMSといったITシステムの評価など、現状の物流の問題点を明らかにし、効率化やコスト削減につながる具体的な改善提案を行います。

物流診断　物流業者が新たに業務を受託する前に、クライアントの物流プロセスやシステムを詳しく分析・評価するプロセス。この診断を通じて、現状の課題や改善点を明確にし、効率的な物流運営を提案するための基礎資料を作成する。

Section
3-7 物流企業の人事制度

ドライバーが定着し、生産性高く働いてもらうための賃金体系・人事制度を、いかに設計できるかが重要なポイントです。

■乗務員の賃金体系

ドライバーは、勤続年数を重ねても、大きな技術革新が起こらないことには、大幅に労働生産性を向上させることが難しい職種です。

人手不足の解消に向けた適正な運賃の荷主等への転嫁、多重下請構造の是正などを通じて、賃金は上昇傾向にありますが、より良い条件で働ける同業他社への転職や、管理部門など他の職種と比較して定期昇給が難しいことなどが、離職率を上げる要因になっています。

「働き方改革関連法案」や、「働きやすい職場認証*」など、労働条件や労働環境の改善を図ることで、定着率アップを目指す動きがある一方、労働時間を適正化することによって、会社の売上や残業時間が減少してしまい、給与もダウンして、離職率増加に至るケースもあります。

運送業の賃金体系は、各社様々ですが、大きく表のような3つのパターンに分かれます。

①　**完全歩合給**……出来高に応じて支払う体系で、頑張ったら頑張った分だけ仕事量を直接賃金に反映する賃金制度です。経営状況に応じた対応がしやすいものの、成果が出なければ、給与が支給されなくなることを防ぐため、**保障給**の支払いが求められます。また、歩合給については、割増賃金の支給が必要ですが、残業時間を正しく把握せず運用してしまうことや残業代の取り決めがされていないことがあり、訴訟に繋がることがあります。

働きやすい職場認証制度　自動車運送事業（トラック、バス、タクシー）の職場環境改善に向けた取り組みを「見える化」することで、各事業者の人材確保を後押しすることを目的とした制度。一般財団法人日本海事協会が、国土交通省の指定を受けた認証実施機関として、申請受付、審査、認証等の手続きを実施している。

運送業の賃金体系

①完全歩合給 給与の全てが売上高や走行距離、積み下ろし回数などに連動した出来高によって支払われる。	変動給	歩合給
		割増賃金 （ex. 時間外・深夜・休日・歩合割増など）
②基本給＋歩合給 固定給に加えて、出来高に応じて給与が支払われる。	固定給	基本給
		諸手当（ex. 資格手当、無事故手当など）
	変動給	歩合給
		割増賃金 （ex. 時間外・深夜・休日・歩合割増など）
③基本給＋手当 所定労働時間勤務することで決まった額の給与が支払われる。	固定給	基本給
		諸手当（ex. 資格手当、無事故手当など）
	変動給	割増賃金 （ex. 時間外・深夜・休日・歩合割増など）

②　**基本給＋歩合給**……基本給は地域別最低賃金を下回らないよう設定している会社が多いです。諸手当は、資格手当や無事故手当、車両手当、洗車手当など業務内容と連動した手当が支給されることが多いです。

③　**基本給＋手当**……固定給部分の割合が大きく、経営状況に応じた対応が難しくなりますが、**割増賃金**が正しく表示されるため、未払い訴訟が起こりにくいのが特徴です。近年、求職者の安定志向が高まっていることや、中でも若い人は、「歩合給＝ブラック」、「提示された歩合給と釣り合わない労働時間を強いられる」と思う傾向があり、この賃金体系を導入する会社が増えています。

なお、割増賃金については、固定と歩合で計算式が異なっており、固定給のほうが、歩合給よりも割増賃金が高額になります。歩合給は、長時間労働になりがちな運送業へのメリットが大きく、多くの会社で導入されています。

残業代割増賃金の計算方法（固定給）

・時間外割増賃金＝基準内賃金÷月平均所定労働時間× 1.25 ×時間外労働時間
・深夜割増賃金　＝基準内賃金÷月平均所定労働時間× 0.25 ×深夜労働時間
・休日割増賃金　＝基準内賃金÷月平均所定労働時間× 1.35 ×休日労働時間
※時間外割増賃金計算の基礎となる賃金

人事制度運用の注意点と、今後求められる人事制度

2024年問題を背景に、人事制度の見直しを行っている企業が多いですが、次のようなことに注意しながら制度を運用していく必要があります。

① 長時間労働の是正が進んでいない会社……時間外労働の上限規制の影響で、売上と給与が減って、乗務員が大量離職する。荷主交渉を進めながら人事制度を運用する必要がある。

② 売上歩合を導入している会社……荷主交渉の成果次第で、歩合給の格差ができて、不公平な制度になり、不利な条件の乗務員が離職する。

③ 固定給メインの制度を導入している会社……「労働時間」=「給与」になって、仕事が遅い乗務員の給料が高く、仕事が早い乗務員の給与が低くなる。ダラダラ残業の温床になり、優秀な乗務員が離職する。

④ 固定残業代が多い会社……「誰が働いても、どれだけ働いても給与が同じ」になり、乗務員のモチベーションが保てず、次々と離職する。

時間外手当は減少するものの、荷主交渉による運賃値上や等級制度の導入、評価給などの見直しを行うことで、従業員の質の向上、給与アップ（または給与保障）を図り、定着率の向上につなげる、といった施策が必要です。

また、優秀な社員の定義や、どのような行動をすれば会社から評価されるかを明確にして給与に反映することで、社員自身の成長が処遇に反映される、育成と連動した制度設計も必要です。

ドライバーの給与は、歩合給や時間外手当などの変動給が50%以上を占めていることが多いですが、

「寝る間を惜しんでバリバリ働く」歩合給が多いものよりも、「安定して長く働ける」、「仕事量、収入共に安定している」といった安定志向のニーズが増えており、社員定着率アップ・求人対策として固定給を多めに支給する企業が増えています。単なる労働法違反対策ではなく、社員・求職者志向での制度設計が求められています。

残業代割増賃金の計算方法（歩合給）

・時間外割増賃金＝歩合給÷総労働時間×0.25×時間外労働時間／・深夜割増賃金＝歩合給÷総労働時間×0.25×深夜労働時間／・休日割増賃金＝歩合給÷総労働時間×0.35×休日労働時間

物流企業のマーケティング

Column

物流業界で**マーケティング**に成功している会社は、毎月コンスタントに新規案件を獲得しています。例えば、輸送の案件なら東京都の売上12億の運送事業者が100件以上/月、倉庫の案件でも大阪府の売上8億の倉庫事業者が10件以上/月を獲得しているという好事例があります。

物流業界では、マーケティングをやっている企業が異業種と比べて少ないので、実はチャンスが多いのです。ではどうやったら、新規案件を獲得できるのでしょうか。新規案件を獲得するポイントは、①導線を複数持つこと②受け皿のWEBページを構築すること③問い合わせのハードルを下げること④リードナーチャリング（教育）をすることの4つです。

①導線を複数持つこと

導線とは、自社のホームページのアクセスを増やすための手段のことです。新規の問い合わせを増やすためには、まず自社の情報を知ってもらう必要がありますので、導線設計が重要になります。導線としては、DM（ダイレクトメール）、自然検索対策、キーワード広告です。複数の導線を持つことで、自社のホームページのアクセスを増やすことができます。

②受け皿のWEBページを構築すること

WEBページは、コーポレートサイトとは別に、自社の強みを前面に打ち出したサイトを構築すると効果的でしょう。例えば、美術品の物流に特化したサイトやアパレル輸送に特化したサイトなど自社の強みが打ち出したサイトです。そのサイトでは、専門性を伝えるための施設や設備、顧客が知りたい事例や実績などを紹介するとよいでしょう。

③問い合わせのハードルを下げること

BtoBのマーケティングの場合、いきなり仕事を依頼してくることはないでしょう。よって、問い合わせのハードルを下げることが案件獲得でとても重要になります。無料現場視察や無料物流相談、倉庫見学など問い合わせをしやすい出口設計をするとよいでしょう。

④リードナーチャリング（教育）

倉庫の委託など、初期アプローチから成約までの時間が比較的長くかかってしまう企業に対しては、初期アプローチ後にフォローをしていくシクミを作ることが、とても重要です。そのために実施すべきことは、メールマガジンの発行、社外報（定期刊行物）の配信定期セミナーの開催などです。問い合わせがあった企業に対しては、中長期的に関係を構築する必要があります。

上記の4つのポイントを押さえてマーケティングを実施すれば、マーケティングを実施している企業少ない物流業界で、確実に業績を伸ばすことができるでしょう。

第4章

物流業界の法律と規制、行政施策

物流業界が日本経済の「血液」の役割を演じる重要な部門であることから、政府においても様々な法律や政策が作られています。なかでも昨今の「環境問題」から、トラックによる排ガスの削減が求められるなかで政府の対策も活発化してきています。

さらにはトラックなどの陸送だけではなく、船舶の海運、航空機の空運などの輸送手段においても政府の役割は大きくなっています。

本章では、環境問題への対処という側面からみた物流業界に課されている様々な法律・規制の概要をみていくと共に、港湾や空港などの概況についても考えていきましょう。

Section

4-1 物流業界に関わる許認可

トラック運送業、倉庫業共に起業の際には、行政への許可申請が必要です。トラック運送業の6つの許認可と倉庫業の主な許認可を見ていきましょう。

■トラック運送業に関わる許認可

トラック運送業に関わってくる許認可について、ここでは「起業」する際に関わってくる許認可をみていきましょう。トラック運送業の起業に関しては、運送形態に応じたかたちで運送事業許可が必要になります。

トラックの運送形態には次の6つがあります。

① 一般貨物自動車運送事業

② 特別積合せ貨物自動車運送事業（法律的な分類では一般貨物自動車運送事業者。ただし、さらなる追加要件があり、これを満たしたものが、この事業を営むことができます）

③ 特定貨物自動車運送事業

④ 貨物軽自動車運送事業

⑤ 第一種貨物利用運送事業

⑥ 第二種貨物利用運送事業

「貨物自動車利用運送事業*」とは、自社で車両を持たなくても、他社の実運業者（緑ナンバー業者など）に下請け（傭車）で運送をしてもらって、料金を荷主から受け取る事業のことをいいます。

トラック運送業の6つの運送形態のなかでも一般的な「一般貨物自動車運送業」の起業にかかる許認可申請方法をみていきましょう。許認可の手順についてはそれぞれの陸運局で詳細が異なるため、所轄の陸運局で確認する必要があります。

一般貨物自動車運送業を起業するにあたっては、ある程度の条件をクリアしていれば営業の許可を得ることができます。許可条件に関しては、陸運局の公示に示されており、

Term **貨物自動車利用運送事業**　一般貨物自動車運送事業の許可を取得する場合は、自社の車両を使用せずに、他社に下請で運送してもらうための、貨物自動車利用運送事業の許可を同時に取得することを選択できる。

運送会社の起業に関する許認可

運送形態	① 一般貨物自動車運送業
	② 特別積合せ貨物自動車運送業
	③ 特定貨物自動車運送業
	④ 貨物軽自動車運送業
申請先	各都道府県の陸運局
許認可の際の条件	・営業区域
	・営業所
	・車両数（最低車両台数５台）
	・事業用自動車
	・車庫
	・休憩睡眠施設
	・運行管理体制
	・資金計画
	・収支見積り
	など

	荷主	**車両**	**主な事業形態**
一般貨物自動車運送業者	不特定多数	軽自動車、自動二輪を除く自動車	貸し切り、積合せ
特別積合せ貨物自動車運送業者	〃	〃	宅配
特定貨物自動車運送事業	特定	取り決めなし	運送
貨物軽自動車運送事業	不特定多数	原則として特定の１社と契約	赤帽、バイク便

白ナンバートラック　許可を得ずに運送業を営むと、当然ながら処罰の対象となる。時々ニュースで報じられる「白ナンバートラック」は、こうした法令違反の事例である。

貨物利用運送業の事業類

貨物利用運送事業　○運送事業者の行う運送を利用して貨物の運送を行う事業

第一種貨物利用運送事業　○第二種貨物利用運送事業以外の貨物利用運送事業
○利用する実運送機関：海運・航空・鉄道・貨物自動車

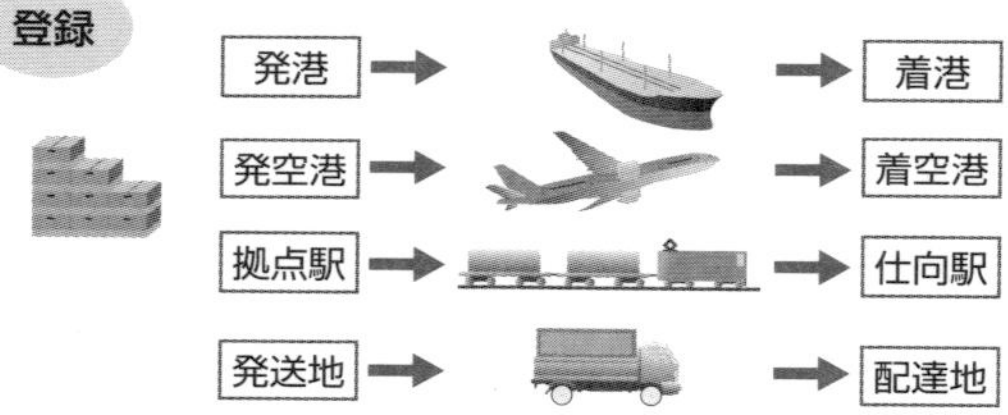

第二種貨物利用運送事業　○海運、鉄道又は航空の利用運送及びこれに先行・後続するトラック集配により、荷主に対し一貫サービスを提供する事業
○利用する運送機関：海運（利用海運 ＋トラック集配）
航空（利用航空 ＋トラック集配）
（利用鉄道 ＋トラック集配）

○第二種貨物利用運送事業者が、荷主に対し、集荷・幹線輸送・配達までの一貫運送責任を負って、戸口から戸口までの一貫運送サービスを提供

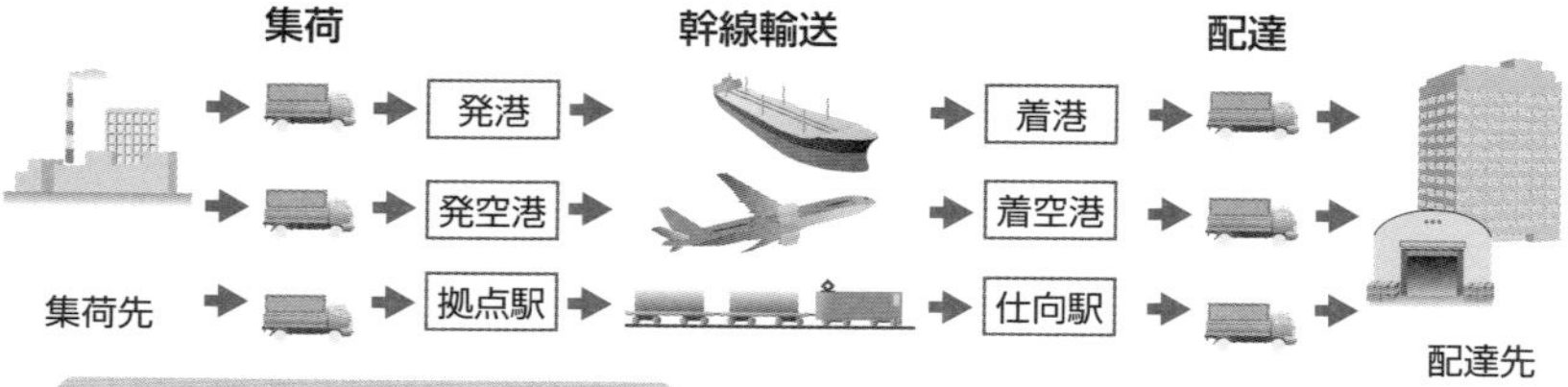

陸運局　車検でおなじみの陸運局だが、現在の正式名称には「陸運」は入らない。例えば東京であれば、「国土交通省 関東運輸局 東京運輸支局」になる。

例えば「営業区域」や「営業所」、「トラック車両数」、「運行管理体制」などがあります。一般貨物自動車運送業における必要最低限のトラック台数は地域によって基準が異なるものの、およそ5台以上で設定されています。

これらの条件は申請書類によって審査され、同時に申請者が運送事業を法律に違反することなく運営する能力が備わっているかを確認するために、役員法令試験の合格も許可取得の条件となります。受験できるのは、申請者が法人の場合は「運送事業専任の常勤役員」個人の場合は申請者本人のみです。法令試験は2か月に1回、合同で実施され、2回まで受験するチャンスが与えられます。これらの条件をすべてクリアすると晴れて許可が与えられます。

トラック運送業の「運賃」については、届出制となっています。ただし、運送事業者が自由に運賃を決定できるわけではなく、行政側のチェックが入ることになり、輸送形態にあった運賃が設定されるようになります。

■倉庫業に関わる許認可

倉庫業への新規参入の多くがトラック運送業者であり、近年では荷主企業系の物流子会社の参入も増えています。新規参入の続く倉庫業への登録方法についてみていきましょう。

倉庫会社を起業するためには、営業倉庫として登録する条件をクリアしなければいけません。まずはじめに、取り扱う貨物と倉庫施設の規模などの計画を運輸局で話し合う必要があります。

倉庫業者として許可を得るためには、「倉庫業登録申請書」や「倉庫の配置図」「倉庫の建具表」「倉庫管理主任者*関係書類」などを準備する必要があります。許可を得るためにはおよそ2ヶ月から3ヶ月程度の期間を見込む必要があります。

倉庫会社の起業に関する許認可

関連法規	倉庫業
申請先	所轄の地方運輸局
申請期間	2ヶ月～3ヶ月
申請書類	・倉庫業登録申請書 ・倉庫明細書 ・登記簿謄本（土地・建物） ・建築確認済証・完了検査済証 ・倉庫の配置図 ・倉庫管理主任者関係書類 など

出所：「行政書士すがぬま事務所」ホームページ（http://www2.odn.ne.jp/~cjj30630/）より作成

倉庫管理主任者　営業倉庫の登録をする場合は、原則1棟につき1名の倉庫管理主任者の選任が必要。倉庫管理主任者になるには㈰倉庫管理業務に関して2年以上の指導監督的実務経験又は3年以上の現場従事者としての実務経験を有する、㈪倉庫管理主任者の講習を受講する、このいずれかを満たす必要がある。

Section
4-2 モーダルシフト

トラックと鉄道・船舶を利用した複合一貫輸送を達成する「モーダルシフト」は、環境問題（CO_2削減）と企業の社会的責任の追及を背景に、今後ますます注目を集める輸送形態となります。

■モーダルシフトとは

平成9年（1997年）の**地球温暖化防止京都会議**において、**京都議定書**が締結されました。「京都議定書」では、先進諸国の温室効果ガス（二酸化炭素、メタンなど）の排出量を法的拘束力のある目標数値として設定し、その実現に向けて削減していくことが決定されました。日本では1990年比で2008～2012年に6%の温室効果ガスの排出量削減を義務付けられ、目標を達成しました。

その後も、様々な取り組みや目標が設定され、業界を挙げて温室効果ガスの削減に取り組んでいます。

最近では、2022年に全日本トラック協会がトラック運送業界の環境ビジョン2030*を策定し、2030年のCO_2排出原単位を2005年度比で31%削減することを目標としています。

このように温室効果ガスの削減を実現するための具体的施策の一つとして、運輸省（現・国土交通省）が1991年より促進してきたのがモーダルシフトです。

モーダルシフト*とは、これまで物流の主要な輸送モードであった「トラック」から、「鉄道」や「船舶」に転換していくことをいいます。日本のCO_2総排出量のうち、運輸部門で約18.5%を占めています。さらにそのうちの85.8%を自動車・トラックで占めています。そのため、自動車やトラックから比較的二酸化炭素排出量の少ない鉄道や船舶へと輸送モードを転換していくことで、二酸化炭素排出量の軽減を実現しようと考えたのです。

鉄道輸送や海上輸送のメリットとしては、長距離一括大量輸送が可能になるなどの効率化が注目を集めていますが、

トラック運送業界の環境ビジョン2030　2050年のカーボンニュートラルを目指し、トラック運送業界の2030年時点でのありたい姿を実現するための指針をまとめたレポート。

それに見合う貨物量の確保やトラックなどへの積み替えなど、物流関係者による積極的な取組みが必要になってくるでしょう。

企業の社会的責任

モーダルシフトを促進する理由の1つには先にみたような「環境問題」上で語られる場合が多くあります。しかし、モーダルシフト推進の背景としては「環境問題」だけではなく、マクロでみると日本の「資源・エネルギー問題」「少子高齢化問題」「道路混雑問題」など、ミクロでは**企業の社会的責任**（**CSR***）などの要因があります。企業側の視点で考えてみると、環境問題とCSRの観点でとらえたモーダルシフトの促進は「環境にやさしい企業、社会的責任を果たそうとしている企業」として、一般消費者の支持を得ることができます。

一方で、トラック輸送への傾倒と保守的な輸配送体制は「環境配慮のない企業、CSRに無頓着な企業」として世論の批判を受ける時代がすぐそこまで来ています。国土交通省や物流関連団体などのアンケート調査をみると、大手の荷主企業を中心として、モーダルシフトへの移行が進んでいます。輸送費・在庫の削減、SCM構築に次ぐ関心事としてモーダルシフトへの関心の高さが伺えます。また、この背景には、トラック不足で、集車がままならないこともあります。

モーダルシフトの進め方

モーダルシフトを実際に進めていく上で、いくつかの体制づくりが必要になります。まず1つめは**ユニットロードシステム**の採用です。ユニットロードシステムとは「輸送貨物をある単位（パレットやコンテナなど）にまとめた状態で一連の輸送・保管・荷役を行うことができる体制」のことをいいます。

これに取り組むための方策としてはパレットを用いる**パレチゼーション**とコンテナを用いる**コンテナリゼーション**があります。モーダルシフトのようなトラックと鉄道、トラックと船舶といった異なった輸送モードで出発地から到着地まで積み替えることなく貨物を受け渡す複合一貫輸送にはユニットロードシステムの構築が不可欠であるということができます。

次いで必要になってくるのが「納品先を巻き込んだテスト物流」です。トラック輸送とコンテナ輸送では輸送ロットや荷役方法が異なる場合が多くあります。そのため、納

モーダルシフト　Modal Shift。様式転換の意。
CSR　Corporate Social Responsibilityの略。

品先との綿密な調整（荷受体制の再構築など）や輸配送時の荷崩れ事故防止に向けたテスト配送が必要になってきます。

このようなモーダルシフト実現に向けた体制作りを行うためには、荷主企業と物流企業、納品先の連携が非常に重要になってくるでしょう。特に物流企業と納品先にとっては、それまでの体制を大きく変更することによりモーダルシフト体制を確立しなければならないでしょう。

京都議定書における温室効果ガスの削減目標と、企業の社会的責任という目標を達成する1つの手段として「モーダルシフト」への移行は今後ますます加速されることでしょう。

さらに近年では、環境面だけではなく、2024年問題を背景にモーダルシフトが注目されています。2024年問題とは、トラックドライバーの労働時間規制が強化されることで、長距離輸送が難しくなる問題です。この課題に対処するため、貨物輸送をトラックから鉄道や海運に切り替えることで、労働時間の制約を受けにくくし、長距離輸送の効率化を図る動きが活性化しています。

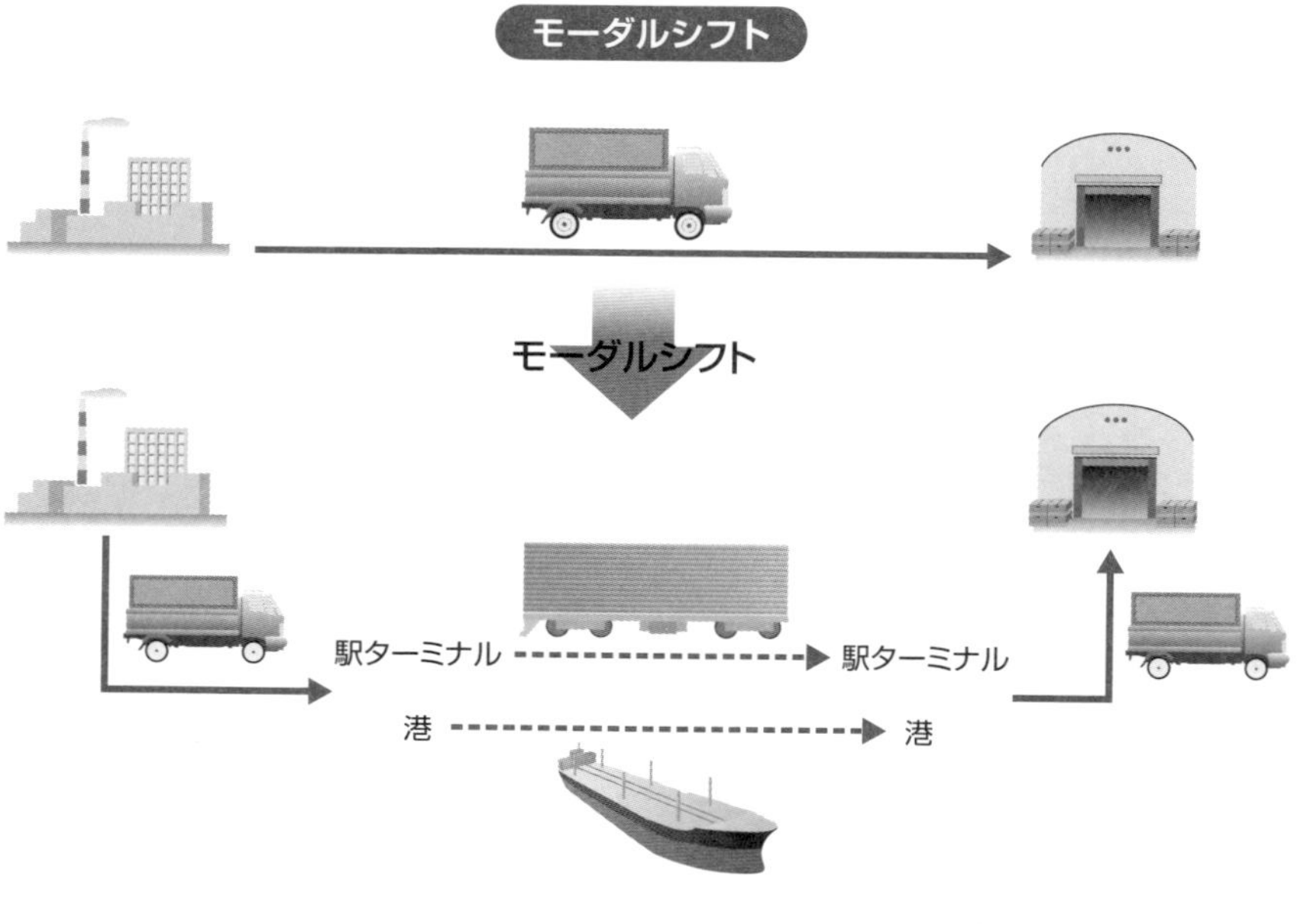

Point **京都議定書**　1997年に京都市で開かれた地球温暖化防止京都会議（第3回気候変動枠組条約締約国会議、COP3）で議決した議定書。正式名称は「気候変動に関する国際連合枠組条約の京都議定書」。地球温暖化の原因となる温室効果ガスの削減を各国別に定め、約束期間内に目標を達成することを義務づけた。

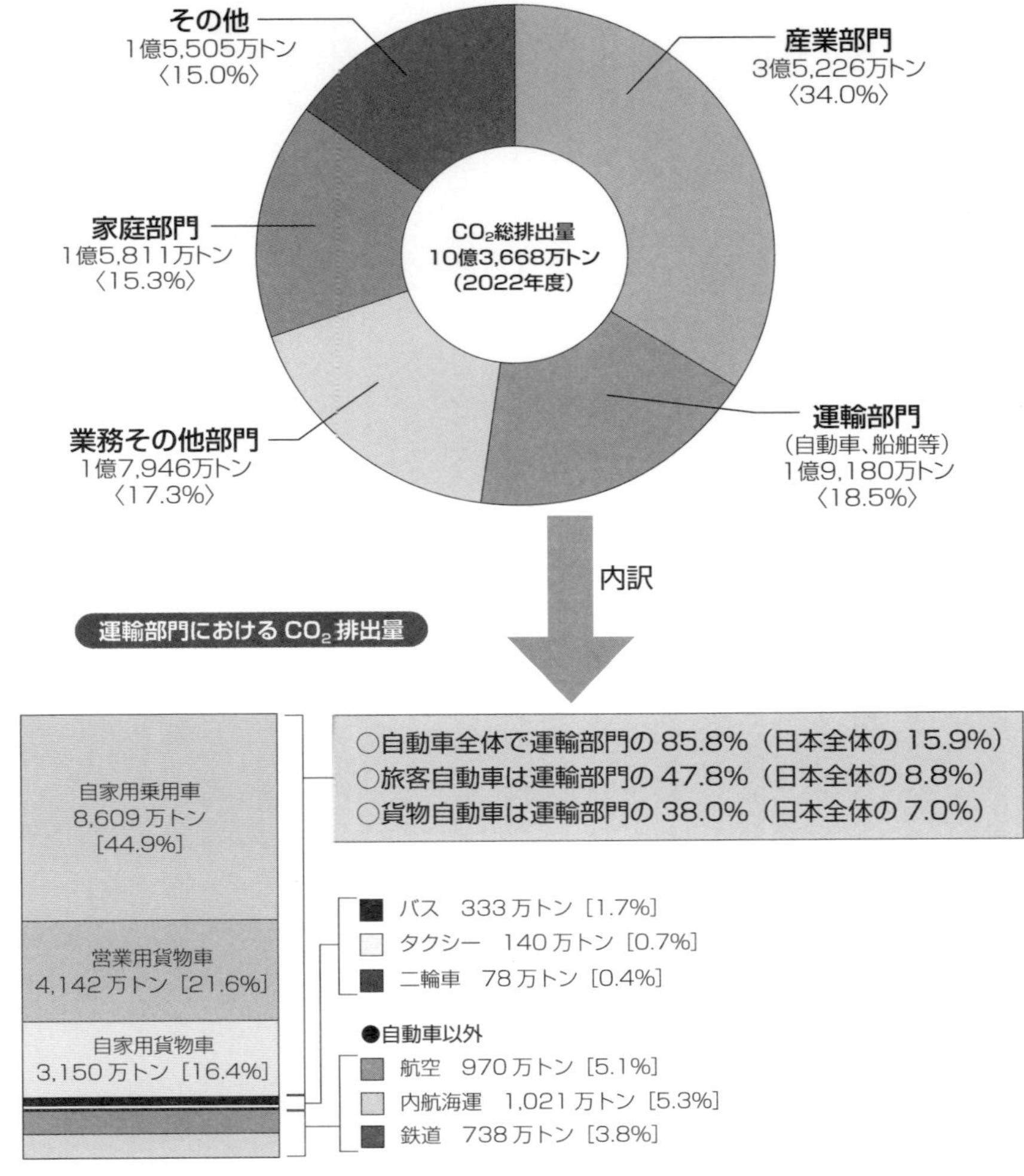

※端数処理の関係上、合計の数値が一致しない場合がある。
※電気事業者の発電に伴う排出量、熱供給事業者の熱発生に伴う排出量は、それぞれの消費量に応じて最終需要部門に配分。
※温室効果ガスインベントリオフィス「日本の温室効果ガス排出データ(1990〜2022年度)確報値」より国土交通省環境政策課作成。
※二輪車は2015年度確報値までは「業務その他部門」に含まれていたが、2016年度確報値から独立校網として運輸部門に算定。

出所:国土交通省「運輸部門における二酸化炭素排出量」

Section
4-3 港湾整備計画

生産拠点のシフトで、日本の港湾は世界との激しい国際競争下に置かれています。現状と課題を見てみましょう。

港湾整備の現状

日本列島は四方を海で囲まれた島国であり、今日のような活発な国際貿易が行われるなかで、外国からのモノの輸出入手段は航空か船舶のどちらかしかありません。リードタイムの短縮が求められるなかで、スピードという側面から見た場合、海上輸送と比較して航空輸送が有利であり、国際貨物輸送の移動手段としては一般化してきたといえるでしょう。

しかし、航空輸送と海上輸送の関係はスピードと物量のトレード・オフ*の関係であり、大量輸送が必要な際は海上輸送に頼らざるをえないのが現状といえます。

2024年現在、日本の港湾は993港あり、このなかで**重要港湾**が102港、**地方港湾**が807港あります。重要港湾とは国内外の海上輸送の拠点となる港湾であり、日本の国益に重大な関係を与える港湾のことを指しています。また、地方港湾とは、重要港湾以外の港湾を指しており、主として地方の利益に関係している港湾のことを示しています。重要港湾のなかでも国際海上輸送上、特に重要な拠点として**特定重要港湾**が定められています。

特定重要港湾として指定されているのは5大港と呼ばれる「東京港」「横浜港」「名古屋港」「大阪港」「神戸港」をはじめとした23の港湾であり、これに地方港湾を含めて62港湾が国際コンテナ取扱港になっています。国際コンテナ取扱港62港湾という数字は世界でも例をみない多さです。

トレード・オフ　ある選択肢を優先すると別の選択肢を犠牲にしなければならない、相容れない関係のことを指す。

日本の港湾の国際競争力

世界の港湾別コンテナ取扱個数ランキングをみてみると、2022年度で最も多くの取扱貨物量であるのが上海港で4730万TEU、続いてシンガポール港の3729万TEU、寧波舟山港の3335万TEUとなっています。次ページの図をみてもわかるように、近年の中国における著しい経済成長を反映して、上海や寧波、深圳、青島、広州などの中国沿海部の港湾が上位を占めています。

2022年、日本で最も多い取扱貨物量であるのが東京港の493万TEU（世界ランキング42位）、次に横浜港の298万TEU（世界ランキング70位）、神戸港の289万TEU（世界ランキング72位）となっています。

日本のコンテナ取扱量は、シンガポール港や上海港に比べてまったく及びません。その上、近年は順位も落としています。例えば、1980年の世界ランキングでは、神戸港は4位、横浜港は13位、東京港は18位と、トップ20圏内に3港入っていましたが、2022年には東京港の42位が最高位という実績になっています。日本の港湾の国際競争力は世界の港湾に比べて「格差」があることが理解できます。

このことは、輸出入のマーケットが大陸、東南アジアにシフトしている現状が現れています。

また、日本の港湾整備計画の課題として、老朽化した施設の維持管理、財政制約、物流需要の変化への対応、大型船対応の必要性、環境保護と開発の両立、そして国際競争力の維持などが挙げられます。

これらは自国の取り組みだけで対処することは困難のため、財政運営の工夫や技術革新、環境配慮、国際協力が必要となります。

日本の港湾　近代的な国際貿易は、江戸時代末期の1858年に結ばれた日米修好通商条約によって、現在の横浜、神戸など5つの港が貿易港として開かれたことから始まった。

港湾数一覧、国際戦略港湾、国際拠点港湾および重要港湾位置図

（2024年4月1日現在）

区分	総数	港湾管理者					都道府県知事
		都道府県	市町村	港務局	一部事務組合	計	
国際戦略港湾	5	1	4	0	0	5	—
国際拠点港湾	18	11	4	0	3	18	—
重要港湾	102	82	16	1	3	102	—
地方港湾	807	504	303	0	0	807	—
（うち避難港）	（35）	（29）	（6）	（0）	（0）	（35）	—
56条港湾	61	—	—	—	—	—	61
合計	993	598	327	1	6	932	61

（注）東京都の洞輪沢港は避難港指定を受けているが、管理者未設立であり、かつ56条港湾ではないので本表より除く。

出所：国土交通省ホームページ

世界の港湾別コンテナ取扱個数ランキング

（単位：万TEU）

1980年		
順位	港湾名（国・地域名）	取扱量
1	ニューヨーク（米国）	194.7
2	ロッテルダム（オランダ）	190.1
3	香港	146.5
4	神戸（日本）	145.6
5	高雄（台湾）	97.9
6	シンガポール	91.7
7	サンファン（プエルトリコ）	85.2
8	ロングビーチ（米国）	82.5
9	ハンブルグ（ドイツ）	78.3
10	オークランド（米国）	78.2
11	シアトル（米国）	78.2
12	アントワープ（ベルギー）	72.4
13	横浜（日本）	72.2
14	ブレーメン（西ドイツ）	70.3
15	基隆（台湾）	66.0
16	釜山（韓国）	63.4
17	ロサンゼルス（米国）	63.3
18	東京（日本）	63.2
19	ジェッダ（サウジアラビア）	56.3
20	バルチモア（米国）	52.3
21	メルボルン（オーストラリア）	51.3
22	ルアーブル（フランス）	50.7
23	ホノルル（米国）	44.1
24	フェリクストゥ（英国）	39.3
25	マニラ（フィリピン）	38.7
26	ロンドン（英国）	38.3
27	シドニー（オーストラリア）	38.3
28	サザンプトン（英国）	36.2
29	ハンプトンローズ（米国）	35.4
30	ダブリン（アイルランド）	34.1
	：	：
	大阪（39）	25.4
	：	：
	名古屋（46）	20.6

2022年（速報値）		
順位	港湾名（国・地域名）	取扱量
1	上海（中国）	4,730.3
2	シンガポール	3,729.0
3	寧波-舟山（中国）	3,335.1
4	深圳（中国）	3,003.6
5	青島（中国）	2,567.0
6	広州（中国）	2,485.8
7	釜山（韓国）	2,207.8
8	天津（中国）	2,102.1
9	香港（中国）	1,668.5
10	ロッテルダム（オランダ）	1,445.5
11	ドバイ（アラブ首長国連邦）	1,397.0
12	アントワープ（ベルギー）	1,350.0
13	ポートケラン（マレーシア）	1,322.0
14	厦門（中国）	1,243.5
15	タンジュンペレパス（マレーシア）	1,051.3
16	ロサンゼルス（米国）	991.1
17	ニューヨーク/ニュージャージー（米国）	949.4
18	高雄（台湾）	949.2
19	ロングビーチ（米国）	913.4
20	レムチャバン（タイ）	874.1
21	ハンブルグ（ドイツ）	826.2
22	太倉（中国）	802.6
22	京浜【東京+横浜+川崎】	801.9
23	ホーチミン（ベトナム）	790.5
24	タンジェMED（モロッコ）	759.7
25	タンジュンプリオク（インドネシア）	723.2
26	コロンボ（スリランカ）	686.0
27	ムンドラ（インド）	650.3
28	ジャワハラール・ネルー（インド）	595.9
29	サバンナ（米国）	589.2
30	日照（中国）	580.4
	：	：
	阪神【神戸、大阪】	528.2
	：	：
	東京（42）	493.2
	：	：
	横浜（70）	298.0
	：	：
	神戸（72）	289.1
	：	：
	名古屋（78）	268.0
	：	：
	大阪（82）	239.2

※京浜港及び阪神港については表記を変更

出所：CONTAINERISATION INTERNATIONAL YEARBOOK 1982
及びLloyd's List「ONE HUNDRED PORTS 2023」より国土交通省港湾局作成
ただし、2022年の東京港、横浜港、名古屋港、神戸港、大阪港の取扱量については各港湾管理者HPより国土交通省港湾局調べ

（注）1．出貨と入貨（輸移出入）を合計した値である
2．実入りコンテナと空コンテナを合計した値である
3．トランシップ貨物を含む
4．1980年、2022年の（ ）内は30位以下の順位である

Section
4-4 空港整備計画

世界の空港整備のキーワードは「巨大化」と「ハブ化」です。日本における空港整備の現状と課題を見ていきます。

空港の種類

現在、日本の空港は拠点空港、地方管理空港、その他の空港、共用空港を含めて97箇所の空港が全国に点在しています。

拠点空港とは、国際航空輸送網又は国内航空輸送網の拠点となる空港のことで、**会社管理空港**（4箇所）、**国管理空港**（19箇所）、**特定地方管理空港**（5箇所）から構成されています。

地方管理空港は54箇所あり、国際航空輸送網又は国内航空輸送網を形成する上で重要な役割を果たす空港で、拠点空港以外の地方公共団体が設置し管理しています。

その他の空港は、7箇所です。

共用空港は8箇所あり、自衛隊の設置する飛行場もしくは在日米軍が使用している飛行場で、民間の空港の機能も果たす空港です。

空港整備の現状と課題

空港は国家にとって非常に重要な戦略的社会経済基盤＊の一つであるということができます。第二次世界大戦後の日本経済の驚異的な成長は港湾と空港の整備状況と相関があるという研究成果があるなど、空港が重要な施設であることがわかります。つまり、国際競争下にある日本の国際空港が、その競争力を失っていくということは日本の国力も低下していくといっても過言ではないでしょう。

アジア諸国における空港整備状況を確認してみると、空港の「巨大化」と「ハブ化」が推進されていることがわかります。

経済基盤　ガス・水道・電気の供給網や通信網，道路や鉄道の運輸網，河川・空港・港湾施設などの社会生活や経済を支えるものを指す。

　例えば、北京では2019年、129億ドル規模の新空港が開港し、バンコクのスワンナプーム国際空港は2021年末までの整備に1170億バーツ（約3872億円）を費やしています。また、ソウル近郊の仁川国際空港は5兆ウォン（約4920億円）規模の第2ターミナル建設するなど各国共に空港の国際競争力強化に向けた整備を行っています。また、**EU**＊内でも「物流先進国」として知られているドイツやオランダも**ハブ空港**＊の建設・巨大化に余念がない状況となっています。

　さらには、滑走路の本数をみても、日本の国際空港（新東京国際空港、関西国際空港、中部国際空港）は世界諸国に及ばないことから、世界屈指の経済大国の「空の玄関」とはいえない整備状況であるといわざるをえません。

　そのような中、2029年までに完成することを目指して、成田空港の第3滑走路建設が予定されています。

空港の種類

●拠点空港(28)

・会社管理空港(4)

成田国際空港、中部国際空港、関西国際空港、大阪国際空港

・国管理空港(19)

東京国際空港、新千歳空港、仙台空港、広島空港、松山空港、福岡空港、那覇空港など

・特定地方管理空港(5)

旭川空港、帯広空港、秋田空港、山形空港、山口宇部空港

●地方管理空港(54)

中標津空港、庄内空港、八丈島空港、松本空港、神戸空港、岡山空港、佐賀空港　など

●その他の空港(7)

調布飛行場、名古屋飛行場、但馬飛行場、岡南飛行場、天草飛行場、大分県央飛行場、八尾空港

●共用空港(8)

札幌飛行場、千歳飛行場、三沢飛行場、百里飛行場、小松飛行場、美保飛行場、岩国飛行場、徳島飛行場

EU　European Unionの略。欧州連合。加盟国は27ヶ国（2024年8月現在）。

ハブ空港　航空路線網の中心となる拠点空港を指す。

全国空港配置図

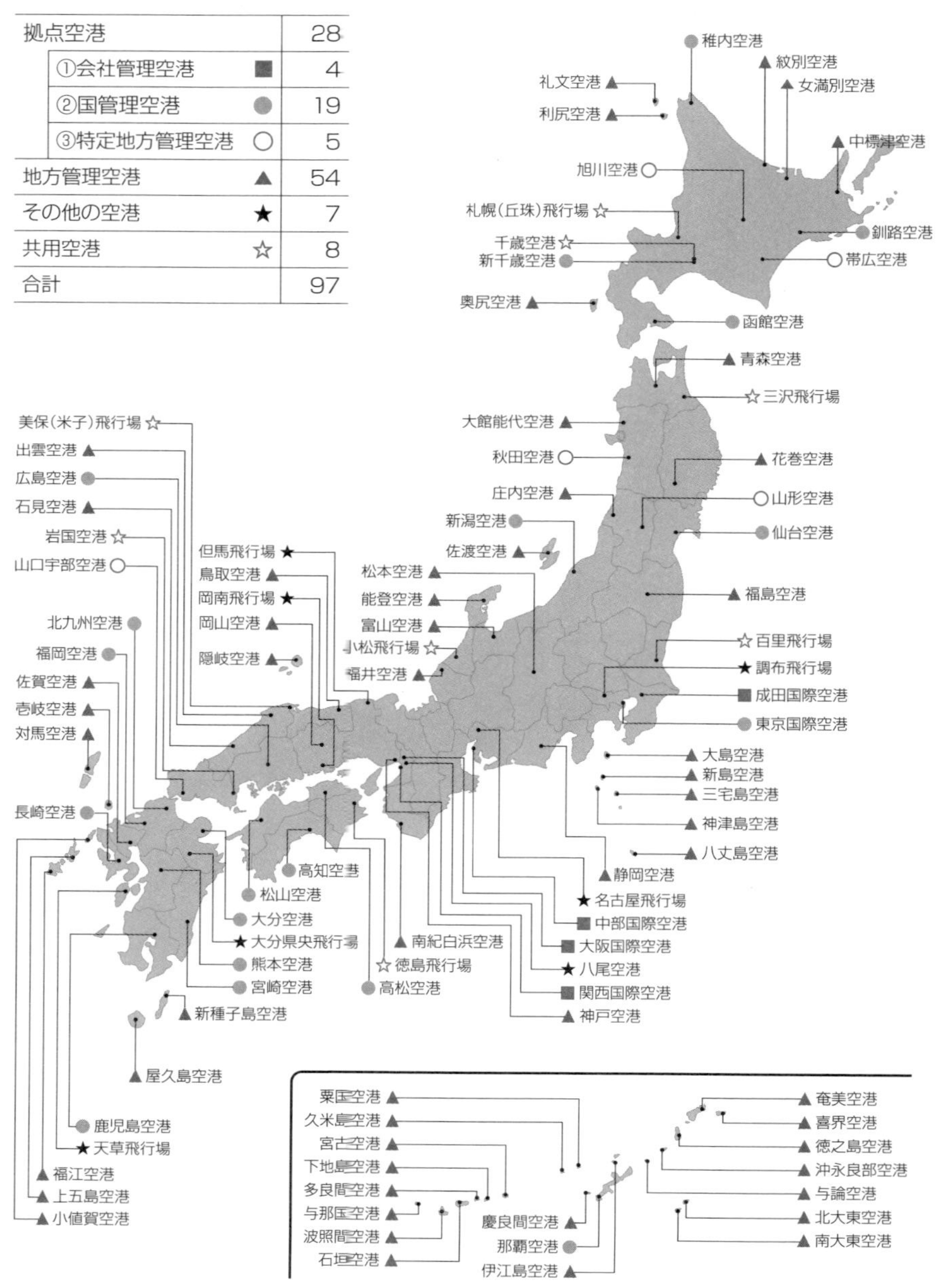

拠点空港		28
①会社管理空港	■	4
②国管理空港	●	19
③特定地方管理空港	○	5
地方管理空港	▲	54
その他の空港	★	7
共用空港	☆	8
合計		97

出所：国土交通省ホームページより

新しい滑走路の建設により、発着便数が大幅に増加し、国際便の受け入れ能力が向上することが期待されています。

巨大化とハブ化が求められています。

世界の空港　総貨物取扱量ランキング

貨物取扱量（トン）

順位	空港	2022年貨物量（トン）	2021年比（%）	2019年比（%）
1	香港	4,199,196	▲16.4	▲12.7
2	メンフィス	4,042,679	▲9.8	▲6.5
3	アンカレジ	3,461,603	▲2.6	26.1
4	上海・浦東	3,117,216	▲21.7	▲14.2
5	ルイビル	3,067,234	0.5	9.9
6	仁川	2,945,855	▲11.5	6.6
7	マイアミ	2,499,837	▲0.8	16.3
8	ロサンゼルス	2,489,854	▲7.5	19.5
9	成田	2,399,298	▲9.3	19.0
10	台北・桃園	2,358,768	▲13.3	14.0

出所：※国際空港評議会

Section

4-5 規制緩和の流れ

物流業界の規制緩和は、「物流二法」を発端として始まりました。

物流二法

物流業界における規制緩和の発端は1990年のいわゆる**物流二法**の施行といわれています。物流二法とは**貨物自動車運送事業法**と**貨物運送取扱事業法**の2つの法律のことを指し示します。前者は「新規参入の促進」「自由な運賃設定」「積み合わせ輸送の自由化」に関する規制緩和であり、後者は「利用運送業の一本化」「利用運送業の2種化」についての規制緩和を促進することが目的とされています。

物流二法が施行される以前、トラックは「一般路線貨物自動車運送業」と「一般区域貨物自動車運送事業」の2つに分類されていました。一般路線貨物自動車運送業とは、定められた地点と地点を結ぶトラック便のことをいい、一般区域貨物自動車運送事業は特定の地域内でのトラック便のことをいいます。物流二法はこれら2つの事業区分を一本化することで、従来の一般路線貨物自動車運送業と一般区域貨物自動車運送事業の両方の営業をすべてのトラック業が行えるようにしました。

また、それまで輸送機関別で規定されていた運送に関する許認可も一本化することにより、許認可を取得しやすくなりました。これによって、複合一貫輸送の物流アウトソーシングなどの3PL*事業展開が拡大する基礎を築きました。

物流二法の進化

「物流二法」の施行から10年以上が経過していることから、2002年3月にその改正案が閣議決定しました。その内容は、トラック事業での営業区域規制の撤廃や運賃・料金の事前届出制の廃止が盛り込まれていたことや、新たに安全性に関する規定を設けたことなど、「物流二法」をさらに進化させたものになっています。

今後、物流を取り巻く一連の規制緩和を受けて、物流の効率化の促進や物流業界の活性化への効果が期待されるで

3PL　3rd（Third）Party Logisticsの略。サードパーティー・ロジスティクス。詳しくは6-3、6-4節参照。

しょう。

規制緩和の転換期

規制緩和により、競争が促進されて運賃水準が下がり、弾力的な運賃設定が可能になったことでサービスの多様化を促したなどのプラス材料があった反面、一部悪質事業者による過当競争が生まれ、ドライバーの労働環境が悪くなり、2010年代には業界全体がドライバー不足に陥り物流危機を招く結果になってしまいました。

そこで2018年に働き方改革関連法案や改正貨物自動車運送事業法を成立させ、ドライバーの労働環境改善と悪質事業者の一掃、正常な競争を目指し、規制緩和は転換期を迎えることになりました。

一般路線貨物自動車運送業と一般区域貨物自動車運送業の違い

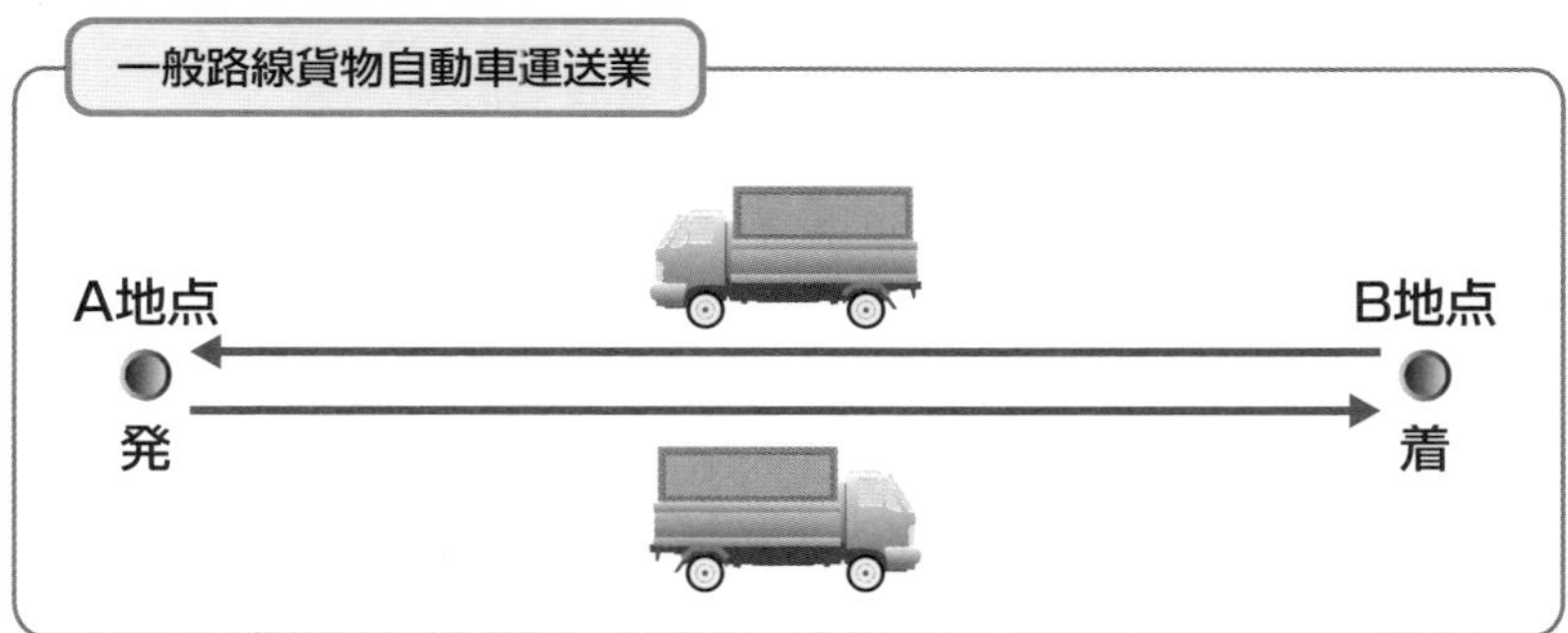

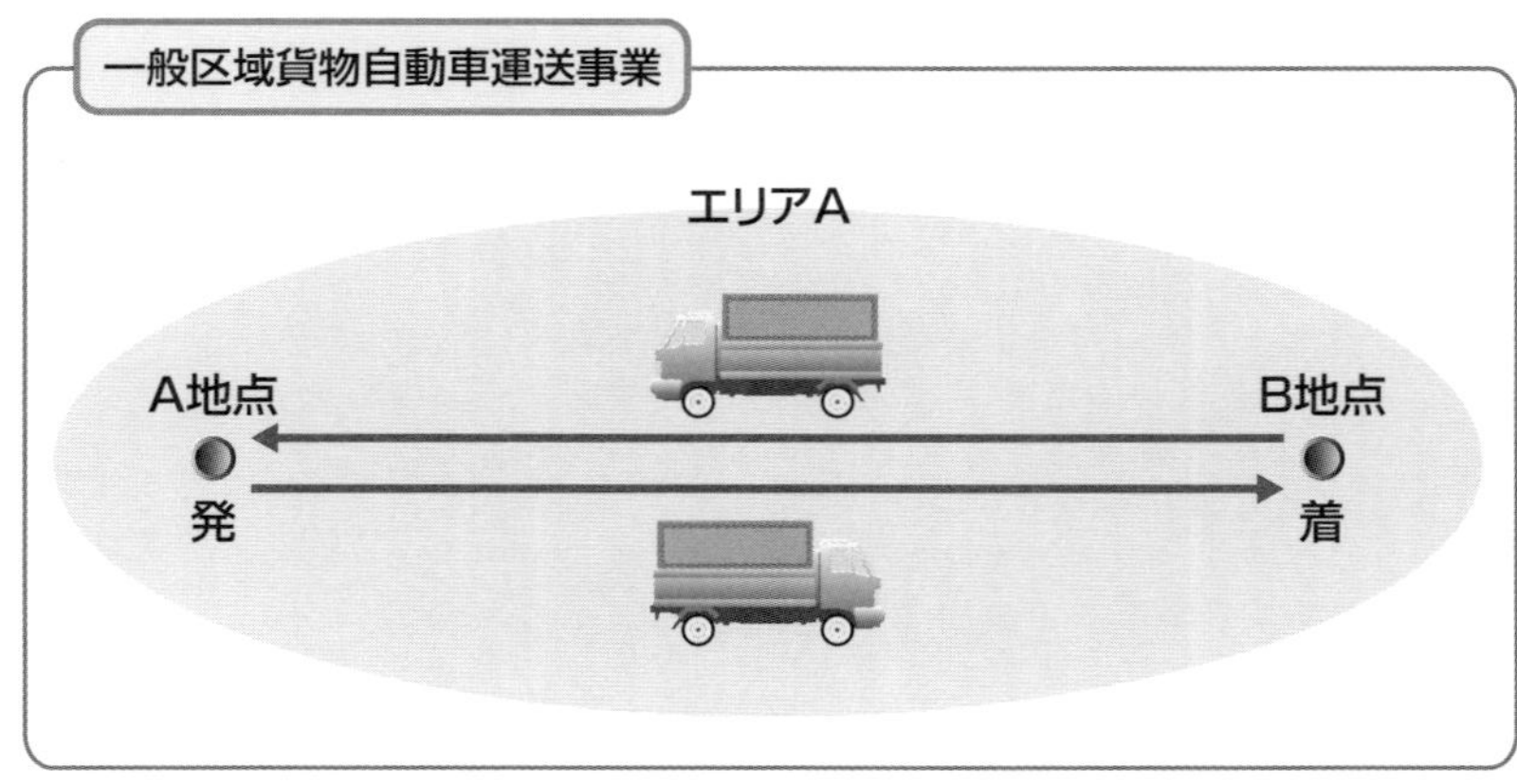

運賃規制 物流二法の改正前までは、運賃は政府によって規制されており、自由に設定することはできなかった。

物流規制緩和の流れ

年	月	内容
1990	12	物流二法施行（トラック運送事業、運送取扱事業）（参入＝免許制➡許可制、運賃＝認可制➡事前届出制に）
1993	11	繁忙期のトラック車両の移動届出を不要に
〃	〃	トラック車両の総重量を緩和（単車 25 トン、トレーラ 28 トンに）
〃	〃	トラック事業の有蓋車庫義務付けを廃止
1994	2	運賃・料金の原価計算書添付不要範囲（上限値）を設定
〃	〃	運賃・料金の届出期間を短縮
〃	4	トラック事業者のいわゆる「喪の期間」を緩和
〃	10	行政手続法施行に伴い標準処理期間を設定（一般の許可は 3 ～ 4 ヶ月、事業計画変更許可は 1 ～ 3 ヶ月）
1995	2	トラックの最大積載量の刻みを細分化
〃	4	許認可の整理・合理化に関する法施行（運行管理者試験の受験者資格を緩和し事故対策の基礎講習受講者にも付与、事業用自動車の貸渡し許可廃止、運送約款届出を緩和）
〃	5	ピギーバック輸送の着駅での配達を他社へ委託が可能に
1996	1	JR 貨物の自動車代行駅での取扱事業者の拠点駅としての取扱いを通達
〃	4	国内利用航空事業者の届出を簡素化し原価計算書添付不要の範囲を設定
〃	〃	トラック事業の拡大営業区域を追加
〃	〃	トラック事業の最低車両台数を引き下げ、運輸局間の格差を是正
〃	12	運輸省が運輸分野すべての需給調整規制の廃止方針を打ち出す
1997	3	トラック事業、取扱事業の原価計算書添付範囲の下限値を設定
〃	4	トラック事業者の法令違反点数制度、行政処分基準を改正強化
〃	〃	トラック事業の拡大営業区域を追加（中国、九州を設定）
〃	6	鉄道利用運送事業の傭車制限を廃止（駅ごとの集配車両の義務付けを廃止し集配すべてを他社委託可能＝車両ゼロでの許可取得が可能に）
〃	〃	鉄道利用運送事業の配達業務資格要件を緩和（トラック事業も可能に）
〃	〃	航空利用運送事業の貨物代理店との経験年数を廃止
〃	〃	航空利用運送事業の貨物取扱量の最低基準を廃止
〃	7	独禁法適用除外制度整理でトラック連絡運輸協定など適用除外廃止
1998	4	トラック事業の拡大営業区域を追加（関東、中部、近畿を設定）
〃	〃	ISO 規格国際海上コンテナのフル積載が可能に
〃	6	特積みトラックの運行系統変更など事業計画変更の提出書類を簡素化
1999	3	全国 8 ブロックの拡大営業区域でそろう（関東甲信越、東北を設定）
〃	〃	最低車両台数を引き下げ（政令指定都市 7 両、他は 5 両に統一）
〃	〃	運賃届出時の原価計算書添付不要範囲を 20%に拡大
〃	〃	トラック、取扱事業兼営業者の事業計画変更届出を一元化
2000	1	標準処理期間を一部短縮（営業区域変更など 1 ～ 2 ヶ月に）
〃	4	「メール便」の運賃届出の処理方針
〃	6	最低車両台数を引き下げ（千葉、広島も 5 両、年度内に全国一律 5 両）
〃	11	「改定港湾運送事業法」施行。特定港湾 9 港に対し、参入は免許制から許可制へ、運賃・料金は許可制から届出制へ
2001	3	倉庫業に規制緩和を盛り込んだ倉庫業法改正案を国会に提出、これにより参入は許可制から登録制に、料金は事前届出制から事後届出制へ

出所：交運労協政策委員会

Section

4-6 運転免許制度

中型自動車免許に加え、準中型自動車免許も新設され、運送業界も大きな影響を受けています。常に最新の状況を把握しておきましょう。

中型免許

2007年6月2日から道路交通法の一部が改正され、新たな制度として車両総重量5トン以上11トン未満の自動車等が、中型自動車と定義され、これに対応する免許として**中型免許**が追加されました。

中型免許試験の受験資格は、20歳以上で、普通免許または大型特殊免許を現に受けており、その期間が通算2年以上（免許効力停止期間*を除く）の人です。

ただし、2007年6月1日以前（道路交通法改正前）から普通免許、大型免許を取得していた人は、本改正施行後も運転できる車の範囲は以前と変わりません。

この背景には、トラックを中心とする車両総重量がより重い車両の方が、一般的な乗用自動車に比べて死亡事故発生の頻度が未だ高いという厳しい状況があります。

しかし、本改正は、運送業界に大きな影響をもたらしました。ドライバーとして採用する人材の対象が狭まったからです。高卒の新卒を中心とした若年層は、ショートボディなどの一部を除く2トン車以上のトラックを運転できなくなったため、運送会社は、ドライバーの新規採用をキャリア採用に偏って行わなくてはならなくなったのです。

そのため、この法改正は、近年のドライバー不足の一因ともいわれています。

準中型免許の新設

さらにその後、再び免許制度の改正があり、2017年3月12日から**準中型免許**が新設されました。

普通免許で運転できる範囲を車両総重量3・5トン未満に引き下げると共に、中型免許が必要な車両を7・5トン以上11トン未満へと下限を引き上げられました。そして新たに

免許効力停止期間　交通違反や事故などの理由で、一定期間、運転免許証の効力が停止される期間のこと。

3・5トン以上7・5トン未満のトラックを運転できる準中型免許が設けられました。

現行の免許区分は下表のとおりです。

中型・大型免許の取得条件緩和

2022年5月13日に施行された道路交通法の改正によって、再び免許の取得条件が変更されました。

19歳以上であり、かつ、普通免許等を受けていた期間が通算して1年以上あり、かつ特別な教習を修了すると、中型・大型免許などの運転免許試験を受けることができるようになりました。

免許区分

免許		乗務可能トラック（目安）	車両総重量	最大積載量	資格
大型自動車免許		10t トラック	11t 以上	6.5t 以上	21 歳以上（普通免許取得後 3 年以上）
中型自動車免許		4t トラック	11t 未満	4.5t ～ 6.5t	20 歳以上（普通免許取得後 2 年以上）
準中型自動車免許		2t トラック 3t トラック	7.5t 未満	2t ～ 4.5t	18 歳以上
普通自動車免許	2007 年 6 月 1 日以前に取得	2t トラック 4t トラック	8t 未満	5t 未満	18 歳以上
	2007 年 6 月 2 日～ 2017 年 3 月 11 日の間に取得	2t ショートトラック	5t 未満	3t 未満	18 歳以上
	2017 年 3 月 12 日以降に取得	軽貨物車量　1t トラック	3.5t 未満	2t 未満	18 歳以上

運送業　年齢別就業者構成比

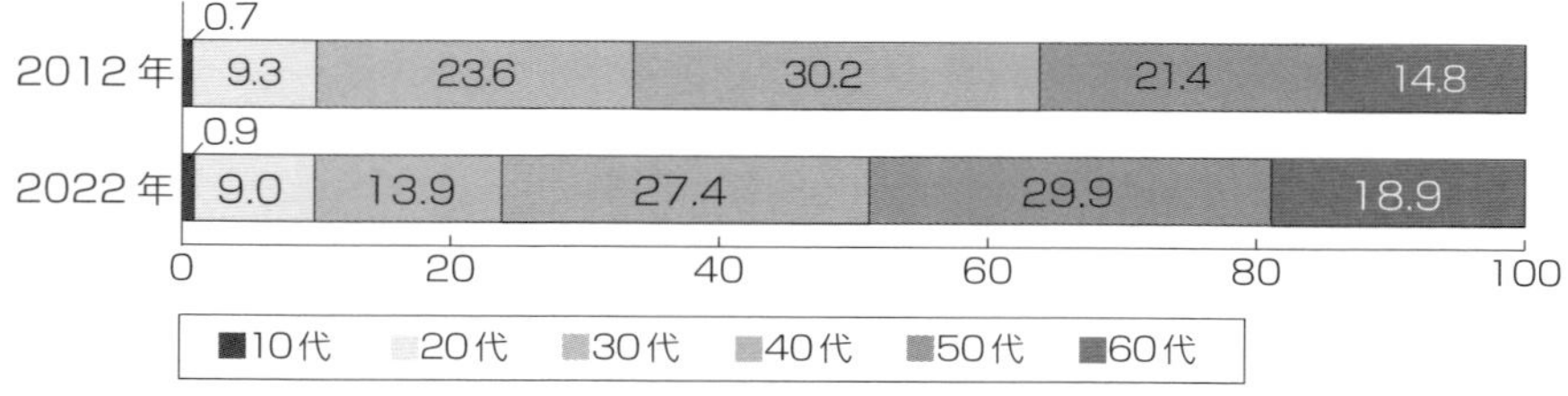

出所：総務省「労働力調査」

新たなトラックの免許

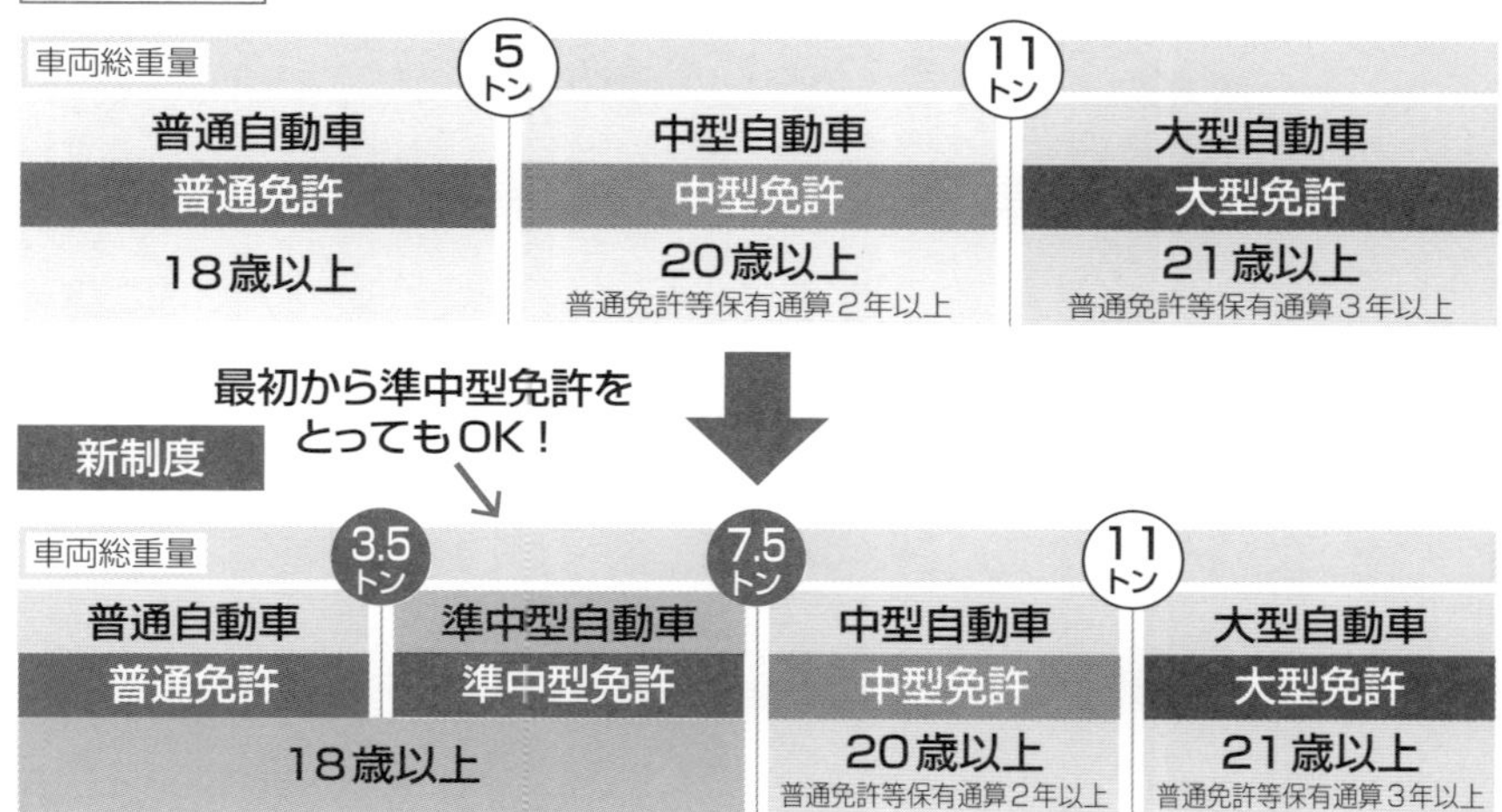

新たな免許区分による車両総重量と最大積載量

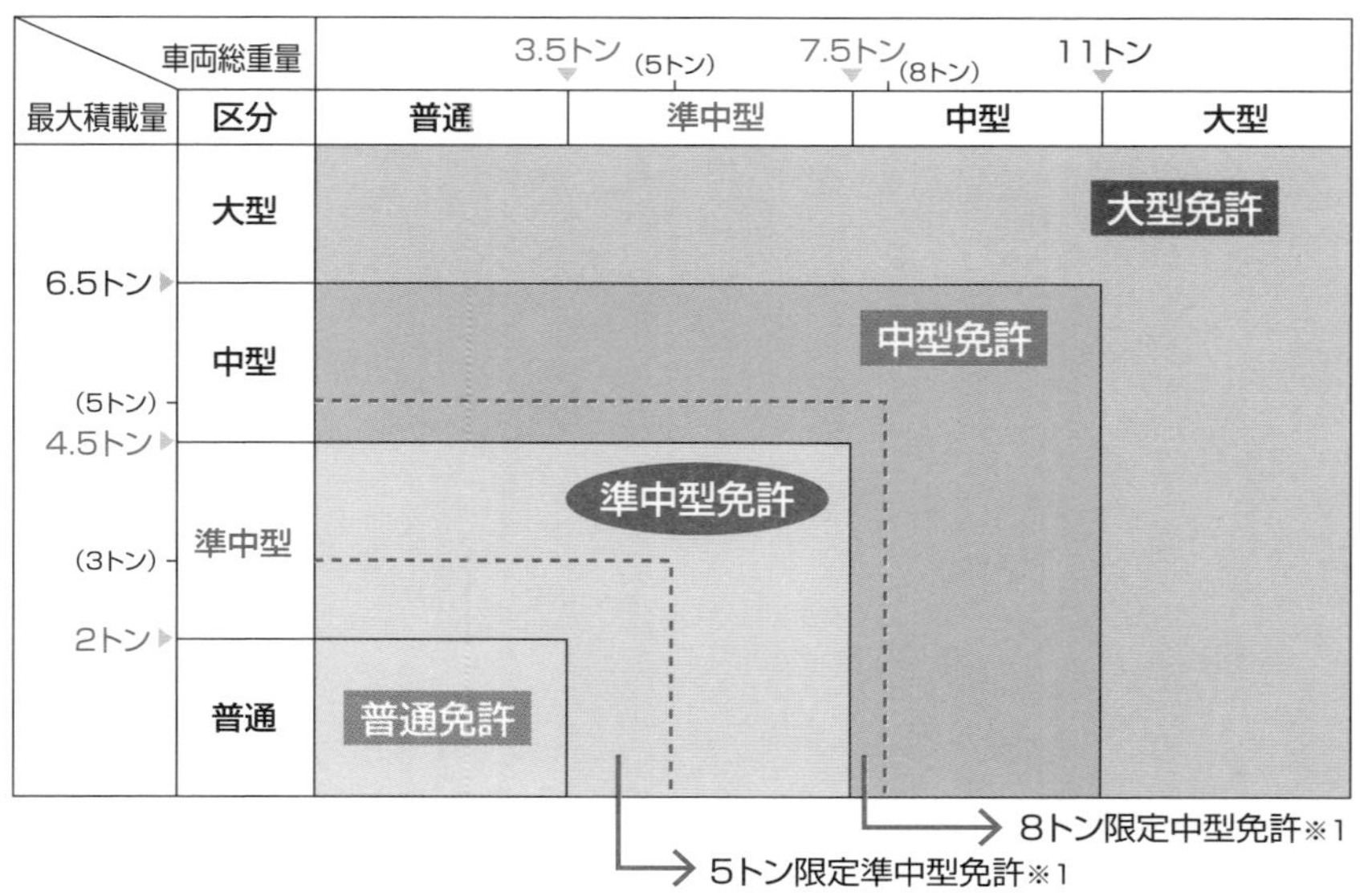

※1　平成19年6月2日以降　普通免許取得
　2　平成19年6月1日以前　普通免許取得

出所：全日本トラック協会「準中型免許Q&A」

Section

4-7 業界団体

全日本トラック協会を始めとする業界団体では、各企業が一丸となって日本の物流業界の発展のために事業活動を展開しています。

業界団体の目的

近年、物流業界では様々な課題が浮き彫りになっています。トラックドライバー不足を始め、労働時間・拘束時間の超過、長時間に渡る荷待ち時間、割に合わない対価での業務請負など、多岐に及びます。業界団体*の目的と役割としては、次のようなものが挙げられます。

政策提言とロビー活動：行政に対して業界の意見や要望を伝え、規制や法律の改善を提案し、物流業界全体の利益を守り、持続可能な運営をサポートします。

教育と研修：業界内でのスキルアップや知識向上を目的とした教育プログラムや研修を提供し、従業員の能力向上を図ります。

標準化とガイドライン作成：業界全体で共通の基準やガイドラインを策定し、業務の効率化や品質の均一化を図ります。これには、輸送契約や安全基準などが含まれます。

共同購買：燃料やETCなど、複数の企業が団結して商品やサービスをまとめて購入して、コスト削減を図ります。

業界団体の種類

全日本トラック協会をはじめ、各都道府県単位でもトラック協会が存在し、さらにその地域支部や青年部、女性部など様々な部会があります。同様に日本倉庫協会も、各都道府県単位で倉庫協会が存在しています。また、日本ロジスティクスシステム協会や船井総研ロジが主催するロジスティクスプロバイダー経営研究会のように、物流会社の発展に向けたセミナーや勉強会を主とした団体もあります。

いずれの団体も、物流業界の地位向上・健全な発展を目指し、事業活動を展開しています。

業界団体　産業ごとに結成されている同業種の集まりを指します。その産業の発展のために、勉強会や研修の実施、会員の規律の維持、行政庁との連絡調整などの活動を行っている。

物流業界における主な業界団体

団体名	特徴	加入企業数※
公益社団法人 全日本トラック協会	現代の国内貨物輸送の9割を担うトラック運送業界の発展のため、都道府県ごとにトラック協会が組織されており、その中央団体が公益社団法人全日本トラック協会です。運賃、税制、法規など幅広い分野を議題として上げ、よりよい物流業界に発展していくために事業展開をしています。 また、都道府県ごとにもトラック協会があり、各種部会も開催されています。	408社
一般社団法人 日本物流団体連合会	陸・海・空の物流事業者が広く結束し、物流業界の多岐に渡る課題について施策を確立し、推進していくことで物流業界の健全に発展していくことを目的としています。物流連では、基本政策委員会、物流環境対策委員会、人材育成・広報委員会、経営効率化委員会および国際業務委員会を設置しており、物流業界の課題解決のために事業展開しています。	96社
公益社団法人 日本ロジスティクス システム協会	物資流通の円滑化を目指し、物流に関わる業務（輸送・保管・包装・荷役・流通加工・情報等）を総合的にマネジメントする機能を調査・研究、企画立案・実行、人材育成・教育を行うことで生産性を向上させ、国民生活の向上、及び国際社会への貢献を目的としています。	997社
日本ローカル ネットワークシステム 協同組合連合会	全国の中小トラック運送事業者が新しいシステムの創造を目指して設立した日本最大の求荷求車の物流ネットワークシステムです。会員によるネットワークは全国各都市を網羅しており、地域密着型の地域輸送、都市から都市への幹線輸送まで多様に対応できるのが強みです。	118社
日本貨物運送 協同組合連合会	燃料高騰対策、高速料金制度、各種行動購買・保健事業、並びに求荷求車ネットワーク「WebKIT」の事業を推進することにより、運送業界の課題解決を目指しています。「WebKIT」は、ネットワークで情報共有することで輸送効率を向上させ、環境保全にも貢献することができます。	104社
一般社団法人 日本倉庫協会	一般社団法人日本倉庫協会は、全国53地区の倉庫協会と協力、12の委員会を中心とした活動を通して、倉庫業の健全な発達を促進し、豊かな社会の構築と経済活動の効率化に貢献しています。具体的に、人材育成を目的とした教育研修プログラム、安全・防災対策、倉庫事業者の情報交換の場を提供し、課題解決に向けて取り組んでいます。	3492社
一般社団法人 ドライバー ニューディール アソシエーション	「共に学び、共に成長し、共に走り続ける」という理念の下、運送業界の労働環境を始めとする課題を解決し、子どもたちの憧れの職業になるよう環境改善の取り組みを行っています。また、「トラックドライバー甲子園アワード」と呼ばれる社内環境の改善に関する取り組みを発表・表彰するイベントを開催しています。	91社
ロジスティクス プロバイダー 経営研究会（LPS）	船井総研ロジ株式会社が主催する物流業界の経営者向けの勉強会です。全国から勉強好きの経営者が集い、経営者同士での情報交換や最新の物流業界の動向を学ぶことができます。業態ごとに部会があり、内容が分かれています。	331社

※加入企業数は2019年1月時点

Column

物流企業の労務マネジメント

物流業界は、慢性的な「人手不足」に陥っています。2023年度の物流会社の倒産件数は過去10年で最多を記録しましたが、「人手不足」が理由の倒産が全体の15%を占めています。さらに一連の働き方改革関連法が施行され、今まで以上に適切な**労務マネジメント**が求められています。

●働き方改革関連法の主なポイント

・割増賃金率の引上げ

従業員が法定労働時間を超えて働いた労働に対して割増した賃金を支給する時間外労働割増率が、これまでの全時間25%以上から、月60時間を超える時間外労働について、50%以上へと改定されました

・時間外労働の上限規制

ドライバーへの時間外労働の上限が新たに適用されました。

特別条項付き36協定を締結する場合
…上限「年960時間」
特別条項なしの36協定を締結する場合
…上限「月45時間・年360時間」

●求められる労務マネジメント

物流業界では、始業から終業までの「拘束時間」のみ上限が定められていたことと、ドライバー本人の裁量に任されることが多いという慣習的な問題から、「労働時間」に関する管理は不十分でした。

しかし、この改正で「時間外労働時間」の上限が設定され、「休憩時間」、「労働時間」の管理も必要になりました。

時間管理を行う際には、「正確な時間の取得」と「管理者の法令理解」が重要です。時間管理を徹底している会社では、勤怠管理システムやデジタコの打刻を徹底して点検、運転、荷役作業、待機、休憩の時間を正確に取得。管理者がチェックして、不備があれば指導するなどを行っており、今後はこのレベルの時間管理が求められることとなります。

その他にも、脳波検査、SAS（睡眠時無呼吸症候群）検査等を実施する「健康管理」、ドライバーの一人ひとりに交通法規や安全運転の教育を行う「安全教育」、賃金や人事制度の整備、働きやすい職場への対応などの「労働環境改善」がこれからの労務マネジメントとして求められます。

●人事制度の方向性

賃金制度は歩合給型から、固定給との混合型へ。さらに、「高給よりも、安定した給与と休みが欲しい。」といった求職者のニーズから社員定着率アップ・求人対策としての安定型へと移行しています。2024年問題を背景に、人事制度の見直しを検討中の物流企業は多数ありますが、たんなる労働法違反対策としての見直しだと、このようなニーズに対応できないでしょう。いま、物流業界では、「仕事はあるのに、社員が定着せず、売上を伸ばせない」、「社員満足度と定着率をもっと高めて、事業拡大したい」と考えている企業が多数あります。労働者の待遇改善を行いながら、しっかりと業界全体で舵取りを行っていく必要があるでしょう。

第5章

物流業界のトレンド

アメリカの物流業界で誕生した「3PL（サードパーティー・ロジスティクス）」や「SCM」などは、日本の物流業界の進化をうながしてきました。しかし、昨今では、人口減を背景とした国内の物流人材の不足、また国外ではグローバルロジスティクスの進展など、新たな業界を動かす大きな流れが出てきています。

本章では、現在物流業界で話題になっている最新のトレンドをみていきましょう。

Section

5-1 2024年問題

2024年問題とは、労働基準法の改正によって物流業界に大きな影響を与える問題を指します。特に、トラックドライバーの時間外労働の上限規制が強化されることが焦点です。

2024年問題とは何か

2024年問題とは、物流業界におけるトラックドライバーの労働環境改善を目的とした労働基準法の改正に伴う課題や影響を指します。この法改正は、長時間労働が常態化しているトラックドライバーに対する労働時間の上限の規制を強化するものであり、具体的には2024年4月から時間外労働時間が年間960時間以内に制限されます。これに違反した場合、企業には罰則が科されるため、運送業界全体にとって重大な影響を及ぼすことが予想されます。

ちなみに、一般則（他の職業）では、時間外労働は年間720時間以内と240時間も短く定められており、いずれドライバー職も上限720時間に短縮されるといわれています。

2024年問題が及ぼす影響

この規制は我々の生活にも影響が及びます。例えば、あるコンビニチェーンではお弁当の配送回数をこれまで1日3回だったところを2回に変更しました。もしかしたら、よく行くコンビニが最近品薄なことが多いと感じている方もいるかもしれません。また、通販を利用されている方であれば、以前は注文した翌日に受け取れていたものが、気づけば翌々日発送になっていたという経験があるかもしれません。

また、企業が物流コストの増加を価格に転嫁することで、商品価格が上昇し、家計への負担が増加する可能性もあります。さらに、物流サービスの遅延や制限により、医療品や生活必需品の供給にも支障が出ることがあり、これが社会の安全と健康に直接的な影響を与えるリスクもあります。

労基法違反の罰則　労働基準法違反に該当する企業には、6カ月以下の懲役または30万円以下の罰金が科される可能性があります。また、違反が続き悪質な場合、行政指導や事業停止命令、企業名の公表など、経営に重大な影響を及ぼす処分が行われる。

このように、2024年問題は私たちの生活のあらゆる側面に影響が及ぶ可能性があり、社会全体でその影響を最小限に抑えるための対策が求められています。

■運送会社の対策

労働時間を削減するために、運送会社では様々な取り組みを行っています。

①中継輸送

中継輸送は、一つの行程を一人のドライバーが輸送するのではなく、複数人のドライバーで分担して荷物を運ぶ方法です。集荷エリアと納品エリアの中間地点に中継拠点を設けることで、各ドライバーの負担を軽減し、長距離輸送の効率化を図ることができます。これにより、労働環境が改善され、日帰り運行も可能になるケースもあります。

②モーダルシフト

モーダルシフトは、輸送手段をトラックから鉄道や船舶などの他の交通手段に切り替えることを指します。これにより、トラックドライバーの負担を軽減し、環境負荷の低減も図れます。鉄道や船舶は大量輸送が可能であり、長距離輸送において特に効果的です。これにより、物流コストの削減と交通渋滞の緩和が期待されます。

③荷主交渉

荷主交渉により、運賃の適正化を図ります。適正な運賃設定を実現するために、荷主企業と物流企業が協力し、双方にとって公平な条件を整えることが重要です。これにより、物流企業が安定した収益を確保し、サービスの質を維持することができます。具体的には、運賃の見直しや契約条件の改善を通じて、持続可能な物流運営を目指します。

④DX（デジタルトランスフォーメーション）

AIを活用した需要予測や配車管理などにより、最適なシフト組みや配送ルート組みを行います。デジタルの力を使って運行効率を向上させることで、労働時間の削減を行っています。

これらの対策を組み合わせて実施することで、2024年問題の影響を最小限に抑え、持続可能な物流システムの構築を目指すことが重要です。

中経輸送の課題　中継輸送の課題・デメリットとしては、運行・配車計画が複雑になることや、リードタイムが延びる可能性があることなどが挙げられる。

Section

5-2 改善基準告示の改正

2024年問題に合わせるかたちで、35年ぶりに改善基準告示が見直されました。長時間労働など労働環境への対応が大きな目的です。

改善基準告示とは

改善基準告示とは、平成元年に策定された「自動車運転者の労働時間等の改善のための基準」(厚生労働大臣告示)のことを指します。自動車運転者の長時間労働を防ぐことは、労働者自身の健康確保のみならず、国民の安全確保の観点からも重要であることから、トラック、バス、ハイヤー・タクシーなどのドライバー職に対して、拘束時間や休息時間等について基準が定められています。その改善基準告示が、2024年4月に35年ぶりに改正されました。

改正の背景として、トラックドライバーの長時間労働や、過重労働といった問題が挙げられます。『運輸業・郵便業』は、脳・心臓疾患が原因となる労災認定の支給決定数が最も多く、体を資本とする仕事のため、適切な休息時間を確保するために今回の改正が行われました。

改善基準告示改正のポイントは2つ

1つ目の大きな改正点は運転者の**拘束時間**についてです。拘束時間とは、労働時間と休憩時間＊(仮眠時間を含む)の合計時間のことを指します。ドライバーの始業時刻から終業時刻までの会社に拘束されるすべての時間を拘束時間としてカウントします。

2つ目の改正点は運転者の**休息期間**です。休息期間とは、運転者が使用者の拘束を受けない期間のことをいいます。つまり、勤務と次の勤務との間にあって、疲労の回復を図るとともに睡眠時間を含む労働者の生活時間として、労働者の自由な判断に委ねられる時間を指します。

その他にも変更点があるので、次の表にまとめます。

Term

休憩時間　運転時間が4時間以内または4時間超過直後に運転をやめて、30分以上の休憩時間の確保が必要。

2024年の改善基準告示における主な変更点

	今まで	改正後
拘束時間	**原則13時間以内（上限は16時間以内。15時間超は週2回まで）**	**原則13時間以内(上限は15時間以内。14時間超は週2回まで)** 【例外】 1週間の運行がすべて長距離運送かつ、一の運行における休息期間が住所地以外の場合は週2回まで16時間以内まで延長可能。
	1か月：293時間以内 **1年：3,516時間以内** 【例外】 労使協定がある場合は1年のうち6か月までは月320時間まで延長可能。	**1か月：284時間以内** **1年：3,300時間以内** 【例外】 労使協定がある場合は1年のうち6か月までは月310時間、年3400時間まで延長可能。ただし、284時間超は連続3か月まで、かつ1か月の時間外・休日労働時間数が100時間未満となるよう努める必要あり。
運転時間	変更なし 2日平均で1日あたり9時間以内、2週平均で1週当たり44時間以内を超えてはいけない。	
連続運転時間	**4時間以内。4時間経過するまでに1回が連続10分以上、合計30分以上の休憩等（非運転時間）の確保が必要。**	**4時間以内。運転の中断時には、原則として休憩を与える（1回おおむね連続10分以上、合計30分以上）** 10分未満の運転の中断は、3回以上連続しない。 【例外】 SA・PA等に駐停車できないことにより、やむを得ず4時間を超える場合、4時間30分まで延長可
休息期間	**勤務終了後に最低でも継続8時間以上与えなければならない**	**継続11時間以上与えるよう努めることを基本とし、9時間を下回らない** 【例外】 宿泊を伴う長距離運送の場合、週2回まで8時間以上とすることが可能。休息期間のいずれかが9時間を下回る場合は、勤務終了後に継続12時間以上の休息期間を与える。
分割休息	継続8時間以上の休息期間を与えることが困難な場合 **・分割休息は1回4時間以上** **・休息期間の合計は10時間以上** **・一定期間（原則2週間から4週間程度）※における全勤務回数の2分の1が限度** ※業務上やむをえない場合でも2カ月まで	継続9時間の休息期間を与えることが困難な場合 **・分割休息は1回3時間以上** **・休息期間の合計は、2分割：10時間以上、3分割：12時間以上** **・3分割が連続しないよう努める** **・一定期間（1か月程度）における全勤務回数の2分の1が限度**
2人乗務（ツーマン運行）	2人乗務の場合、車両内で身体を伸ばして休息できる設備があるときは拘束時間は最大20時間まで延長でき、休息期間は4時間まで短縮可能。	2人乗務の場合、車両内で身体を伸ばして休息できる設備があるときは拘束時間は最大20時間まで延長でき、休息期間は4時間まで短縮可能 ただし設備（車両内ベッド）が下記要件※を満たす場合は、次のとおり、拘束時間をさらに延長可能 ・拘束時間を24時間まで延長可能（ただし、運行終了後、継続11時間以上の休息期間を与えることが必要） ・さらに、8時間以上の仮眠を与える場合、拘束時間を28時間まで延長可 ※車両内ベッドは長さ198センチ以上かつ幅80センチ以上の連続した平面であり、かつ、クッション材等により走行中の路面等からの衝撃が緩和されるものであること
予期しえない事象	―	予期しえない事象への対応時間を、1日の拘束時間、運転時間（2日平均）、連続運転時間から除くことができる。ただし、運転日報上の記録に加え、客観的な記録（公的機関のホームページ情報等）が必要。 【予期しえない事象】 ・運転中に乗務している車両が予期せず故障した場合 ・運転中に予期せず乗船予定のフェリーが欠航した場合 ・運転中に災害や事故の発生に伴い、道路が封鎖された場合や道路が渋滞した場合 ・異常気象（警報発表時）に遭遇し、運転中に正常な運行が困難となった場合

Section

5-3 物流革新に向けた政策パッケージ

荷主企業、物流事業者、一般消費者が協力して、物流を支えるための環境整備に向け、抜本的・総合的な対策として「物流革新に向けた政策パッケージ」が策定されました。

物流業界で急速に進む環境変化

物流業界を取り巻く環境は、この数年間で激変しています。2017年頃から、深刻なドライバー不足により、「**物流クライシス**[*]」や「**宅配クライシス**」という言葉が登場しました。クライシスは直訳すると危機という意味ですが、物量と運び手の需給バランスが崩れ、モノを届けられないという状況が発生しだしました。

コロナ禍で物量が減少し一時的に落ち着きましたが、昨今「2024年問題」と騒がれているとおり、再び物流危機が訪れようとしています。

国民生活や経済を支える社会インフラの物流が崩壊することがないように、国が主導で抜本的・総合的な対策を策定したのが、**物流革新に向けた政策パッケージ**です。

物流革新に向けた政策パッケージのポイント

今後、何も対策を講じなければ、2030年度には34%の輸送力が不足するといわれており、荷主企業、物流事業者、一般消費者が協力してわが国の物流を支えるための環境整備に向けて、(1) 商慣行の見直し、(2) 物流の効率化、(3) 荷主・消費者の行動変容の3つの観点から具体的な施策がまとめられています。

(1) 商慣行の見直し

物流プロセスでは、発荷主企業と着荷主企業の契約に基づき、商品内容や納品時期が決定され、その後、荷主企業と物流事業者の間で運送契約が結ばれます。そのため、物流事業者が独自に効率化を図るのは難しく、契約外の作業指示や長時間の荷卸し待ちが発生することがあります。さ

物流クライシス　従来の物流サービスの提供が困難となる危機的状況のこと。

らに、多重下請関係により実運送事業者が適正な運賃を受け取ることが困難となっています。物流の生産性向上と物流産業の魅力向上のためには、荷主企業と物流事業者双方で非効率な商慣行を見直す必要があります。

上記の要件を踏まえて下記の6つの項目を具体的な施策として定めています。

①荷主・物流事業者間における物流負荷の軽減
②納品期限、物流コスト込み取引価格等の見直し
③物流産業における多重下請構造の是正
④トラックGメン*の設置等
⑤担い手の賃金水準向上等に向けた適正運賃収受・価格転嫁円滑化等
⑥「標準的な運賃」制度の拡充・徹底

(2) 物流の効率化

物流の停滞を回避するためには、DXなどでの物流の効率化、生産性向上が必要となります。また、環境保護の観点からもモーダルシフトなど脱炭素化に向けた取り組みも必要となってきます。そのためには物流の標準化、輸送の安全確保、人材育成および活用が必要となります。これらの要件を踏まえて、13の項目を具体的な施策として定めています。

①即効性のある設備投資の促進
②物流GXの推進
③物流DXの推進
④物流標準化の推進
⑤物流拠点の機能強化や物流ネットワークの形成支援
⑥高速道路のトラック速度規制の引上げ
⑦労働生産性向上に向けた利用しやすい高速道路料金の実現
⑧特殊車両通行制度に関する見直し・利便性向上
⑨ダブル連結トラックの導入促進
⑩貨物集配中の車両に係る駐車規制の見直し
⑪地域物流等における共同輸配送の促進
⑫軽トラック事業の適正運営や輸送の安全確保
⑬女性や若者等の多様な人材の活用・育成

(3) 荷主・消費者の行動変容

物流への理解促進のために荷主企業や一般消費者への対策も定められています。

①荷主の経営者層の意識改革・行動変容
②荷主・物流事業者の物流改善の評価・公表
③消費者の意識改革・行動変容を促す取組み
④再配達率「半減」を含む再配達削減
⑤物流に係る広報の推進

Term
トラックGメン　国土交通省の職員で、主には悪質な荷主・元請事業者等の是正指導を行うことを目的として活動。

Section
5-4 ホワイト物流

物流業界は労働環境の改善と効率化を目指し、ホワイト物流への取り組みが進んでいます。実現への施策を見ていきましょう。

■ホワイト物流とは

ホワイト物流とは、物流業界における労働環境の改善と効率化を通じて、持続可能な物流システムを構築することを目指す取り組みです。過酷な労働条件が続く物流業界の課題を解決するため、トラック輸送の生産性の向上や物流の効率化、女性や60代の運転者なども働きやすい「ホワイト」な労働環境の実現を目的としています。

このホワイト物流推進運動の背景として、2017年頃から「物流クライシス」といった言葉が登場したように、ネット通販の拡大による宅配便の急増と、運送会社のドライバー不足による需給バランスの崩れが大きく関係しています。この問題は産業全体に波及し、総量規制や運賃の値上げ、集荷時間の前倒しなど企業活動のボトルネックとなっています。

■ホワイト物流を実現するために

物流クライシスを解決し、ホワイト物流を実現するためには、単なる労働力の確保や労働環境の改善に留まらず、ビジネスモデルや仕組み自体の変革が不可欠です。

例えば、荷主企業であれば

・運送計画の最適化

配送スケジュールの調整や分散化、製品の梱包方法やパレットの使用方法を見直すことで積載効率＊の最大化などの対策が求められています。

・契約条件の見直し

長時間労働を強いる契約条件を見直したり、運行条件に見合った運賃を支払ったりと、物流事業者の持続可能性を支援する視点を持つことが重要です。

積載効率　トラックやコンテナに対して、どれだけ効率的に貨物を積み込めるかを示す指標。積載効率が高いほど、空間を無駄なく使えていることを意味する。

一方、物流事業者側であれば

・労働条件・労働環境の改善

ドライバーと積み込み作業をする人員を分けて配置したり、中継輸送*を導入して日帰り運行できる輸送形態にしたりと、従業員の負担を軽減する必要があります。

・荷主企業への改善提案

物流のプロの視点から、荷主企業へ非効率な物流業務があれば、積極的に改善提案を行うことでお互いにとってメリットが発生します。

さらには、国民の一人ひとりができる取り組みもあります。それは、物流への理解と協力です。具体的には、

・宅配便の受け取り

宅配便における再配達の問題は深刻です。近年のネット通販の増加とともに宅配便の取扱個数は急増しており、令和4年度の取り扱いは約50億個に上っています。そして、そのうち約11．1％が再配達になっています。再配達のトラックから排出されるCO_2の量は、年間でおよそ25．4万トン（令和2年度国交省試算）と推計されており、宅配便の再配達は地球環境に対しても負荷を与えています。1回で受け取りが可能なスケジュール調整やコンビニや置き配の活用など、受け取りの柔軟性を高める必要があります。

・引越し時期調整

引越しは3～4月がピークとなり、運行管理に大きな影響を与えます。混雑時期を避け、早めの依頼を心がけることも大切な観点です。

例えば、人事異動や社内制度の見直しを図ることで、繁忙期の引越しを避け、引越事業者と依頼側の双方にとって負担を軽減することにつながります。

・駐車場所

トラック運転者の休憩と安全運転のため、SA・PA、道の駅、コンビニなどの大型車駐車スペースへ乗用車を駐車しないように配慮が求められます。

荷主企業、物流事業者、国民の三方が一丸となってホワイト物流の実現に向けて進むことが求められています。

中継輸送　長距離・長時間に及ぶ運行などにおいて、運行途中の中継地で他の運転者と乗務を交替する輸送形態。

Section

5-5 ラストワンマイル

宅配便の急増に伴い、ラストワンマイル市場が注目を集めています。主な問題点と将来への動向を見ていきましょう。

ラストワンマイルとは

物流における**ラストワンマイル**とは、「最後の1マイル」という距離的なことを指すのではなく、宅配やオフィスへの納品などのように、お客様へ商品を届ける最後の配送区間のことを意味します。つまり、エンドユーザー*への物流サービスのことで、多くの場合、個人宅への配送のことを指しています。

近年、このラストワンマイルという言葉が注目を集めている背景に、ネット通販市場の拡大に伴う、宅配便の急増があります。2002年度は約27・5億個だった宅配便取扱個数が、2022年度には約50・6億個と、20年間で1・8倍以上に伸びています。

宅配のシェアは、2022年度時点で、ヤマト運輸が47・5%、佐川急便が27・6%、日本郵便が19・9%と大手3社で約95%を占めています。

ラストワンマイルにおける問題点

宅配便の急増に対して、ドライバー数や供給側の体制が追いついておらず、サービス品質の低下や延着、総量規制などの問題が発生しています。

また、事業者側からすると、宅配運賃の低下も大きな問題となっています。いままでは**CtoC**（個人から個人）宅配が主流でしたが、**BtoC**（企業から個人）宅配が増加することで、ボリュームディスカウントが発生し、結果的に宅配運賃が低下しているのです。例えばヤマト運輸では、2006年度は平均647円/個の料金だったのが、2016年度には平均559円/個と100円近く低下しています。これはAmazonの宅配を受託するようになったことが影響しているといわれています。

Term **エンドユーザー**　最終消費者や最終顧客のことを指す。

近年では、ドライバー不足や燃料費の上昇を背景に、宅配運賃が値上げされ、再び単価が5～10％程度上昇しています。

また、時間指定の緩和や置き配・宅配ＢＯＸ＊の設置による再配達の削減などの対策が行われており、ラストワンマイルの物流サービスのあり方が見直されています。

これからこうなるラストワンマイル市場

ラストワンマイル市場は、間違いなく今後さらに拡大していきます。そのため、前述の大手3社だけでなく、都心部を中心に新規参入企業が増加したり、コンビニを中心とした物流網の再整備が進んだり、と再編が予想されています。

また、宅配だけでなく、買い物代行サービスや見守りサービスなど、個人宅へ訪問するという特性をいかした新サービスも展開され始めています。

一部の買い物代行サービスでは、ＡＩを活用して顧客の購入履歴や好みに基づき、提案や購入リストを自動生成するサービスが登場しています。

事業者別宅配便取扱個数シェアの推移

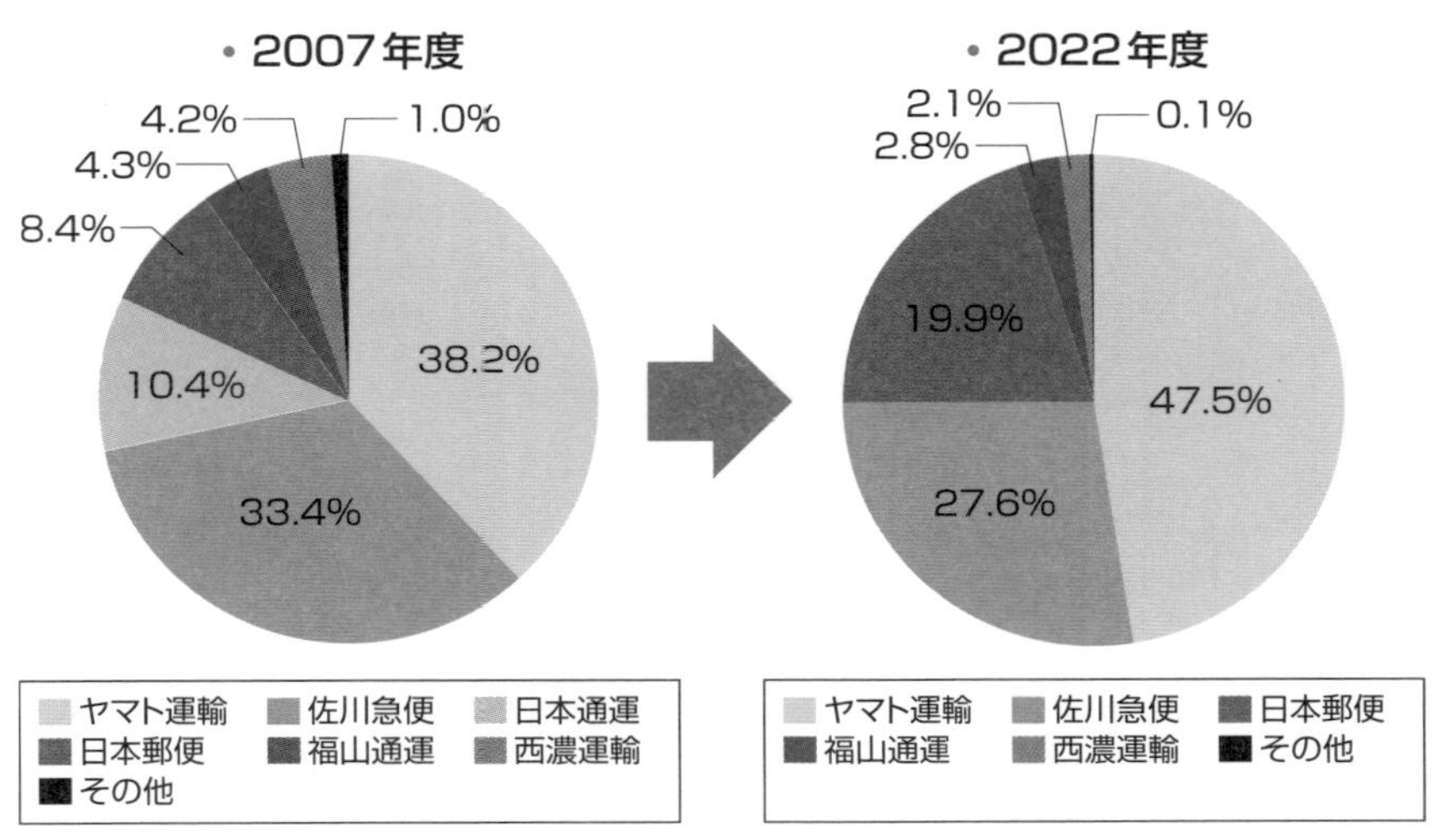

出所：国土交通省「令和４年度　宅配便取扱実績について」

宅配BOX　受取人が不在でも荷物を受け取れるように設置された専用のロッカー。配送業者が荷物を預け、受取人は後で暗証番号や鍵などを使って取り出す。

宅配便取扱個数の推移

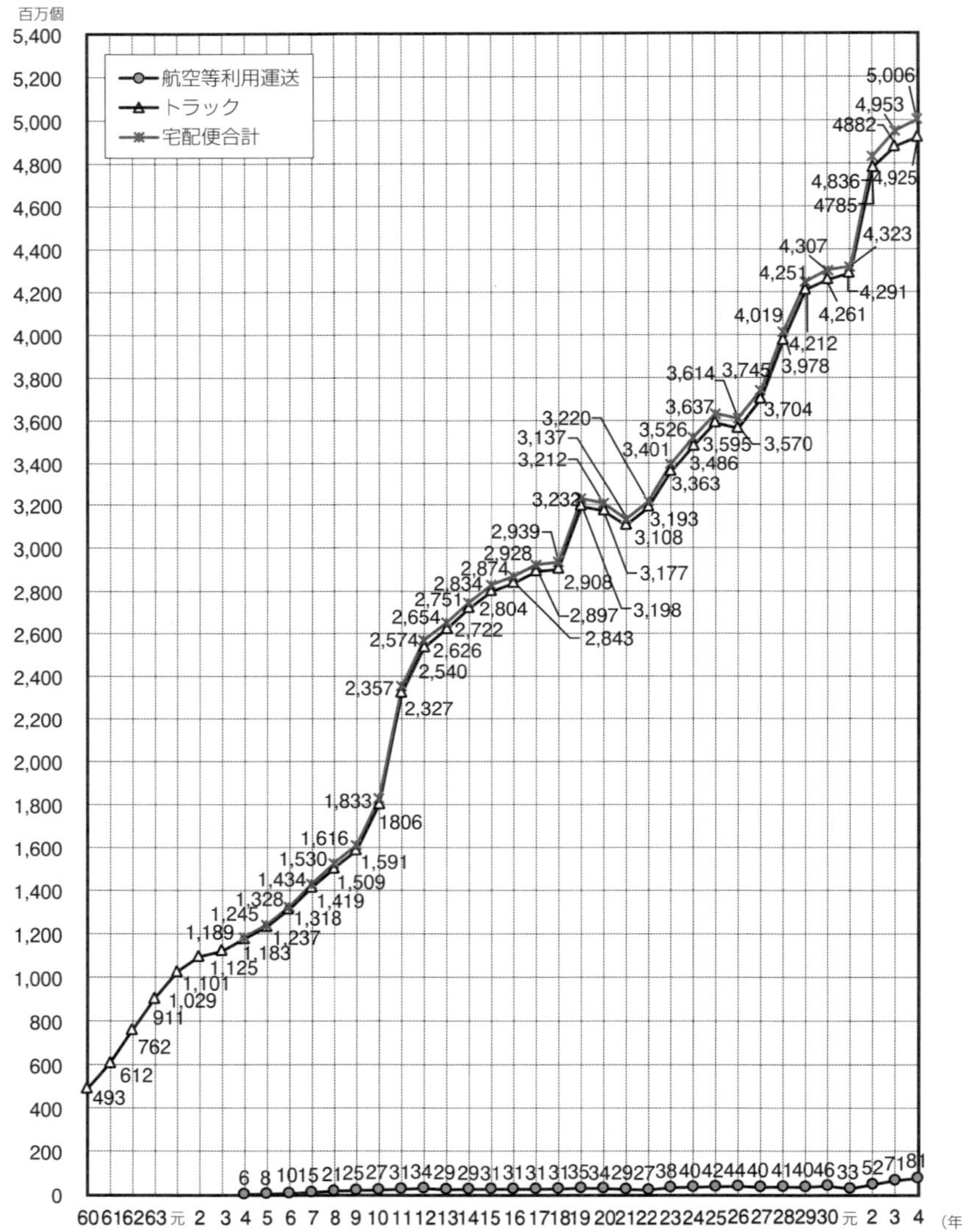

（注１）平成１９年度からゆうパック（日本郵便㈱）の実績が調査の対象となっている。
（注２）日本郵便㈱については、航空等利用運送事業に係る宅配便も含めトラック運送として集計している。
（注３）「ゆうパケット」は平成２８年９月まではメール便として、１０月からは宅配便として集計している。
（注４）佐川急便（株）においては決算期の変更があったため、平成２９年度は平成２９年３月２１日～平成３０年３月３１日（３７６日分）で集計している。
出所：「令和４年度　宅配便取扱実績について（国土交通省）

Section

5-6 ESGロジスティクス

企業は持続可能な未来のため、ESGロジスティクスに取り組む必要があります。ESGロジスティクスの内容を紹介していきます。

ESGロジスティクスとは?

ESGロジスティクスは、環境(Environment)、社会(Social)、統治(Governance)の3つの側面を重視した持続可能なロジスティクスの取り組みを指します。具体的には、次のような内容です。

E:環境配慮車両への切り替え、施設照明のLED化、モーダルシフトの推進、共同配送の構築、拠点集約、簡易梱包、プラスチックフリー資材の利用など

S:労働環境の改善、ダイバーシティの推進、ワークスタイルのイノベーション、雇用や社会課題解決を通じた地域社会への貢献など

G:安全・コンプライアンス・品質の徹底、情報開示など

特にこの中でも、物流業界でいうと、環境負荷低減への取り組みが期待されています。「4-2節　モーダルシフト」のページでも紹介したとおり、日本のCO_2総排出量のうち、運輸部門で約18.5%を占めています。また、近年はScope3という言葉が注目されているように、サプライチェーン全体での温室効果ガス*をどう削減するかがカギとなっています。

分類区分………**内容**

Scope1……事業者自らによる温室効果ガスの直接排出

Scope2……他社から供給された電力や熱、蒸気の使用に伴う間接排出

Scope3……Scope1、Scope2以外の間接排出(事業者の活動に関連する他社の排出)

その第一歩としては、CO_2排出量の可視化が重要です。つまり現在の輸送方法でどれぐらいCO_2を排出しているの

温室効果ガス　大気中で熱を閉じ込め地球の気温を上昇させるガスで、主なものに二酸化炭素、メタン、フロンなどがある。

Term

輸送機関別 CO_2 排出量原単位

トラック（営業用貨物車）

$= 240 \left(\frac{\text{g-}CO_2}{\text{トンキロ}}\right)$

トラックを1とする

船舶

$= 39 \left(\frac{\text{g-}CO_2}{\text{トンキロ}}\right)$

トラックの$\frac{1}{6}$

鉄道

$= 21 \left(\frac{\text{g-}CO_2}{\text{トンキロ}}\right)$

トラックの$\frac{1}{11}$

かを把握する必要があります。その上で、物流拠点を見直し輸送距離を短縮したり、輸送手段を低公害トラックに変更したりとCO_2の排出量を抑えることを目指します。さらに、在庫管理手法を改善し、無駄な輸送や過剰な在庫を減らすことで、環境負荷をさらに減少させることができます。

もちろん、モーダルシフトも効果的です。輸送機関別のCO_2排出量原単位は、以下のとおりです。

ESGロジスティクスの必要性

ESGの実行は、社会全体の持続可能な発展に貢献するだけでなく、企業価値の向上にもつながります。短期視点で考えてしまうと、設備投資や人員確保によるコスト負担・企業活動の制約に伴うサービスレベルの低下を懸念する企業も少なくありません。しかし、長期的な経営視点で考えるとESGの取り組みは投資に対するリターンが大きく取引先の開拓、ブランド力の強化、リスク管理の高度化、また企業の競争優位を高めるツールとしても生かせる取り組みです。

Point

トンキロ法　輸送によって運ばれた貨物の重量と輸送距離に基づいてCO_2排出量を計算する方法。具体的には、貨物の重量と輸送距離からトンキロメートル（運ばれた貨物1トンを1キロメートル運ぶ場合の距離）を算出し、輸送に使用された車両のCO_2排出係数と乗じてCO_2排出量を計算。

Section

5-7 M&Aの活発化

物流業界では、後継者不在や2024年問題を解決するためにM&Aを実施する傾向が強く、今後もM&Aの増加が予測されます。

物流業界にもM&Aの波

他の業界と同様、最近は物流業界でも**M&A**＊が本格化してきました。

特に、2024年問題の対策として、長距離輸送のための中継拠点の確保を目的としたM&Aが活発化しており、大手物流企業だけでなく、年商100億未満の中堅物流企業も買収により、生き残りをかけた拠点拡大の方向性を採るケースが増えています。

例えば、2022年に澁澤倉庫株式会社は、平和みらい株式会社を連結子会社化しており、東西間の輸送におけるスイッチング拠点としての活用を見通しています。

同様に、2023年に株式会社五健堂の子会社である株式会社六ツ星運送は、株式会社ナワショウが営む神奈川拠点、および愛知拠点の事業を譲り受けることにより、中継拠点を確保できることとなり、様々な運行ルートの構築が可能となっています。

双方の企業価値を高めるためのM&A

最近の買収事例を見ていくと、「拠点確保」のためだけでなく、譲渡企業の「価値向上」のためのM&A、いわゆる「**成長戦略型M&A**」も多くなっています。

資本力のある企業にグループインすることにより、自社が目指す価値を顧客に提供することができます。

例えば、株式会社ハマキョウレックスによる中神運送株式会社の子会社化では、中神運送が長年培っていた青果物輸送に伴うノウハウとハマキョウレックスの物流ノウハウを組み合わせることで、双方共に付加価値の高い物流サービスを提供することが期待されます。

このように、M&Aによるシナジー効果はエリア・規模・

M&A　「Mergers and Acquisitions」の略で、企業が他の企業を買収したり、2つ以上の企業が統合したりすることを指す。事業拡大、シナジー効果の創出、競争力強化などを目的に行われる戦略的な企業取引。

取扱貨物・取引荷主など、あらゆる観点で検討されます。

配送エリアを拡大するために広域配送の運送会社を買収、隣接する業種に参入するために川上企業（製造業や小売業など）を買収、自社で取扱のある貨物と親和性のある貨物（常温食品と冷凍冷蔵食品など）を運んでいる運送会社を買収するパターンもあります。

物流ネットワークの拡充と安定した輸送力確保のために、双方の企業価値を高めるM&Aは今後も増え続けると予想されます。

近年の中堅・大型物流企業のM&A実績

2018年	センコーグループホールディングス	株式会社ランテックを子会社化
2018年	福岡運輸ホールディングス	八州陸運を子会社化
2018年	磐栄ホールディングス株式会社	みなと運輸を子会社化
2019年	安田倉庫株式会社	大西運輸、オオニシ機工を子会社化
2019年	磐栄ホールディングス株式会社	東邦運輸を子会社化
2019年	HINODE&SONS	ランドラインを事業譲受
2020年	ヒガシトゥエンティワン	ワールドコーポレーションを子会社化
2020年	ニッコンホールディングス	太田国際貨物ターミナル子会社化
2020年	鈴与	アライズイノベーションを子会社化
2021年	福岡運輸ホールディングス	オー・ケー・ラインを子会社化
2021年	SBSホールディングス	古河物流株式会社子会社化
2021年	SBSホールディングス	東洋運輸倉庫子会社化
2022年	ベストライン	前川運輸を子会社化
2022年	東部ネットワーク	東北三光を子会社化
2022年	南日本運輸倉庫	和光流通サービスを子会社化
2022年	澁澤倉庫	平和みらいを子会社化
2022年	大和ハウス工業	神山運輸を子会社化
2023年	濃飛倉庫運輸	横浜物流を子会社化
2023年	磐栄ホールディングス	ヤマコーを子会社化
2023年	ハマキョウレックス	サカイ産業運輸グループを子会社化
2023年	八潮運輸	エイ・ケイ・ティー子会社化
2023年	株式会社五健堂	株式会社ナワショウを事業譲受
2024年	センコーグループホールディングス	株式会社オプラスを子会社化
2024年	プラス株式会社	株式会社ヒメプラと資本業務提携
2024年	北海道ロジサービス株式会社	株式会社アイアイ・テーを子会社化

Section

5-8 物流ＢＣＰ

自然災害大国日本、東日本大震災以降、ＢＣＰ策定の必要性は年々高まっています。そのポイントを見ていきましょう。

物流ＢＣＰの重要性

２０１１年の東日本大震災以降、ＢＣＰ*策定の必要性が見直されています。物流は人々の生活を支える重要なインフラであるため、物流業務が停止したときの影響は計り知れません。

近年は地震だけでなく、台風や集中豪雨、豪雪など雨風の被害も甚大で、企業の存続そのものを脅かすものになりつつあります。温暖化の影響か、短時間降雨量の記録を塗り替えるような豪雨が毎年発生しており、災害時でも物流機能を止めないための施策が年々重要となっています。

市場に商品を安定供給させるためには、起こり得るリスクを事前に洗い出し、リスクごとに荷主企業と物流会社が連携してＢＣＰを策定する必要があります。災害対策では、建物や家具の補強や、非常食・備品の用意など、事前の予防や準備に目が向きがちな傾向にあります。しかし、災害が発生した際の避難ルートの周知や、初期消火・負傷者の応急処置を誰が行うかなど、災害が発生した後の行動計画をまとめることも重要です。

物流会社は、事業の特性上、ドライバー乗務員が様々な地域に散らばっています。そのため、迅速な安否確認を行うために連絡先のリスト化や、電話回線が遮断された場合に備えて代替の連絡手段を確保することも必要です。

物流ＢＣＰ策定のポイント

一般社団法人 日本物流団体連合会では、自然災害時における物流ＢＣＰの策定のポイントを、場面ごとに次のようにまとめています。

BCP　Business Planning Continuityの略で、日本語では事業継続計画と呼ばれている。災害や事故等が発生した場合でも物流を滞らせないための対策および物流企業の存続を維持するための対策を、事前に講じておくことを意味する。

・ハザードマップ＊（最新版）等で事業所や施設の危険度を把握
・必要に応じた防災対策（耐震・浸水・荷崩れ防止等）を実施
・構内・事務所の整理・整頓
・消火器、救急用品、避難・救難機材の準備
・備蓄（食料・飲料水・毛布・救急用資機材等 最低3日分）の実施
・通信手段の多重化
・データのバックアップ
・事務所・車両・倉庫など重要代替拠点・設備の確保

・避難**人命が最優先**
・発災報告・災害対策本部の設置・ＢＣＰの発動
・安否確認
・被害把握（建物・車両等）
・社内報告
・従業員招集
・関係先への連絡（顧客・行政・業界団体）
・社内での応援・支援体制の整備

・業務復旧

・重要業務・物流サービス提供の優先順位の設定
・燃料確保
・施設の復旧
・その他物流現場での工夫

ＢＣＰの対象は、自然災害だけではありません。新型コロナウイルスなどの感染症も事業継続に大きなダメージをもたらします。キーマンの不在や複数の社員が同時に出社不可能になる事態に備えて、業務の標準化やマニュアル化、リモートワークに向けた体制構築が必要です。

ＩＴ化が進んだ近年では、企業システムの停止や情報漏洩も、企業の存続に大きな影響をもたらします。そのため、システム障害やサイバーテロ、誤操作、意図的な情報漏洩への対策も必要です。

不測の災害が増える近年で、ＢＣＰの存在はより重要性を増しています。

Term

ハザードマップ　自然災害の発生可能性や影響範囲・影響度合いを示す地図のこと。ハザードマップには、地震・津波・洪水・土砂災害などの災害が含まれ、事前に災害リスクを調べたり、災害時の避難場所や避難経路を決めたりするために用いられる。

BCP策定状況

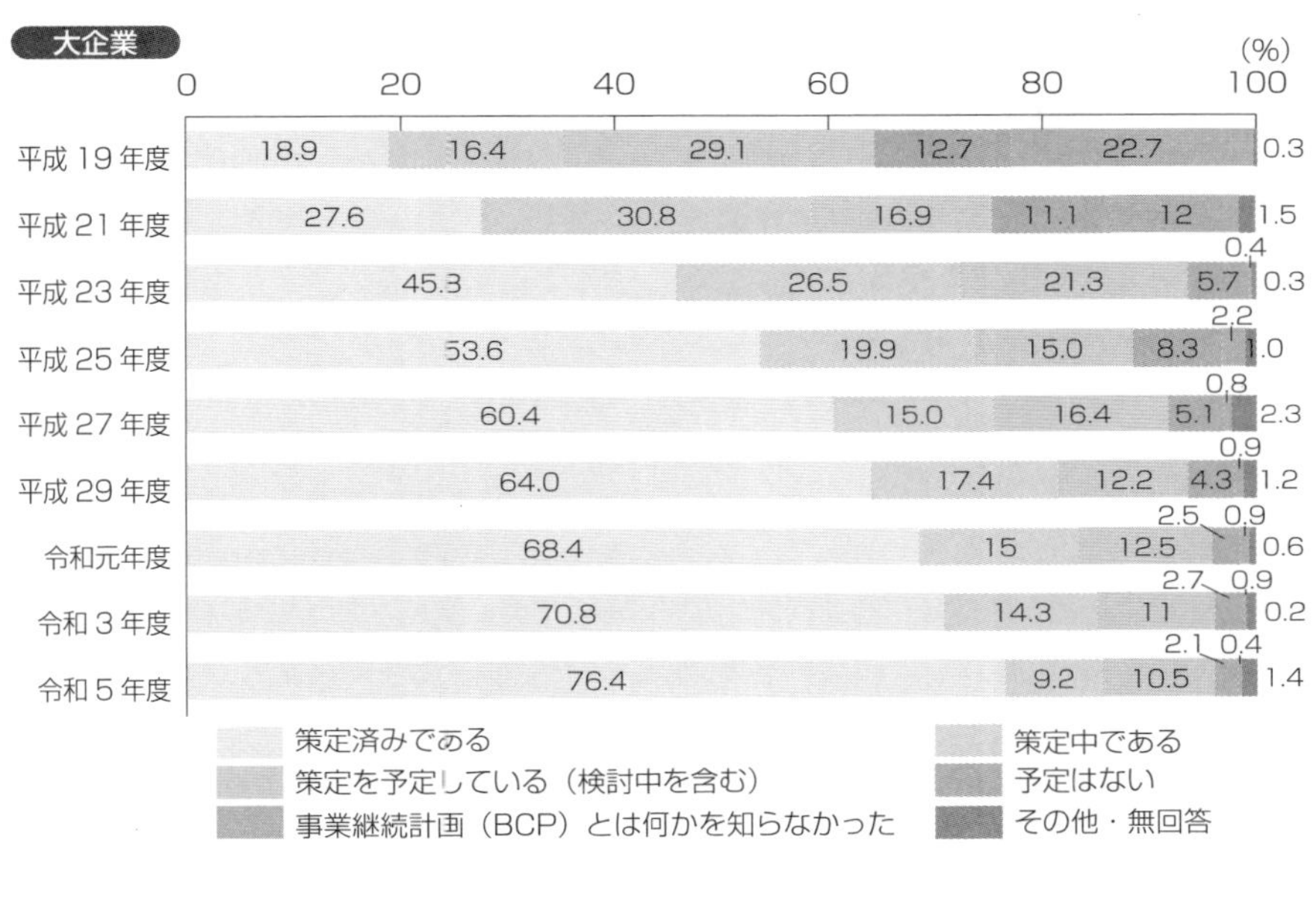

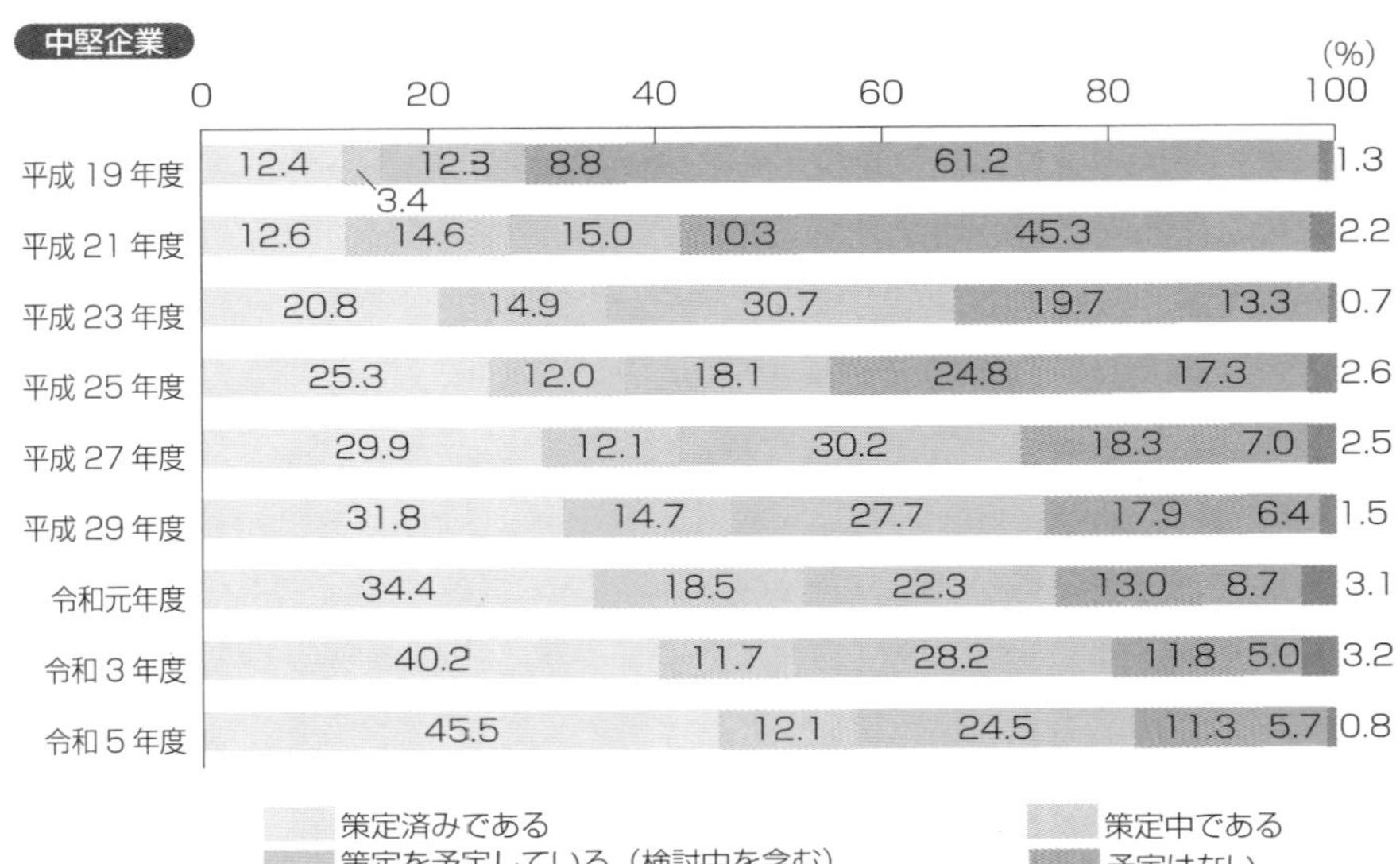

出所：内閣府「企業の事業継続及び防災の取組に関する実態調査」

Column

内部監査が物流企業を救う

近年、物流業界を取り巻く法令は大きく変容しています。改善基準告示の改正、流通業務総合効率化法、貨物自動車運送事業法の一部改正が相次いでいます。また、平成30年からは行政処分の処分量定の引き上げが行われ、法令遵守の重要性がさらに高まっています。

●行政監査

物流企業に関連する行政監査で代表的なものは「**運輸支局監査**」および「**労働基準監督署監査**」の2種類あります。

「運輸支局監査」は、輸送の安全の確保が最も重要であるとの基本的認識の下、事故の未然防止および法令遵守の徹底を図ることを目的に、管轄の都道府県運輸支局（または管轄の地方運輸局）が企業に対して実施するものです。

輸送の安全確保や法令遵守が不十分であった場合には、「許可の取消」や「事業停止」、「車両停止」などの行政処分を行います。

「労働基準監督署監査」は、労働者が安全かつ健康に働ける職場環境にすることを目的として、企業が労働基準関係法令を遵守しているかの調査を行い、不十分であった場合は、適切な指導を行って改善を促すものです。改善への姿勢がみられなかったり、悪質であれば検挙したりすることもあります。

法令遵守への対応が遅れたままの企業は、こういった行政監査により、一つの事故が会社の存続に関わる重大なリスクを背負うこととなります。

●行政監査への対応

監査への対応のポイントは、一にも二にも法令遵守です。法令遵守ができていれば監査のリスクはゼロになります。しかし、令和4年度に実施された労働基準監督署の監査では実に83%の事業場で労働基準関係法令違反があったなど、まだまだ法令を遵守できていない企業が多いのが実態です。

理由として挙げられる点としては、運送業特有の複雑な法律や、法的リスクを軽視する業界の慣習が原因と言われています。

●内部監査

物流企業が法令遵守やリスク管理を徹底するためには、内部監査の実施が不可欠です。内部監査を通じて、自社の現状を客観的に評価し、様々なリスクを早期に発見し、適切な対策を講じることが求められます。

具体的な実施方法としては、内部監査は1～2年に一度実施し、

①帳票類が正しく整備されているか

②ドライバーの「拘束時間」、「労働時間」、「休憩時間」、「時間外労働時間」が法令に即しているか

③「健康診断」、「運転適性診断」を受診させているか

④ドライバーへの教育を実施しているか
⑤定期点検の受検や日常点検の実施など車両の管理を正しく行っているか
⑥事業計画を正しく行政に報告しているか
を確認します。

これにより、現行の運行や管理体制での行政処分等のリスクを可視化し、車両管理や労働環境の改善など、適切な改善策を講じることが可能です。

また、適用法令が多く複雑であるため、業務を分散化させている企業では、管理体制の未整備が発生しやすいです。特に複数拠点を持つ企業では、拠点ごとに法令遵守の質にばらつきが出ることが多くあります。内部監査により、これらの組織的な問題点を明らかにし、統一した管理体制を構築することで、法令遵守の質を高めることができます。

確認する帳票類	内部監査時の確認ポイント
許認可証許	認可の書類と実態が一致しているか
事業計画変更届出書	車両台数（内訳）や役員が実態と一致しているか
運転者台帳（退職者含む）	免許期限や診断受診日など全ての情報が最新のものか
車両台帳（車検証・自賠責・任意保険）	有効期限切れのない最新のものか
定期点検記録簿（3か月・12か月）	12か月点検（車検）1回、3か月点検3回分の控えがあるか
※日常点検記録簿	チェックに漏れがないか、管理者が確認した印があるか
事故記録簿	事故報告の必要な事故が含まれていないか
事故報告書の提出控え	提出がある場合は3年間の保管期間が守れているか
運行管理者選任届出書	実態と一致しているか
運行管理規程	最新のものであるか、補助者がいる場合は名簿があるか
運行管理者指導講習手帳（補助者含む）	2年度に1回の受講がなされているか
整備管理者選任届出書	実態と一致しているか
整備管理規程	最新のものであるか、補助者がいる場合は名簿があるか
整備管理者講習手帳	2年度に1回の受講がなされているか
事業報告書・事業実績報告書の提出控え	最新年度の提出控えがあるか（本社のみ）
就業規則（賃金規程・服務規程）	内容は適法か・労基署への届出がなされたものか（10名以上）
賃金台帳	最低賃金、割増賃金は適法に支払われているか
36協定届出関係	労基署への届出がなされたものであるか
雇用契約書	内容は適法か
出勤簿	休日は足りているか（14連勤以上していないか）
点呼記録簿	最大拘束時間を超えていないか、点呼方法は適法か
運転日報	氏名、車番、主な経由地、休憩場所と時間の記載があるか
運行記録計による記録（タコチャート）	連続運転時間、拘束時間、休息期間等、改善基準告示の確認
運行指示書	2部あるか、記載は正しいか（必要な運行がある場合のみ）
健康診断受診記録簿	5年間保存があるか、適法に受診させているか
適性診断受診記録簿（初任・適齢・特別）	必要者全員の控えがあるか
特定運転者指導記録簿（適性診断受診後）	適性診断後の指導は時間が足りているか（初任座学15時間以上等）
※指導教育記録簿（乗務員に対する輸送の安全確保に必要な指導監督）	内容な適法か、全員に受講させているか（欠席者フォローしているか）
労働保険・社会保険の加入状況がわかるもの	必要者全員が保険加入できているかどうか

第6章

物流企業の歩みとこれからの物流業

物流企業は戦後、日本の経済発展に応じたかたちでその「歩み」を刻んできました。すなわち、物流企業は当時の日本経済の状況に合わせたかたちで変化しています。その変化は、「多品種大量輸送」から「多頻度小口配送」への流れとして現れています。

また、「3PL」の出現は、業界全体の構造を変化させつつあります。その最も明確な構造変化の一つは、業界のヒエラルキー構造（階層構造）の明確化であるといわれています。日本の物流業界の8割から9割は中小企業で成り立っています。

本章では、現在進行形で変化を続ける物流企業の歩みと物流業の今後の展開について、考えていきましょう。

Section

6-1 戦後の物流企業の歩み

物流企業は、多品種大量輸送から多品種多頻度小口配送へと変化していきました。物流の流れを見ていきましょう

物流の流れ

第二次世界大戦後、日本における物流の流れは次の6つに分類することができます。

①大量生産・大量消費時代

大量生産・大量消費時代は朝鮮戦争特需などを背景にした好景気により、トラック輸送が大きく成長した時代でした。当時の物流企業は小型車を中心にトラック保有台数を増加させ、輸配送需要の増大に対応していきました。

②流通革命時代

流通革命時代になると、これまでの小規模零細小売業や百貨店に加えて、スーパーマーケットという業態が新しく進出しました。大量仕入による安価で豊富な商品が消費者の心理をとらえ、物流企業の配送形態も多品種大量輸送へと変化していきました。

③第三の利潤源の時代

第三の利潤源の時代は1973年の第一次石油危機を発端として、物流が「第三の利潤源」として注目を集めるようになりました。

第一の利潤源とは売上拡大を意味し、第二の利潤源とは製造原価や仕入原価の削減を示しています。これに伴って、物流は「いかにして商品を処理するのか」という課題から、「効率的かつローコストオペレーション」を目指すようになりました。

第一次石油危機　1973年（昭和48年）10月、イスラエルとエジプト、シリアなどとの間に第四次中東戦争が勃発した。ただちに石油輸出国機構（OPEC）に加盟する6つの産油国は、原油価格の大幅引き上げと、アメリカや日本などイスラエル支援国への禁輸を決定した。これによって、世界的な経済の大混乱が引き起こされた。

また、1976年にはヤマト運輸が宅急便を開発し、消費者物流の分野が開拓されました。さらに、流通加工や共同配送システムの開発などの新しい物流サービスが開発された時代でもありました。

④飽食と多品種少量の物流サービス

飽食と多品種少量の物流サービスは、高度経済成長期の物を中心とした量的拡大の価値観から生活や商品そのものの「質」を重視する傾向が高まることにより、商品の配送形態も変化を求められることになりました。

つまり、商品の多品種大量輸送から、多品種少量輸送、そして多頻度小口配送へと物流企業はその対応を余儀なくされました。これによって、荷主企業にとっては、生産コストや物流コストが増大し始めることになりました。

⑤新しいロジスティクスへ

新しいロジスティクス時代になると、商品を「必要なものを、必要なときに、必要なぶんだけ供給する」という考え方をするロジスティクスの概念が注目を集めるようになりました。

このようななかで、物流企業は荷主企業の物流コスト削減圧力に伴って、ローコスト配送や倉庫内作業の効率化などへの取り組みを行わなければならなくなりました。

⑥情報革新とサプライチェーンの時代

情報革新とサプライチェーンの時代は、昨今のインターネットの急激な進展と通信技術の革新によって、企業間はもちろんのこと消費者との情報共有もリアルタイムで行うことが可能になりました。

このようなことから、ロジスティクスに関連する商品供給連鎖、すなわちサプライチェーンを情報という鎖でつなぎ、ロジスティクスを効率的に進展する試みがサプライチェーン・マネジメント（SCM*）ということができるでしょう。

⑦デジタル化とサステナビリティ

AI、IoT、ビッグデータを活用したスマート物流が注目され、物流のデジタル化が進展しています。また、環境負荷を軽減するためのグリーン物流も重要なテーマとなっています。

SCM　Supply Chain Managementの略。

戦後の日本経済の年表

年	出来事	物流の流れ
1947年（昭和22年）	農地改革	
1949年（昭和24年）	ドッジライン	大量生産・大量消費時代
1950年（昭和25年）	特需景気（～52年）	
1955年（昭和30年）	神武景気（～57年）	
1959年（昭和29年）	岩戸景気（～61年）	
1960年（昭和35年）	所得倍増計画	
1964年（昭和39年）	OECD加盟	
1965年（昭和40年）	40年不況／いざなぎ景気（～70年）	流通革命時代
1967年（昭和42年）	公害対策基本法	
1969年（昭和44年）	GNP世界二位に	
1971年（昭和46年）	ニクソン・ショック	第三の利潤源の時代
1973年（昭和48年）	変動相場制への移行	
1976年（昭和51年）	宅配便の開始	
1979年（昭和54年）	第二次石油危機	
1985年（昭和60年）	プラザ合意／電電公社、国鉄の民営化	
1986年（昭和61年）	平成バブル景気（～91年）	多品種少量輸送の時代
1987年（昭和62年）	ブラック・マンデー	
1989年（平成元年）	消費税導入	
1997年（平成9年）	大手金融機関が破綻	新しいロジスティクスの時代
2000年（平成12年）	インターネットの普及	
2001年（平成13年）	中央省庁再編	
2006年（平成18年）	三菱東京UFJ銀行発足	
2008年（平成20年）	リーマンショック	サプライチェーンの時代
2010年（平成22年）	日本航空が会社更生法適用申請	
2011年（平成23年）	円が戦後最高値更新 貿易収支が31年ぶりの赤字	
2013年（平成25年）	日銀による量的・質的金融緩和	
2014年（平成26年）	消費税が5%から8%に引き上げ	
2015年（平成27年）	マイナンバー制度が開始	
2016年（平成28年）	日銀がマイナス金利政策を導入	
2019年（令和元年）	消費税が8%から10%に引き上げ	
2020年（令和2年）	新型コロナウイルスのパンデミックが発生	

物流企業設立年表

設立（創業）年	社名
1872年（明治5年）	日本通運
1884年（明治17年）	商船三井
1885年（明治18年）	日本郵船
1887年（明治20年）	三菱倉庫
1897年（明治30年）	澁澤倉庫
1899年（明治32年）	住友倉庫
1909年（明治42年）	三井倉庫
1918年（大正7年）	山九
1919年（大正8年）	ヤマト運輸、川崎汽船
1930年（昭和5年）	西濃運輸
1938年（昭和13年）	日新
1941年（昭和16年）	キリン物流
1944年（昭和19年）	日本ロジテム
1945年（昭和20年）	鴻池運輸
1946年（昭和21年）	センコー
1948年（昭和23年）	福山通運
1950年（昭和25年）	日立物流、寺田倉庫
1957年（昭和32年）	佐川急便
1966年（昭和41年）	キユーソー流通システム、ワンビシアーカイブズ
1970年（昭和45年）	近鉄エクスプレス
1971年（昭和46年）	サカイ引越センター、引越社、ハマキョウレックス
1976年（昭和51年）	アートコーポレーション
1987年（昭和62年）	関東即配（現・SBSグループ）、押入れ産業
1991年（平成3年）	プロロジス
2003年（平成15年）	日本郵政公社
2000年（平成12年）	船井総研ロジ
2001年（平成13年）	シーオス
2007年（平成19年）	日本郵便

Section

6-2 単機能サービスからロジスティクスへ

戦後のトラック運送業は、「トラック輸送」という単機能サービスにはじまり、その輸送量を増やすことによって成長してきました。

物流システムの誕生

　昭和40年代の高度成長期に入って生産分野の技術革新が進むと、物流分野の革新の遅れが指摘され、輸送だけの合理化では限界が感じられるようになりました。そこで、輸送だけでなく、倉庫保管、荷役、梱包・包装、流通加工、情報管理をすべて含んだ**物流システム**という概念が出てくることになります。物流をトータルに見て、その効率化とコストダウンを図るようになったのです。

　昭和50年代になると、荷主企業のニーズの高度化に対応して、物流を調達*・社内・販売・回収というビジネス・プロセスの中でとらえる**ロジスティクス**の考え方が普及してきました。流通全体の効率化という角度から物流をみようとするアプローチです。

SCMが主流に

　そしてこれからは、ロジスティクスの範囲を調達先、納品先の企業までさらに拡げて、関係企業群全体で効率化しようという「サプライチェーン・マネジメント（SCM）」に取り組むことが主流になります。

　物流企業も、こういった時流の変化に適応すべく業容を進化させていく必要があるのです

　また、SCMの最適化を図るためには、サプライチェーン全体のデータをリアルタイムで可視化し、効率的な意思決定を行うことが求められます。データの統合と分析を通じて、需要予測の精度向上や在庫の最適化を実現します。

高度成長　1950年代半ばから1970年代前半の期間に渡って、日本は飛躍的な経済成長を達成した。1965年（昭和40）～1970年（昭和45）にかけては、「いざなぎ景気」と呼ばれる好況が続いた。

「物流」概念の変遷

物流システム

物流

倉庫保管　梱包・包装　情報管理

荷　役　流通加工

ロジスティクス

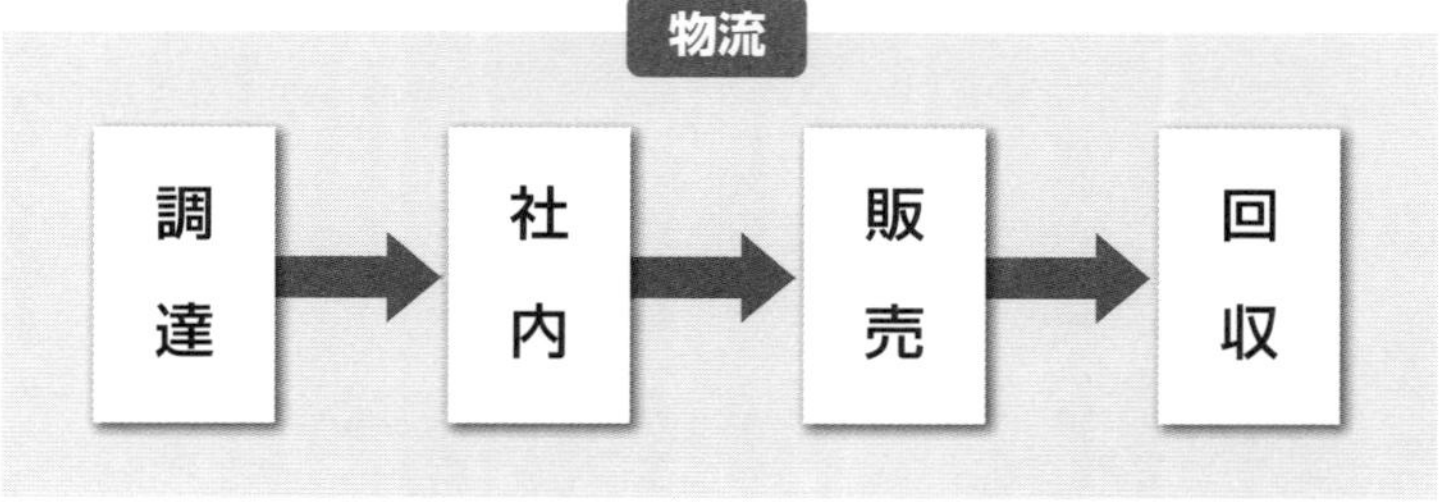

サプライチェーン・マネジメント

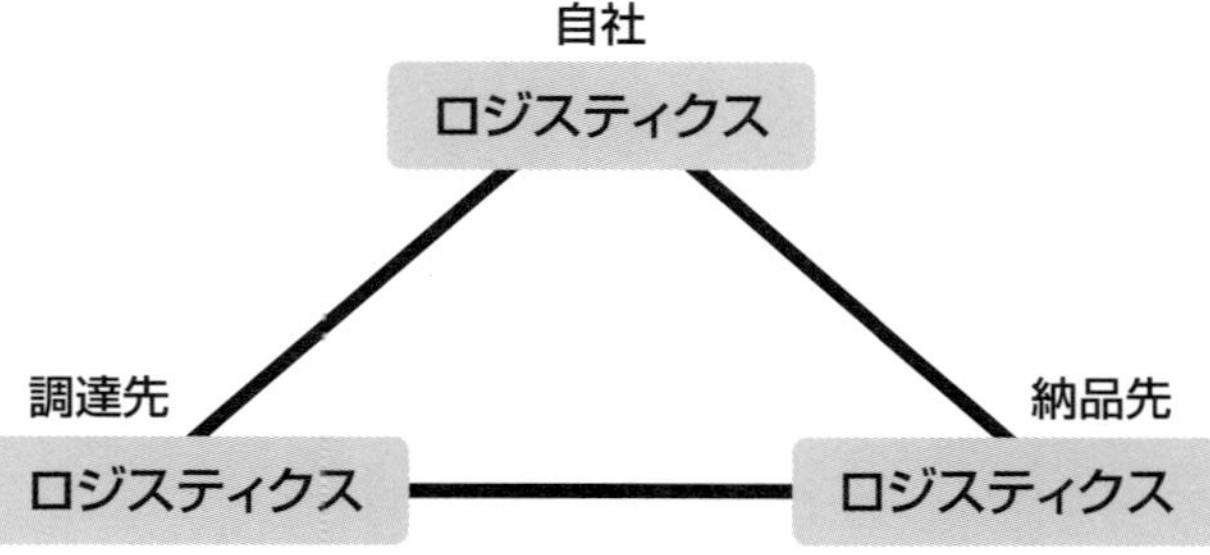

調達　調達とは、企業が必要とする原材料や部品などを、供給元（サプライヤー）から購入・入手することを指す。調達は、製品の生産やサービスの提供に必要な資源を確保するための活動であり、サプライチェーンの出発点となる。

Section

6-3 物流業界の構造変化

物流業界のヒエラルキー構造は、ますます明確化しています。3PL企業の出現から現在へのわが国の構造の変化は、次のとおりです。

3PL企業の出現がきっかけ

元請け、下請け、孫請けの物流業界のヒエラルキー構造（階層構造）は、近年ますます明確化しているといってよいでしょう。これは、荷主企業の物流一括アウトソーシングを請ける業態として、わが国に**3PL***企業（**サードパーティー・ロジスティクス**）が出現したことが大きな要因のひとつです。

3PLビジネスの発祥の地である米国では、荷主企業から物流業務の一括管理を受託した3PL企業の下で、現場運営を「**トラディショナル**」と呼ばれる運送会社が担い、またその下でトラック1台を保有する個人事業主の「**オーナー・オペレーター**」が実際の輸配送を行うという明確な3層構造が既にできあがっています。

物流企業の二極化

わが国では、普通トラックを保有してのオーナー・オペレーター制が法律で認められていないため、末端の構造は米国ほどはっきりしていません。しかし、元請け企業と下請け以下の企業では求められるものがまったく違ってくるため、物流企業の進むべき方向性は二極化します。

3PL企業化を志向する物流企業は、コンサルティング能力（調査・分析・提案能力）、コンストラクション能力（ロジスティクス機能の調達能力）、コントロール能力（ロジスティクス・マネジメント能力）を磨いて付加価値を上げなければなりません。

一方、現場のオペレーションを担当する物流企業は、現場品質のマネジメント能力、コスト管理能力を磨く必要があります。

Term

3PL　3rd（Third）Party Logisticsの略。

また、昨今は物流業界は慢性的な人手不足に苦しんでいますが、ドライバーや倉庫作業員を確保し、安定的な物流サービスが求められています。

なお、現在大きく動いている物流業界の再編と系列化が進めば、この傾向はさらに強くなってくるものと思われます。

米国における荷主からみたロジスティクス機能の分化

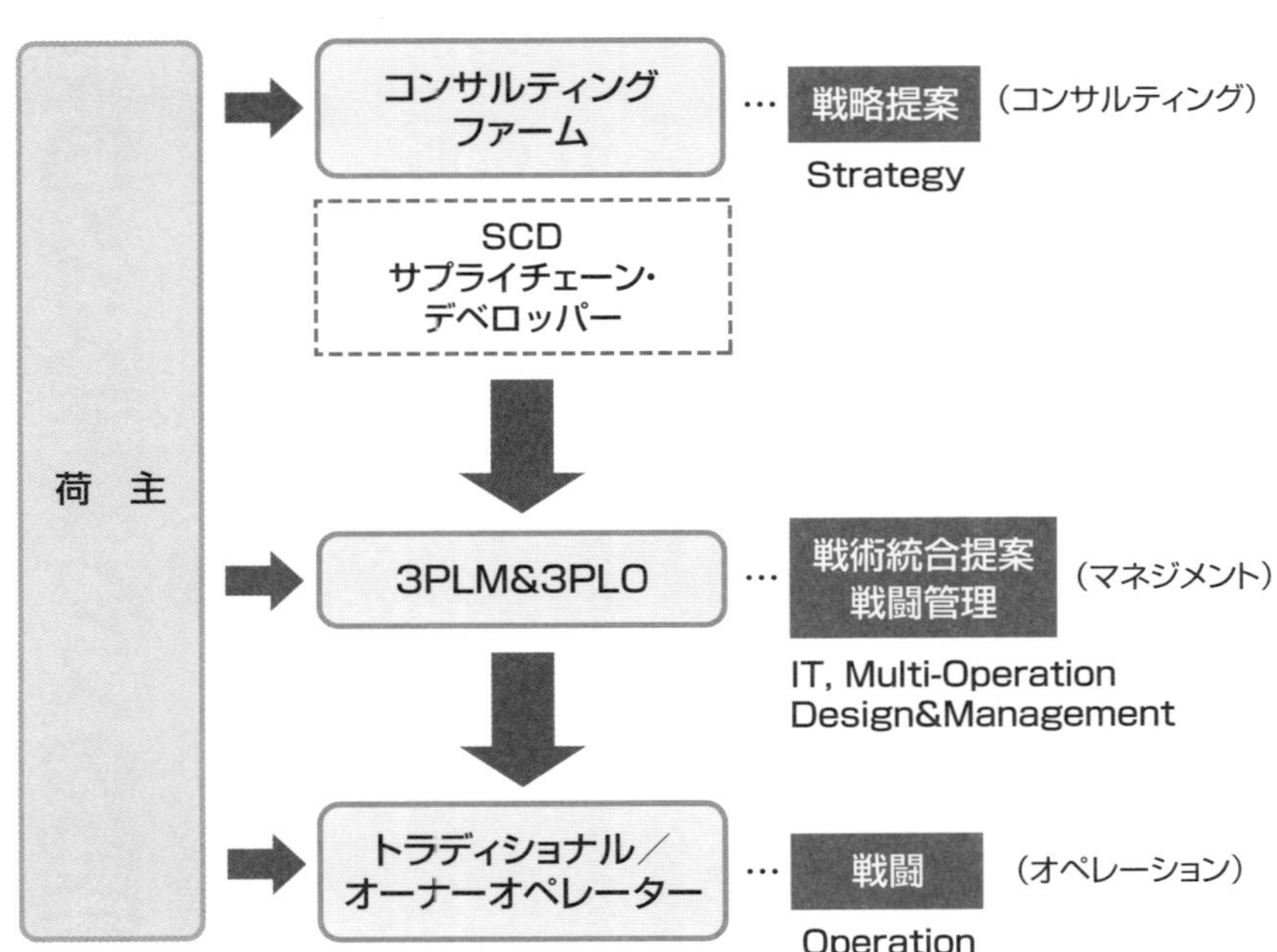

業務に必要な規模　日本では運送業を営むには最低５台以上のトラック保有が必須だが、アメリカでは１台からオーナーオペレーターとして運送業務を行うことができる。

Section

6-4 サードパーティー・ロジスティクスの役割

3PLに求められる役割が高度化しています。下請けから横請けへの変化とその取り組みについて確認していきます。

■荷主企業の視点で

昨今、**3PL（サードパーティー・ロジスティクス）**というビジネスモデルが、わが国でも一気にメジャー化してきています。今後は、3PL発祥の地である米国のように、「使うのが当たり前」という環境に向けて一気に普及していくように思われます。

この時流変化に伴い、荷主企業が3PL企業に求める役割もより高度化していくことが予想されます。今までのような単なるノンコア領域としての物流業務の一括アウトソーシングではなく、競争力強化のためのビジネスパートナー的役割を求められるようになるでしょう。

よって、3PL企業はSCMの観点で荷主企業の開発・生産・販売などの部門との連携を含めて、ロジスティクス・システムの構築およびマネジメントを荷主企業の視点で行えなければなりません。

■下請けから横請けへ

荷主企業の視点で行うためには、以下のような取り組みが必要になります。

① 力相応に一番化できる対象荷主業種・業態への絞込み
② 優れた人財の確保と育成
③ 対象荷主業種・業態に合ったオリジナル物流情報システムの保有
④ リスクを共有して受けることができる企業体力（財務内容）づくり
⑤ 詳細な3PL契約内容（**サービスレベル・アグリーメント**＊）の策定能力の確保

サービス・レベルアグリーメント　SLAと略され、物流契約において提供されるサービスの品質や基準を具体的に定めた合意書のことを意味する。納期や対応時間、精度などのパフォーマンス基準を明示し、双方の責任や対応を明確にする。

⑥グローバルロジスティクスに対応できるネットワークづくり

ある物流企業の幹部は、「うちは荷主企業の『下請け』ではなく『横請け』で業務をする企業になる」といっていました。3PL企業には、まさにこの発想と能力が求められています。

なお、2023年の調査によれば、アメリカの製造業、卸売業、小売業の企業の80%以上が、物流全体の効率化やサプライチェーンの最適化を目的として、3PL企業を利用しているとされています。今後日本でも、3PL企業が果たす役割の重要性が増していくでしょう。

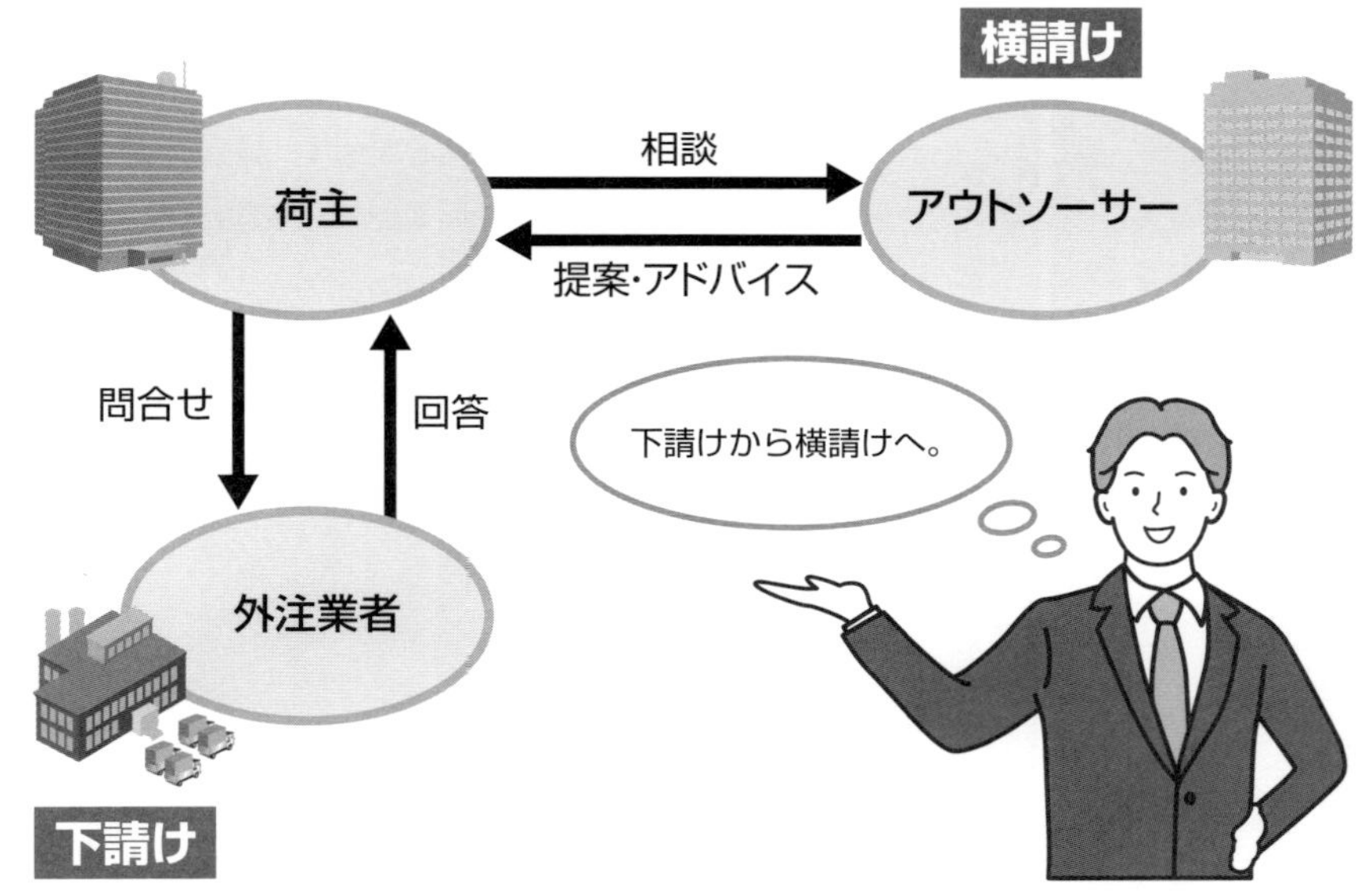

提案営業 厳しい経営環境を生き残るためには、物流会社は荷主企業の要望を実行するだけでなく、物流のプロとしてより良い物流体制・現場改善の提案が求められる。

〝師と友づくり〟の重要性

●師と友づくりのメリット

船井総研グループの創業者である船井幸雄は、経営において成功するためや人間の成長において、最も効率的な方法は「師と友づくり」である、と常々説いていました。

「師」とは、すでに自社よりも成功を収めている方や、尊敬できる人、つまり師匠のような存在です。「友」とは、単なる友達というよりも、切磋琢磨・相談・励まし合えるライバルであり、仲間のような存在のことです。

師ができると、成功するための具体的な施策や課題解決方法を教えてもらえ、それを真似して実践することで、自社も成功し自信がつきます。また、生き方や考え方の指針も見つかるでしょう。成功している人は、面白いもので、自身を必要としてくれている人に情報を与えてくれます。

友は、志を共にする仲間同士で競い合うことで、より張り合いが生じ、切磋琢磨していけます。

師や友ができると、①成長スピードが早まる、②成功確度が上がる、③モチベーションが上がるなどの効果があります。

●経営研究会という師と友づくりの場

ちなみに、この考え方を基本土台にした経営の仕組みが船井総研グループにはあります。それが「経営研究会」というものです。この経営研究会は、同じ業種や同じ目的を持っている経営者に毎月、もしくは2ケ月に1度お集まりいただき、情報交換をするというもの。簡単に表現すると「同業種の社長による勉強会」です。物流会社向けにも「**ロジスティクスプロバイダー経営研究会**」という会員制勉強会を開催しており、約約350社（2024年7月時点）の運送会社、倉庫会社、物流会社の経営者の方に参加いただいています。

ぜひ皆様自身も、人生における「師」と「友」を見つけていただければと思います。

師と友をつくることが成長や成功につながります。

第7章

ドライバー不足とその対策

労働力人口の減少という根本的な問題に加え、価値観の多様化や働き方改革の流れ、運行管理、労務管理、健康管理など、コンプライアンスはますます厳しくなり、人材面を取り巻く環境は目まぐるしく移り変わってきています。

いまの時代、どのような採用手法が効果的で、どのような会社作りをすれば人が集まり・定着するのか、最新の動向をみていきましょう。

Section

7-1 ドライバー不足にあえぐ運送業界

物流業界は2024年問題の影響も受け、深刻な人材不足が続いています。生産年齢人口の減少をはじめとする様々な原因があります。

■2024年問題がもたらすドライバー不足とは

運送事業者の増加により過当競争状況が起こり、ドライバーの低賃金や長時間労働の問題が発生していました。そこに、**2024年問題**がもたらす影響で**ドライバー不足**に拍車がかかり、いままで以上に深刻な状況になっています。

前述のとおり、2024年4月からドライバーの時間外労働が年間960時間以内に規制されました。多くのドライバーは時間外労働を行っているため、残業代によって一定以上の収入を確保している人も少なくありません。そのような人たちの労働時間が減ると、収入も減少するため、ドライバーの生活にも影響を与え、より給与の高い企業または異業種へ転職してしまう恐れもあります。

その結果、より人が集まりにくい業界になってしまいました。

■ドライバーのなり手不足

さらに拍車をかけているのが、日本における生産年齢人口*の減少、女性が参画しづらい環境、免許制度の問題があります。

昨今、色々な業界で女性が活躍しているとはいえ、物流業界では女性就労者の割合は18%、そのうちトラックドライバーは3%にも満たないのが現状です。

また、免許制度についての改定もあり、他業種と比較すると免許を取得しなければ就労ができない点でトラックドライバーとして参画するハードルをあげてしまっています。

これらの理由により、需給バランスが崩れてきています。

求人数と求職者の需給バランスを表す数字として使われる

Term

生産年齢人口　通常15歳から64歳までの働くことができる年齢層の人口を指す。この層は、経済活動の中心となる労働力であり、国の経済成長や社会保障制度の維持に重要な役割を果たす。

のが**〝有効求人倍率〟**です。有効求人倍率とは「有効求人数÷有効求職者数」の推移です。求職者一人当たり、何社の求人が出ているかという数字です。ドライバー職の有効求人倍率が2009年には0・71だったのに対し、2024年1月には3・39を記録しており、求職者1人当たり3社以上から求人オファーがある状態といえます。

2020年のコロナ禍で有効求人倍率は一時的に2・00を割るまでに下がりましたが、現在ではコロナ禍以上の数値となり、依然として物流業界における人材不足は深刻な状態です。

高齢化の推移と将来推計

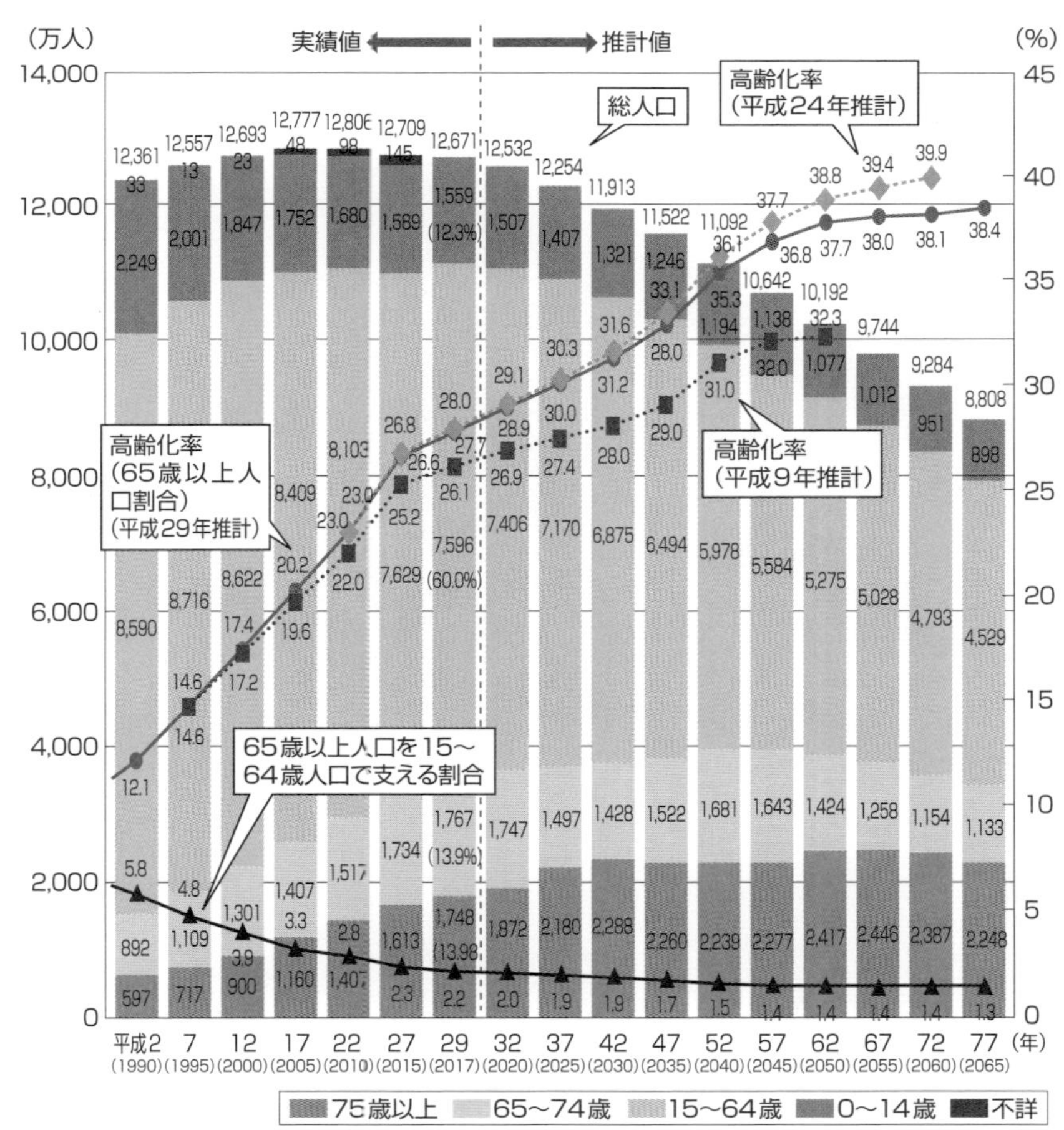

出所：「平成30年版 高齢社会白書」(内閣府)

Section

7-2 いまの時代に人が集まる運送会社の特徴

2024年問題の中、人が集まる会社と集まらない会社には明確な違いがあります。7つの条件を満たすことが求められます。

人材難への対策

昔はトラックドライバーといえば稼げる職種で、頑張ったぶんだけ給与がもらえる会社へ応募が集まっていたと思います。

ですが、ここ最近では「コンプライアンス*がしっかりした安定企業」への応募が増えてきています。特に最近の若手は、ブラック企業を徹底的に避け、「稼げる」や「頑張った分だけ」といったキーワードはいまの時代では嫌厭される恐れがあります。

このような求職者の変化から、今まで以上に深刻な採用難が続くかもしれません。そういう厳しい時代に生き残るためには、やはり正攻法で、〝社員が誇れる物流企業を創る〟べきだと思います。人が集まり、定着し、社員が誇れる物流企業になれば、仕事も自然に集まってきて、繁盛し続けることができます。

そのような状態にするためには、以下の7つの条件を満たすことが必要でしょう。

7つの条件

①コンプライアンスを徹底している会社

最近の求職者は企業の安定性を重視しています。そのため、法令順守の運行はもちろん、残業時間や休日の日数、顧客や地域社会への貢献を今まで以上に意識しなければいけません。そのためにも、管理体制の見直しを今一度図るべきです。

②DX・デジタル化推進で生産性が高い

人的リソースが限られている中で、いままで以上の利益を出していくためには、DX・デジタル化推進が重要になります。生産性を高めることで、ドライバーの給与を上げ

Term **コンプライアンス**　日本語では法令遵守と訳され、企業や個人が法律や規則、社会的な倫理基準を守ることを指す。法令だけでなく、企業の内部規定や社会的責任も含まれる。

ることも可能になり、結果的に採用活動にも良い影響を与えることができます。

生産性を高めるためにも、バックオフィスや配車のDX・デジタル化の推進を行い、省人化、業務の標準化を行っていく必要があります。

③長所偏重型の経営である

自社の長所となる領域・部門に経営資源を集中し、「○○なら××運送」といった独自固有の長所が明確な物流企業には、人材も顧客も集まってきます。同規模の同業他社と比べたら、おかしなバランスになるくらいで、よいと思います。

④将来ビジョンが明確であり、一体感を感じられる

人材の定着率を上げるためには、一体化しなければなりません。〝一体化〟とは、目的・目標の意識が同じになっている状態です。10年後、20年後、30年後の経営ビジョンを明確にして、周知させましょう。〝やらないこと〟を決めることが重要です。

⑤従業員・協力会社・顧客の満足がリンクしている

顧客満足と協力会社満足、そして従業員満足が、つながっていなければ、永続的な事業の発展は難しいといえます。誰かが我慢を強いられているような状況では、永続きしないのです。

⑥従業員にとっての総報酬が高い

いまの時代は、金銭的報酬だけではなく、福利厚生や自己成長、社会貢献・地域貢献・顧客貢献の実感、仲間との絆といったその他の要素を併せた〝総報酬〟を従業員が求める時代です。Z世代と呼ばれる人材は特に、企業選びの際に非金銭的報酬を重視する傾向があるため、これらの総和が高い企業を創らなければなりません。

⑦労働条件だけでなく、労働環境の改善にも注力している

労働時間や休日、待遇面の改善は当然のこととして、労働環境の整備も求められています。労働環境とは、社内の人間関係だけでなく、休憩室や仮眠室の整備、男女別の更衣室・トイレの設置、かっこいいユニフォーム、倉庫現場の空調などのことも指します。

かつては、給与が高ければ人が集まったかもしれませんが、これからの時代はそういうわけにはいきません。これら①～⑦を意識した経営が求められています。

Point

DX・デジタル化　物流業界におけるDXとは、OCRやRPAなどを取り入れたバックオフィスや配車のデジタル化の推進、AIを活用した業務効率化などが挙げられる。

Section
7-3 求職者の志向と求人対策

近年の求職者は、会社に求めるものが変化してきています。ライフステージに合わせた働き方を提供していくことが求められます。

比較対象は異業種

トラックドライバーのなり手が減少する中、雇用の拡大をしていかなければいけません。その際に求職者から比較されるのは物流業界の同業他社ではなく異業種です。

一般的にトラックドライバーは3K（きつい、汚い、危険）というイメージをお持ちの方が多いかもしれませんが、それは当たり前に払しょくをしなければいけません。

では、異業種と比較をされても人が集まる運送会社に共通している点は、どのようなものでしょうか。

以下の3つのポイントが挙げられます。

①ライフステージに合わせた働き方ができる
②ご家族の方も安心できる取り組みをしている
③様々な方（年齢層、性別、国籍、経験の有無）が働ける環境・職種が整備されている

上記のように3Kのイメージから脱している会社は応募者も集まっていますし、実際に入社後の定着率も高いのです。

ライフステージに合わせた働き方ができる

働き方改革が叫ばれている昨今、ドライバー職もワークライフバランス*を重視する人が増えてきています。

一昔前までは、ドライバー職といえば、長時間労働で仕事はきつい分、しっかり稼げるという職業で、それを求める人が集まってきました。しかしいまでは、「給料はそこそこでいいので、残業はできるだけしたくない」、「土日は必ず休みたい」、という人が増えてきました。また、長距離ドライバーだと毎日家に帰れないため、県内のみの地場配送がいいという人も増えています。

そのため、ライフステージに合わせて仕事を変更できる

ワークライフバランス　仕事と個人生活の調和を保つことを意味し、労働時間や働き方を見直し、家庭や趣味、健康といった個人の生活面を充実させることを目的としている。

ように工夫をしていく必要があります。

ご家族の方が安心できる取り組み

いまの時代、求職者や従業員本人だけではなく、そのご家族の方に安心してもらうことがとても重要になっています。求職者が面接に来ても、その後家族の反対により内定辞退が起きてしまうということも少なくありません。家族からするとやはり、長時間で事故と隣り合わせの危険な仕事というイメージで、心配される方も多いのが事実です。

だからこそ、安心してもらうために、安全教育の取り組みや最新の**安全車両機器***を搭載していること、労務管理・健康管理を徹底していること、などを伝えていく必要があります。

様々な方が活躍できる環境の整備

これまでは即戦力となるドライバー経験者を採用したいとしている運送会社が大半でした。しかし、人口減少に比例し、経験者の数も減少していきます。人が集まる運送会社は、未経験者、シニア、高卒・大卒、女性といった方々が活躍できる環境を整備しています。

そのための重要なポイントは、教育制度の整備です。未経験者でもすぐに一人前に育てることができる教育制度がある会社は人が集まり、定着していきます。

また、ドライバーの仕事は「運転」がメインの仕事と思われがちです。しかし、実際には運転以外の積込・荷卸し等の付帯業務もあります。シニアや女性でも働きやすいように、カゴ台車での積み卸すような仕事や、小口で軽い荷物を扱う仕事など、人に合わせた仕事を新たに作っていくことも求められています。

▲安全に必須のドライブレコーダー
©バイク便八王子立川所沢

安全車両機器　エアバッグなどの衝突時に乗務員を保護するための装置やアンチロック・ブレーキ・システムや電子安定制御、自動緊急ブレーキ、斜線逸脱警報、ドライブレコーダーなどがある。

Section
7-4 採用プロセスマネジメント

実際に入社して活躍してもらうためには、応募だけでなく、各プロセスの数字をマネジメントしていかなければなりません。

採用プロセス

採用活動のプロセスを分けると「応募」➡「面接来社」➡「採用通知（内定）」➡「入社」➡「定着」という流れになります。それぞれのプロセスごとに、次段階へ進められた確率を測っていけば、自社の採用力が見える化されます。まずは、「応募」を増やすことが重要ですが、その後の「面接来社率」や「入社率」を上げていくことが、採用活動ではとても重要なのです。

面接来社率アップ

面接来社率とは、応募を受けた後、実際に面接できたかどうかという指標です。現在は求人案件が溢れていることと、ネットから簡単に応募できるようになったため、一人が複数の企業に応募している傾向が強くなってきています。

そのため、他の企業よりも早くコンタクトを取り、面接日時を確定させなければなりません。なぜなら求職者は一番にアポイントが取れた企業の面接に行き、それ以外はスルーしてしまうケースも多いからです。その他、面接来社率を上げるためのポイントは以下です。

- 休日の問合せにもスピーディに対応できる体制が構築されている
- 電話対応を丁寧に行い、求職者が企業に対し良い印象を持っている
- 電話口で詳細な仕事内容の説明はせず、まず面接に来てもらうことをゴールとしている

入社率アップ

入社率アップのために一番重要なのは面接の質です。

面接でのイメージ作り　入社率アップを考える際に、求職者を大事なお客さんと捉え、社員全員で歓迎をすることが大切。求職者に自分が歓迎をされているという印象を与えるため、すれ違う社員全員が挨拶をする、面接会場の入り口に名前入りのウェルカムボードを設置するなども有効。

入社率が悪い企業の面接でよくあるパターンは次のとおりです。

・ヒアリングをせずに、一方的に説明ばかりしている
・面接担当者の態度が横柄で、応募者の採用可否のみを判断している
・仕事内容の話のみで企業の良いところを伝えていない

まず、企業が求職者を判断しているのだけではなく、求職者も企業を判断しているという事実に気づいているかが重要です。その事実を理解して、求職者にどう自社のＰＲポイントをアピールするかを考えている企業は入社率が高いといえます。

また、ここ最近では会社説明会を実施する企業が増えてきています。いきなり面接するのではなく、まずは会社説明や車両・社屋の見学、実際に働いている社員を見てもらい、入社後のイメージを持たせてあげることで、入社の意欲を上げることが可能です。

ある物流会社では、いきなり面接を実施した人の入社率は9・7％なのに対し、会社説明会経由で選考に進んだ人の入社率は17・6％と倍近く差がありました。

人材採用力強化の視点

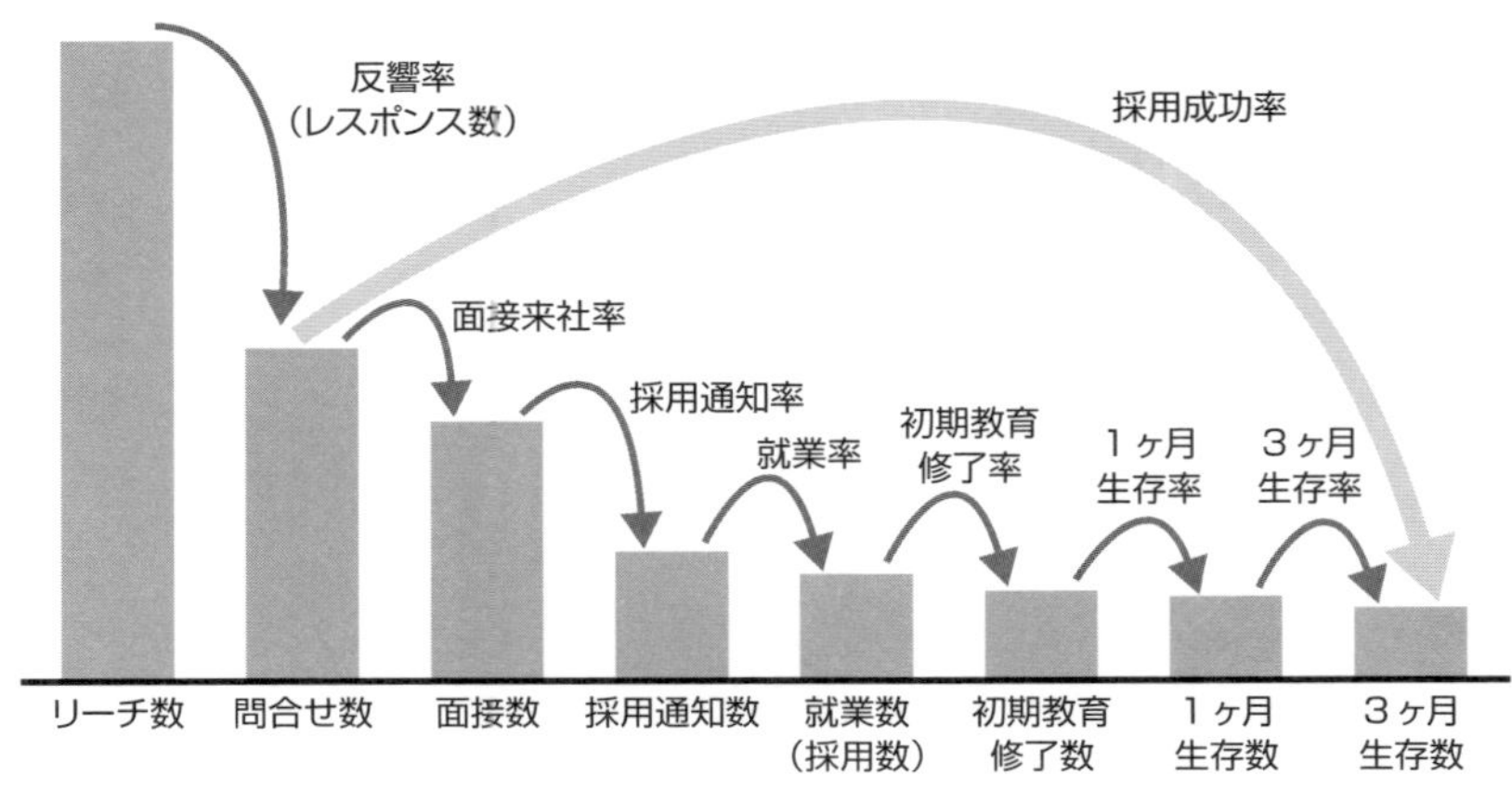

会社説明会　中途採用者向けに、仕事内容や事業概要の説明や実際のトラックに触れる乗車体験、社屋の見学などを行うことで、ミスマッチを防ぐ。

Section

7-5 ダイレクトリクルーティング

いままでと同じような採用活動を行っていても応募が集まらない時代。「ダイレクトリクルーティング」という採用手法に注目が集まっています。

ダイレクトリクルーティングとは

これまでの求人募集方法は、ハローワークや求人雑誌や新聞折り込み求人広告など、他社の媒体に求人案件を出稿することが一般的でした。**ダイレクトリクルーティング**はその逆で、その名の通り、他社の媒体を介さず、自社で直接求人募集する手法のことを指します。

具体的には、

・社員紹介：自社の社員から友人や知人を紹介・推薦してもらう
・自社ホームページ：ホームページに採用情報や求人案件を詳しく掲載し、そこから直接応募してもらう
・Instagram や TikTok などのSNSを活用して情報発信し、応募してもらう
・転職希望者が登録している求人データベースを利用し、自社からオファーメールを送る

などの手法が挙げられます。

他社媒体を利用する場合は、いったん求人広告を出した後は応募が来るのを待つだけですが、ダイレクトリクルーティングは能動的・主体的にアプローチするため、「攻め」の採用ともいわれています。

なぜいまダイレクトリクルーティングなのか

日本において、2016年ごろから、このダイレクトリクルーティングという採用手法が注目を集めています。その大きな理由の1つに、求人広告件数の急増が挙げられます。

Point

社員紹介の長所　**社員紹介制度**で、紹介者と被紹介者に段階的に報酬を渡している（入社3カ月で3万円、入社半年で7万円、入社1年で10万円、合計20万円）企業もある。社員紹介の方が定着率は高い傾向があるため、社員紹介の数を増やしつつ紹介特典だけをもらって辞めさせない仕組みづくりも大切。

全国求人情報協会の発表データによると、全国各地にある主要求人媒体に掲載されている求人広告は、2009年は約520万件だったのに対し、この10年間で3倍以上増加しています。競合企業の求人広告が3倍に増えている一方で、労働人口は減少し続けているので、いままでと同じ媒体を使い続けていても、反響率が下がるのは当然です。さらに、スマートフォンの普及により、紙媒体離れや新聞購読率の低下などの影響も少なくありません。

そのため、いかに自社媒体を有効活用し、主体的にアプローチするかが非常に重要な施策となってきています。求人媒体は転職が顕在化している人たちが調べるため、すぐに応募につなげることができますが、これからのダイレクトリクルーティングにおいては、今現在転職を考えていない、転職顕在層へのアプローチも必須になります。

そのためには、SNSで自社の情報発信やSNS広告・動画広告を活用して、Z世代へのアプローチを積極的に行っていく必要があります。また、ホームページも定期的にブログを投稿したりして、常に最新情報が発信されている状態にしておくことが重要です。

採用強化型ホームページを核としたダイレクトリクルーティング

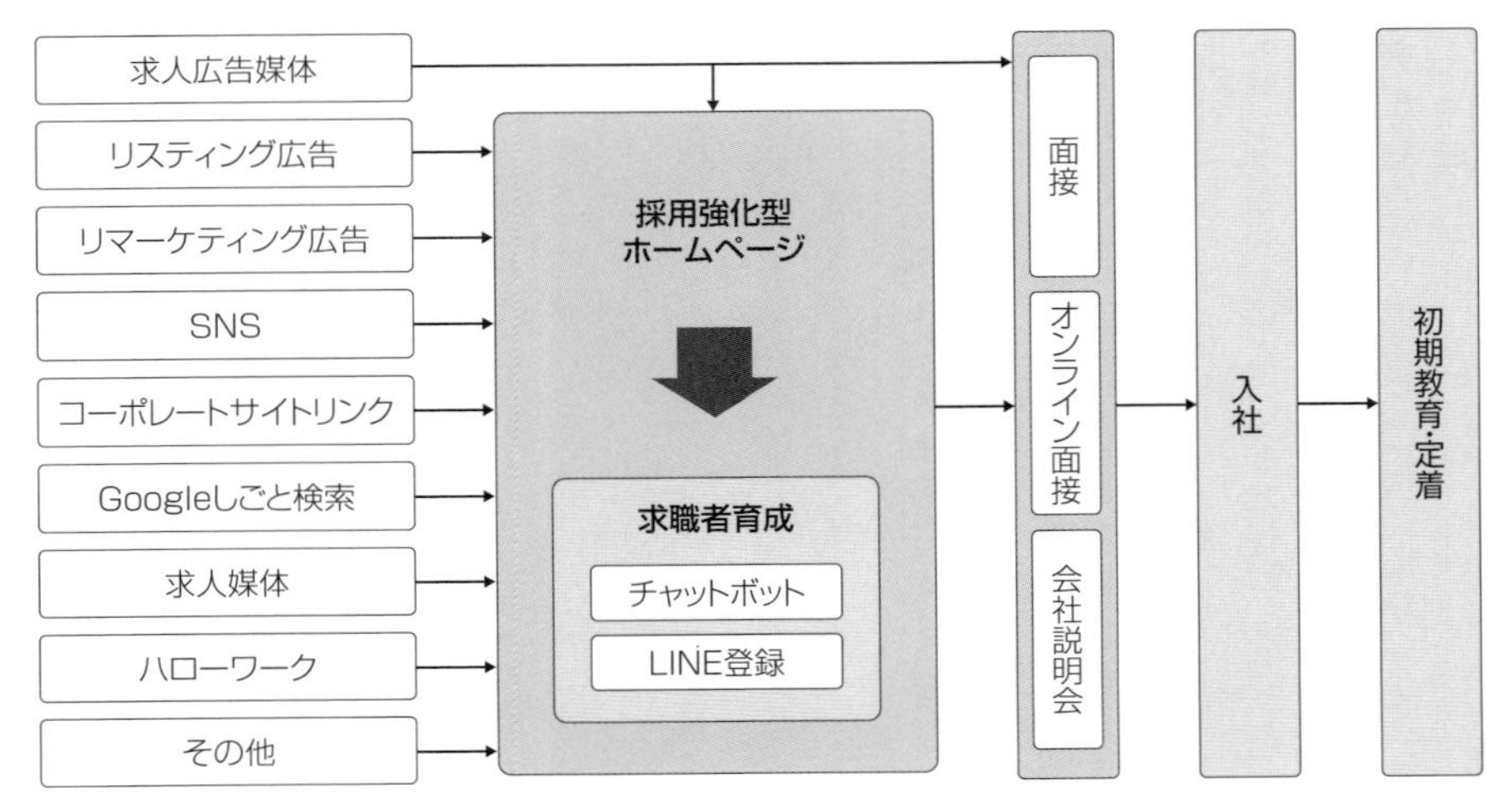

転職者が求めるもの　求職者が転職先を選ぶ際に重視するポイントを見ると、若年層ほどお金よりもプライベートの時間を重視する人が増える傾向がある。

Section

7-6 ドライバーの定着率アップ策

定着率を向上させることで、品質も生産性も利益率も高まります。

欠員募集の状況から脱却する

ドライバー採用の8割は、退職者による欠員補充です。残りの2割は増車による増員のための採用を行っているという状況です。よって、人を採用する募集戦略と、人を辞めさせない離職防止戦略を立案し、実施していく必要があります。人が辞めない環境になれば、募集コストも削減でき、品質も高まり、良い循環になります。

「短期定着率」と「長期定着率」

定着率を上げていくためには、**短期定着率**と**長期定着率**を分けて考えていく必要があります。入社してすぐに辞めてしまう人と、数年勤めてから辞めていく人では退職理由がまったく異なるからです。

特に、物流業界は、「短期定着率」が他業界と比較してもかなり低く、1週間以内で辞めてしまう人も存在します。「短期定着率」を上げていくためには、「入社前後のギャップをなくす」、「新人の受け入れ態勢を強化する」という施策がポイントです。

ギャップをなくすためには、「ホームページ等の内容を充実させて入社前に働き方や会社イメージを持ってもらう」、「入社前に、一日体験乗務を行い、実際の仕事を見てもらう」ことが重要です。

受け入れ態勢とは、具体的には独り立ちするまでの初期教育・同乗指導を強化することです。一般的に入社して2週間から長ければ2ヶ月近くは添乗指導期間のため、添乗指導のやり方や教育担当者との人間関係が、大きく短期定着率に影響します。例えば、ある会社では、添乗指導員は社内ライセンス制度にし、ある一定の基準をクリアした人にしか任せていません。

Z世代　Z世代と呼ばれる若手世代は、いちいち人に聞かなくても基本的な内容はすべてマニュアル化されていることを好む傾向がある。特にプライベートでも動画をよく視聴しているので、研修内容やマニュアルも動画でまとめている会社も増えてきている。

また、新人向け教育マニュアルの整備は当然のことながら、添乗指導員向けのインストラクターマニュアルを作成している企業もあります。指導員に任命しておきながら、どのように教えてほしいのか、どのような項目を教えてほしいのかを、会社から伝えておらず、結果ドライバーの自己流のやり方で教えているケースが大半だからです。そのため、教えてもらう人によって言っていることが違う、やり方が違う、ひどい場合にはちゃんと教えてくれない、ということが発生し離職の要因となっています。

さらに、同社では、教育実態を見える化するために、添乗指導レポートを教育担当者と新人ドライバーと双方から提出してもらい、教え方に不備がないかチェックしています。

一方で、「長期定着率」はその会社の満足度を表すものです。以下のポイントが「長期定着率」を上げていくためには重要となります。

・管理者とドライバーの距離感が近く、何でも相談に乗ってくれる関係を作る
・ご家族も巻き込んだイベント等を開催し、家族に愛される会社を作る
・頑張りが正当に評価され、賃金等に反映される仕組みを構築する
・ワークライフバランス重視の働き方ができる環境整備がされている
・会社が持続的成長を続けている

いまの時代、募集広告を出してもなかなか人が集まらないため、より定着率アップの取り組みの重要性が高まっています。

それでも業務が合わない場合、退職を決断する前に部署異動という発想ができるよう、「異動アンケート」を定期的に実施している会社があります。あくまで前向きな企画として設けることで、花形部署・日影部署を作らず、各人に合った働き方を選択できるように促しています。

また、退職したけど、出戻りを希望するという人も少なくありません。退職アンケートを実施することで、出戻り可・不可をきちんと判断しておき、リスクのある人を再入社させない退職マネジメントも重要視されています。

Point

定期的な面談　**ドライバーズカルテ**（社員名簿）に、入社時の希望から、3か月、半年、1年後に実施する新入社員フォロー面談、以降の1on1面談における状況を一元管理し、継続して記録することで適切なフォローを行って、定着率アップに繋げている企業もある。

グレートカンパニー紹介～山岸運送グループ

人的資本経営を実践し、「働く社員が誇りを感じる」会社

●沿革と企業特色

山岸運送グループは、静岡県を中心に生活必需品における物流インフラを支える総合物流企業です。メーカー物流から小売系物流、三温度帯物流、また全国配送ネットワークを駆使した共同配送などサプライチェーンすべてを網羅する多様な物流ソリューションを提供しています。1973年の創業以来、成長を続け、グループ全体で車両台数280台、従業員数600名、年商85億を突破しています。

●「ダイレクト物流」で物流業界の悪しき構造を一掃

同社が提供する物流サービス「ダイレクト物流」は、物流業界の多重下請け構造を防ぎ、お客様に対して高品質で低価格な物流コストを実現しています。多重下請け構造は、元請から一次下請け、二次下請け、そして最終的な実運送会社まで、複数回のやり取りが起きることによるタイムロスや、マージンの中抜きによる無駄な物流コストの増加、また責任所在の不明確化といったあらゆる課題を発生させています。同社はそこに注目し、お客様や納品先など様々な関係先と「ダイレクトに」繋がり、物流センター運営から輸配送まで、サプライチェーン全体の物流を自社の物流ネットワーク内で一元管理することで、お客様から選ばれるビジネスモデルの構築を実現しています。

●独自固有のビジネスモデルの展開

同社の特徴の一つに、中古トラックの活用が挙げられます。整備工場の技術力を徹底的に強化することで中古トラックや故障車を再生させ、新車で購入するよりもトラック車両費を1/2～1/6まで抑えています。その分同エリアの他社に比べ、10%ほど高い賃金の水準を実現しています。また、福利厚生や労働環境、社内設備などの充実でも社員に還元しています。

また2016年には、物流業界の人材不足と静岡県の人材流出を防止するために、社会人野球チームの「山岸ロジスターズ」を設立し、若手人材の採用・育成にも注力しています。

このような取り組みが評価され、一般社団法人船井財団が主催するグレートカンパニーアワード2019において、「働く社員が誇りを感じる会社賞」を受賞されました。

社名	山岸運送グループ
本社住所	静岡県島田市大柳 266 番地
HP	https://www.yamagishi-group.co.jp

第8章

ビッグカンパニーの動向

物流業界の市場規模はおよそ 26 兆円（トラック輸送を始め、鉄道、海運、空運を含む）という巨大なマーケットです。こうしたなかで、物流業界のリーディングカンパニーの動向は、業界の行く末だけではなく、日本経済の根幹をも変えていくほどの大きな力を持っています。

本章では、巨大市場を担う大手物流会社の動向をみていきましょう。

Section

8-1 NXグループ

NXグループの2023年度の連結売上高は、2兆2390億円であり上場物流企業の中でもトップ企業です。国内(日本)事業の収益性を向上させ、真のグローバルロジスティクス企業となるべく、注力する事業領域と成長地域へのBtoBに特化した集中投資を着実に実行しています。

沿革と企業の特色

日本通運は2022年1月に純粋持ち株会社体制へ移行し、「**NIPPON EXPRESS ホールディングス**」が発足しました。

持株会社の下に日本通運などの事業会社が収まる形となり、日通以外の国内外の企業は社名に「NX」がつくように統一されました。

長期ビジョンである「グローバル市場で存在感を持つロジスティクスカンパニー」実現のために国際物流会社の買収等も積極的に進めており、陸・海・空の総合物流でグローバル展開しています。

また物流事業に限らず、複数の事業を展開することで高い売上高を実現させています。

事業戦略と方向性、営業戦略

国内の物流マーケットは、経済成長が見込みづらく、今後の伸びはあまり期待できません。そのような中、2023年から2028年までの経営計画「NXグループ経営計画2028 Dynamic Growth 2.0」を発表。最終年度に売上高3兆円、営業利益1500億円、営業利益率5・0%の達成を目指しています。

重点戦略は、グローバル市場での事業成長加速と日本事業の再構築、そしてサステナビリティ経営の推進の3点で、以下のように設けています。

グローバル市場での事業成長の加速については、顧客サプライチェーンを支えるコアロジスティクス事業の成長と、M&Aや提携、戦略投資による事業成長の実現が大きな軸

国策会社　特別法によって、国策上必要な公共性の高い事業を国が会社形態で設立したものを特殊会社といい、これがいわゆる国策会社である。日本郵船、日本航空、日本交通公社、電源開発などすでに民営化されているものも多い。

となっています。

日本事業の再構築については、各事業の強靭化による収益力の向上と低収益事業の変革・整理・入れ替えが軸になっています。日本国内はエリアによってマーケットの規模や質が異なるため、各エリアごとに戦略を立てるべく社内カンパニー制を導入し経営の自由度を高めます。

サステナビリティ経営の推進については、現在および未来の企業価値向上に向けて対峙すべきテーマだとし、環境的価値への積極的な貢献だけでなく、人財などの社会的価値についても、労働衛生の改善を通じて行っていくとしています。

そのほかにも経済的価値に対しても創出価値を図る事業やサービスを随時展開していきます。

数値目標（2028年3月期達成目標）

目標項目	2023年度	2028年度
売上収益	22,390億円	30,000億円
セグメント利益（事業利益）	812億円	1,500億円
事業利益率	3.6%	5.0%
営業利益	600億円	1,500億円
親会社の所有者に帰属する当期利益	370億円	1,000億円
ROE	4.8%	10.0%以上

経営計画2028における重要戦略

事業の成長戦略	グローバル市場での事業成長の加速	●顧客志向・顧客サプライチェーン視点によるロジスティクス事業の成長 ●M&Aや提携、戦略投資によるダイナミックな事業成長の実現
	日本事業の再構築	●各事業の強靭化による収益力の向上と低収益事業の変革・整理・入れ替え
サステナビリティ経営戦略	サステナビリティ経営の推進	●事業を通じた持続可能な社会への貢献の実現
事業の成長を支えるコーポレート戦略		●人的資本の充実化と人財エンゲージメントの強化 ●競争力の源泉としてのDX・IT推進による提供価値の進化・変革と新たな価値の創出 ●経営マネジメント体制の変革と各コーポレート機能のグループとしての一体性向上 ●グローバルでの成長を支えるガバナンスとリスクマネジメントの強化
企業価値向上に向けた取り組み		●経営計画の着実な実行による継続的なROE向上の実現 ●事業成長と資本収益性の向上を実現する資本政策 ●ROICを重視した事業ポートフォリオポーマネジメントの推進

Section

8-2 ヤマトホールディングス

ヤマトグループは、ヤマトホールディングス株式会社および子会社、関連会社により構成されており、エクスプレス事業、コントラクト・ロジスティクス事業、グローバル事業、モビリティ事業の4つの事業など7つの事業を主な事業としています。

・**エクスプレス事業**：一般消費者・企業向けの小口貨物輸送サービス（宅急便、ネコポスなど）
・**コントラクト・ロジスティクス事業**：国内における顧客企業の事業成長を支援するロジスティクスソリューションを提供
・**グローバル事業**：日本および海外現地法人によるフォワーディング・国際エクスプレス等のソリューションを提供
・**モビリティ事業**：車両整備事業を基盤に、環境投資やノウハウを活用した商用EVの導入・運用支援など、新たなビジネスモデルを創出

事業戦略・方向性

ヤマトグループは輸送力不足など不確実性が高まるこれからも持続可能な社会を創るため「サステナビリティ*・

沿革と企業の特色

「クロネコヤマトの宅急便」で知られる**ヤマト運輸**は1919年（大正8年）11月に東京で設立されました。

2023年度の売上高は、1兆8006億円となっており、業界第3位に位置しています。ただし、宅配便業界では第1位の取り扱い個数（2022年度シェア46・6％）を誇っています。

2005年、それまでヤマト運輸で行われていた全事業を会社分割することで、持株会社「**ヤマトホールディングス株式会社**」を設立しました。

現在は、次の4つの事業を展開しています。

サステナビリティ　環境、経済、社会の3つの側面で持続可能な発展を目指す考え方。

トランスフォーメーション2030 ～ 1st Stage ～」と称する中期経営計画を策定しました。

持続可能な未来の実現に貢献する企業となるために、2025年から2027年を宅配便ネットワークの強靭化と事業ポートフォリオを変革する3年間にすると位置付けています。

インフラとしての存在意義と成長戦略を結び付けるために次の3点に取り組むと宣言しています。

①「宅急便」「宅急便コンパクト」「EAZY」のカーボンニュートラリティの達成と維持

②温室効果ガス（GHG）排出量の可視化、自社GHG排出量削減に向けた環境投資の加速

③パートナーのビジネスもグリーンな物流へと転換することを共に創造

ヤマトグループでは、2030年までに温室効果ガスの排出量を2020年比で48％削減することを目指しており、EVトラックの導入などを進めています。

またこの3か年では、宅急便ビジネスの強化と価値提供の追求によるビジネス領域の拡大、および企業価値向上を実現するために、次の4つを主要施策にすると宣言しています。

①基盤領域は「エクスプレス事業」で、カーボンニュートラリティ、顧客体験価値の向上、および外部コスト上昇などを踏まえたプライシング戦略の強化と、ネットワーク・オペレーションの構造改革を推進し、個当たりコストの低減と安定的な利益成長の構造へ転換するとしています。

②成長領域は「コントラクト事業・ロジスティクス事業・グローバル事業」で、宅急便ネットワークや貨物専用機輸送を活用して、顧客のサプライチェーン改革に資するソリューションの推進を目指しています。

③新規領域は「モビリティ事業・ネコサポ事業・フレイター事業」の3つに注力していく方針を掲げ、既存の経営資源を活用しつつ、多様なパートナーとともに新たな価値を創出すると明言しています。

④グループ経営基盤の強化は「人事戦略、デジタル戦略、環境・社会戦略、コーポレート・ガバナンスを通じた企業価値の向上」と謳っています。

宅急便　「宅急便」はヤマト運輸が提供する日本国内向けの小口貨物配送サービスで、1976年に開始された。

宅配便取扱個数の推移（航空宅急便を除く）

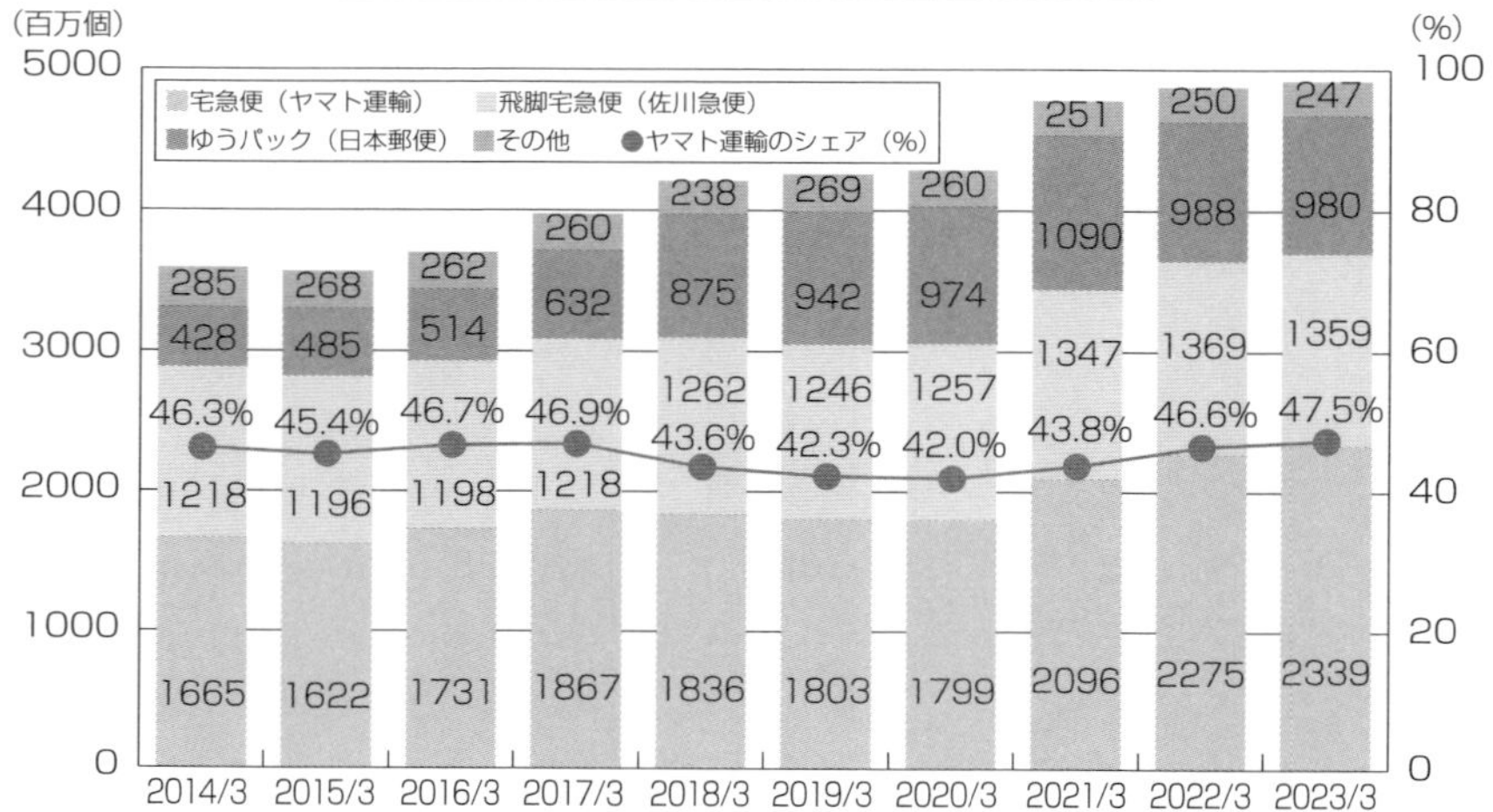

※国土交通省調べによる2024年3月期宅配便（トラック）取扱個数は2024年5月末現在開示がないので、2023年3月期までの取扱個数のみ記載している。
※ヤマト運輸が取り扱う「ネコポス」が宅配便取扱個数に含めて集計されている。
※2017年10月より日本郵便が取り扱う「ゆうパケット」が宅配便取扱個数に含めて集計されている。
出所：国土交通省

小口貨物単価

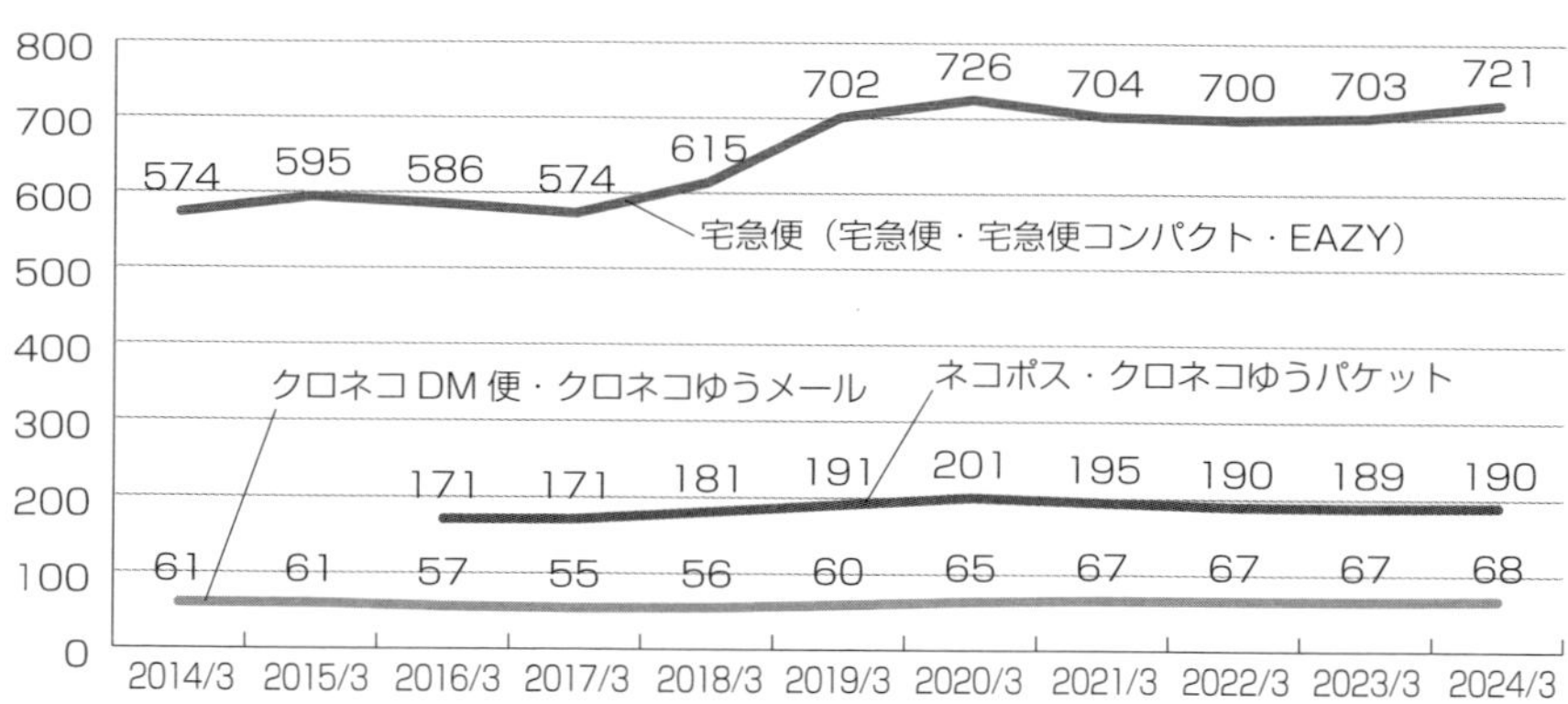

※「宅急便コンパクト」と「ネコポス」は2016年3月期より、「EAZY」は2021年3月期よりサービス提供を開始している。
※「EAZY」は、2020年6月24日より開始した、EC事業者向け配送サービス。
※「ネコポス」は2023年10月より順次、日本郵便が取り扱う「ゆうパケット」を活用した「クロネコゆうパケット」に切り替えている。
※「クロネコDM便」は2024年1月末にてサービスを終了し、日本郵便が取り扱う「ゆうメール」を活用した「クロネコゆうメール」に切り替えている。

Section

8-3 SGホールディングス

他社に先駆けて女性活用にも取り組むなど、先進的な物流業界のリーディングカンパニーです。CSRにも力を入れています

沿革と企業の特色

１９５７年（昭和32年）、京都と大阪の間を中心として、創業者の佐川清氏が飛脚業を創業しました。その後の１９６６年（昭和41年）、**佐川急便**を設立しました。会社設立から58年が過ぎた２０２４年度3月期における佐川急便の売上規模は、１兆４３４６億円と業界４位の地位にまで登りつめました。

２００６年3月に、佐川急便グループは持株会社制へと移行し、持株会社「**SGホールディングス**株式会社」を設立しました。これによって、佐川急便を中心にした宅配便事業の強化と国際物流の展開を促進し、総合物流企業としての出発を明確に示したことになります。２０１７年12月には東京証券取引所市場第1部に上場し、創業60年で株式公開を行いました。

事業戦略・方向性

中核事業である宅配便では業界2位（２０２２年度シェア27・6％）と、業界1位のヤマト運輸との競争を繰り広げています。

グループ事業は、次の４本です。

・**デリバリー事業**：宅配便、貸し切り・直行チャーターサービス、引っ越、大型施設における館内物流など複合サービス、電報類似サービスなど

・**ロジスティクス事業**：センター運営・流通加工などを一括で請け負う3PLサービス、国際一貫物流

・**不動産事業**：グループの不動産施設の管理・運営、不動産および施設インフラの有効活用など

・**その他事業**：グループで使用するITシステムの開発・

Point

東証の再編　東京証券取引所（東証）は、2022年4月に「東証一部」「東証二部」「マザーズ」「JASDAQ」から、「プライム市場」「スタンダード市場」「グロース市場」の3つの新しい市場区分に再編した。

運用、人材派遣や業務請負サービス、損害保険の代理店業務や燃料販売など

■CSR活動

SGホールディングスグループでは、CSR＊ステートメントを定め、CSR活動にも力を入れています。

例えば、環境に関して一例を挙げれば、国内で保有する約2万6000台のうち、約6割がクリーンディーゼル、天然ガス車、ハイブリッド車、電気トラックなどの環境対応車両を導入しています。

また、ダイバーシティ経営を実践しており、特に女性活躍推進に注力しています。管理職への積極的な登用や女性による新規ビジネスの創出、職域の拡大、制度面の整備、風土改革などの取り組みを積極的に行っています。その結果、女性従業員比率は2011年の20・6％から2022年は32・1％へ、女性管理職比率は2011年の1・0％から2022年は10・5％へと上昇しています。

セグメント別業績

（億円）

	2023年3月期	2024年3月期	前期比
営業収益　合計	14,346	13,169	91.8%
デリバリー事業	10,473	10,285	98.2%
ロジスティクス事業	3,148	2,197	69.8%
不動産事業	195	126	64.6%
その他の事業	528	560	106.1%
営業利益　合計	1,352	892	65.9%
デリバリー事業	997	815	81.7%
ロジスティクス事業	192	△	48
不動産事業	99	71	71.8%
その他の事業	42	34	79.5%
調整額	20	20	98.7%

注記（1）　億円未満切り捨て

出所：SGホールディングスグループ　ホームページ

CSR　Corporate Social Responsibilityの略で、企業の社会的責任のこと。企業が利益を追求するだけでなく、環境保護や社会貢献、倫理的な経営など、社会全体への責任を果たす取り組みのことを指す。

Section 8-4

セイノーホールディングス

輸送事業、自動車販売事業、物品販売事業、不動産賃貸事業、その他事業の5つの事業拡大を目指す西濃運輸。路線トラック業界最大手。

沿革と企業の特色

「カンガルー」のマークで知られる**西濃運輸**は1921年11月に設立しました。2023年3月期の**セイノーホールディングス**の連結売上高は6315億円。西濃運輸は、路線トラックでは業界最大手です。

西濃運輸は創業以来、イノベーション（革新）＝レガシー（偉大な資産）という価値観のもと様々なチャレンジに取り組んできました。近年では2022年にドローンを活用した新スマート物流SkyHub®の社会実装、2023年に物流業界初となる売掛保証と取引信用保険のワンセット提供を開始、2024年に幹線輸送の共同運行を目的とした日本郵政グループとの業務提携など、業界を牽引する様々なチャレンジに取り組んでいます。

事業戦略と方向性

セイノーホールディングスの柱となる事業は、輸送事業と自動車販売事業です。

輸送事業は、特別積合せ輸送を中心とする企業物流で最上位を誇ります。企業間物流を主としていることから、宅配便の事業者としては、ヤマト運輸、佐川急便、JPエクスプレス、郵便事業などに比べると個人にはあまりなじみがありません。生産工場への部品輸送、販売店への電化製品輸送など、重量貨物や複数個口などの取り扱いが多いのが特徴です。

同社は、2023年6月12日開催の取締役会において、中長期の経営の方向性「ありたい姿とロードマップ2028」を発表し、PBR1倍超の早期実現に向けて、**2023年を起点として**3年から5年以内にROE8.0%

Point

カンガルー　セイノーといえばカンガルーマークが有名。カンガルーが子供を安心して運ぶ様子を象徴しており、セイノーが荷物を安全かつ確実に運ぶという信頼感を表現している。また、カンガルーは跳躍力があることから、セイノーの迅速で力強いサービス提供の姿勢も表現している。

以上を目指しています。

同社は成長機会として、物流業界全体の効率改善、費用削減、余剰資産・スペース（倉庫・トラック）の活用、デジタルとリアルを融合した新たなビジネスモデルの構築、運送事業者間での共同化、荷主と物流会社の共同化を挙げています。

目標達成に向けた戦略は、次の通りです。

①2024年問題を見据え、Green物流の実現に向けたプラットフォーム構築
②事業基盤である特積み輸送を優位性に、効率化の推進とともに、安定的な成長
③利益率の高いロジスティクス及び貸切輸送を成長エンジンに高利益体質へのシフト
④成長性、収益性、資本効率のバランスが取れた施策展開

セイノーホールディングスは、これらの戦略を通じて、物流業界におけるリーダーシップをさらに強固にし、持続可能な成長を実現することを目指しています。

ロードマップ 2028

稼ぐ力の向上、積極的な株主還元で、３～５年以内にROE8.0%達成を目指す

ROE 改善のドライバー

	ROE 改善のドライバー		
1	特積み事業の着実な成長	売上高成長 年率 4%水準のオーガニック成長＋M&A	
2	ロジスティクス事業の成長		
3	貸切事業の成長		
4	M&A・オープンイノベーション		
1	特積み事業の効率化を通じた収益性向上	利益率改善 営業利益率 5.8%水準へ（23.03 期 4.5%）	経済価値と社会価値の両立 ROE8.0%以上 営業利益年率10%以上の成長 EPS 年率15-20%の成長
2/3	高収益のロジスティクス・貸切事業の構成比拡大		
5	DOE*4.0%以上の配当と継続的な自己株式の取得（24.03 期は 300 億円を予定）	資本政策 自己資本比率を適正水準へ（23.03 期 63.2%）	

出所：「中長期の経営の方向性 ～ありたい姿とロードマップ 2028～ 」

DOE　株主資本配当率のことを指し、株主資本に対する配当金の割合を示す。企業がどれだけの利益を株主に還元しているかを評価するための指標。

Section
8-5 近鉄エクスプレス

株式会社近鉄エクスプレスは、海外45カ国298都市662拠点を持つ、日本の大手国際総合物流企業です。2022年、近鉄ホールディングスによるTOBにより上場廃止となり、同社の持分法関連会社から完全子会社となっています。

沿革と企業の特色

1948年、近畿日本鉄道の国際貨物部門として業務を開始し、1970年に近鉄航空貨物株式会社として独立しました。1978年には業界初で輸送業務のコンピューターシステムのオンライン化を図るなど先進的な取り組みを行ってきました。1978年には、社名を株式会社**近鉄エクスプレス**に変更しました。

積極的に海外展開を進め、中国では日系最大級のネットワークを有しています。得意な航空貨物輸送に加え、海上貨物輸送、ロジスティクスまでワンストップでサービスを提供する大手国際総合物流企業です。日系フォワーダー大手3社（日本通運、日本郵船）の中では外資系荷主に強い顧客基盤を持っており、積極的・戦略的な顧客開拓を行っています。2015年に買収したAPL Logistics Ltd＊との共同での販売物流および、各地域本部セールス部門の拡販により、米系大手リテール顧客の開拓に成功しています。

事業戦略と方向性、営業戦略

近鉄エクスプレスは、2022年から2027年までの5カ年で「Global Top 10 Solution Partner ー日本発祥のグローバルブランドへー」と称する中期経営計画を立てました。

「ロジスティクスを通して新たな価値と最良の環境を創造し、お客様・株主・従業員と共にグローバル社会の発展に貢献する。」というビジョンを掲げ、最終年度で営業収入1兆円、営業利益500億円を目指しています。

2022年の営業収入9084億から11％の成長と

APLロジスティクス　自動車や衣料品産業向けの高付加価値ロジスティクスサービスに強みを持ち、世界35を超える国で事業を展開する近鉄エクスプレスの子会社。

いう目標に対して、戦略は次の通りです。

■成長戦略

①グローバル物流

東アジア／東南アジアとアメリカ／ヨーロッパ・中東・アフリカ間の航空・海上輸送を拡大し、目標物量KPIを導入します。

主要品目は自動車、ヘルスケア、小売、電子機器です。

②プレミアムオーダーマネジメントプロバイダー

グローバルブランドの米系大手顧客のパートナーを目指し、オペレーションの自動化での差別化、ブッキング業務を起点とした海上輸送、トラック輸送の取り込みをします。

③ユニークなプロダクト開発

鉄道輸送、トラック輸送をプラットフォームとした、ユニークなプロダクトを開発し、事業領域を拡大します。

近鉄エクスプレスは、欧米競合他社が席巻する市場で確固たる地位を築くため、積極的な投資や各部門との強化を図り、最終年度の目標を「航空輸出重量100万トン超、海上輸出容積を100万TEU超」としています。

経営計画 2027

Global Top10 Solution Partner

成長戦略

- グローバル物流の拡大
  - ・アジア･欧米間物量の拡大
  - ・販売活動／マーケティング
- プレミアムオーダーマネジメントプロバイダー(APLLセグメント)
- グローバル物量の拡大
  - ・グローバル仕入機能の強化
- ユニークなプロダクト開発(APLLセグメント)

経営基盤の強化

- グループガバナンス
  - ・リーガル／リスク／コンプライアンス／コーポレート･ブランド価値向上
- 人事
  - ・人的資本への積極的な投資による持続的な企業価値向上／HRマネジメントプラットフォーム構築と活用
- IT
  - ・事業継続性の確保／持続的成長への貢献
- 財務･経理
  - ・最適な経理体制の構築／財務戦略の策定、資金調達の実施／税務戦略の策定

価値創造に繋がるマテリアリティ

- 気候変動対応としてのCO_2排出削減
- クリーンエネルギーの利用促進
- 責任ある調達の推進

事業継続基盤マテリアリティ

- 腐敗防止の徹底
- データセキュリティの強化
- ダイバーシティと機会均等の推進

出所：「経営計画2027」

Section
8-6 ロジスティード

3PL事業では日本国内トップクラスの実力を誇るロジスティード。「スマートロジスティクス」をコアとしながらも、事業・業界を超えた協創領域の拡大を図り、新たなイノベーションへ挑戦しています。

沿革と企業の特色

ロジスティードの前身である**日立物流**は、1950年に日立製作所の輸配送業務を請け負う物流子会社として設立しました。その後、幅広い荷主企業を持つことで業容を拡大しています。2023年、同社はKKR*（コールバーグ・クラビス・ロバーツ）による株式公開買付けをきっかけに、社名を「日立物流」から「ロジスティード」に変更しました。

日立物流の売却は、世界的IoT企業を目指す日立グループの事業ポートフォリオ変革の一環であり、売却益は研究開発やM&Aに振り分けられます。

2023年3月期の連結売上高は8143億円と上場物流企業の中でトップ10に入るポジションとなっています。

物流企業のなかでも、特に3PL事業に力を注いでおり、国内ナンバーワン企業を標榜しています。ノンアセット型のサービスを行っており、自社の物流車両や自社倉庫の保有率は、競合企業より低く、技術力（ロジスティクスエンジニアリング力、IT構築力）と企画提案力に優れたトータルサポート力には、定評があります。

また最近では、オランダのトラック輸送会社Van den Bos & van Daalen Materieel B.V.を連結化するなど、グローバル展開を図っています。

事業戦略と方向性

ロジスティードは、企業の物流業務をトータルサポートする「システム物流（3PL）」をコアビジネスとしています。成長・拡大を続ける3PL事業において、事業の盤石化とグローバル展開を目指しています。

KKR　コールバーグ・クラビス・ロバーツ社のこと。1976年に設立されたグローバルな投資会社で、プライベートエクイティを中心に幅広い投資を行っている。企業買収や再編を通じて、長期的な価値創造を目指し、持続可能な成長を促進している。

中期経営計画「LOGISTEED2024」では、目指す姿として「アジア圏3PLリーディングカンパニーへ」を掲げています。

さらに2024年以降を見据えた中長期の目指す姿として「LOGISTEED2030」を示し、2030年度における連結売上収益1.5兆円、海外比率50%以上を目標としています。

そのための重点施策は次の4つです。

①海外事業の強化・拡大

・M&Aの全地域展開：北米（輸送）、欧州（3PL・フォワーディング）、インド（輸送）

・重点エリアへの投資：インド・タイ・インドネシア・マレーシア（自動車、食料品、日用品他）、中国（自動化・省人化他）

②新たな付加価値による事業領域の拡張

・サプライチェーンの課題解決、DXによる可視化と最適化の提案

・製造と物流の境界領域における新サービスの拡大、VASの展開

③スマートロジスティクスの進化

・システムと機械が連動した自動化・省力化、DXによる労働環境の向上

・三温度帯倉庫や危険物倉庫などの倉庫機能強化・充実化

・輸送デジタルプラットフォームの活用による輸送事業強靭化と2024年問題・脱炭素化への対応

④ESG経営の基盤強化

・災害対策・リスクマネジメントの遂行

・高度かつ持続的な安全・品質活動

・脱炭素活動の加速

・Value Change & Creation 活動の継続・拡大

・DX、Logistics Technology、グローバル展開のための人財強化

このように、ロジスティードは、グローバル展開とイノベーションを重視し、持続可能な成長を目指しています。

社名の由来　LOGISTEEDは「LOGISTICS」と「Exceed」「Proceed」「Succeed」「Speed」を組み合わせた造語であり、2017年の日立物流時代から展開しているビジネスコンセプト。

Section

8-7 山九

「ありがとう」の意味を社名の由来にもつ「山九」は、2018年に創業100年を迎え、物流ネットワークの拡大を目指しています。

沿革と企業の特色

1918年に創業した**山九**株式会社は2024年3月期の売上規模は5635億円です。その社名の由来は、創業者中村精七郎氏がイギリスはロンドン滞在時に、道を尋ねた紳士に「Thank you」と御礼を言うと、返礼として「Thank you」といわれたことで人と人の信頼が感謝につながるという気持ちを表しています。

同社の社風の根幹には、「社訓三原則」があります。

・**公言実行**…目標を高く掲げ、それを公にして、それに向かって最大限の努力を惜しまず、実行しなさいということです。

・**自問自答**…たえず相手の立場にたって物事を考えるということ。そうすると独りよがりにならず、物事の正しい姿が見えてくるということです。

・**感謝**…自分を取り巻く様々な人たちに常に感謝の念を忘れてはならないということです。同社の社名の由来にもなっています。

主要事業と基本戦略

山九はかつて日本通運や日新と並び、「中国物流の御三家」と呼ばれていました。今日では基本戦略として、東アジア、東南アジア、中東を中心とした海外事業の拡大が掲げられています。

主な事業分野は、電気・電子部品、化成品、自動車部品、石油・石化、鉄鋼となっており、それぞれの地域での拠点強化を目指しています。また、物流や施工体制、3PL(サード・パーティ・ロジスティクス)といった分野での機能強化を図り、人財育成やメンテナンス拠点の設立も進めてい

Point **日新**　株式会社日新は1957年に設立され、国際輸送、海上貨物、航空貨物の取り扱い、通関手続きなど、グローバルな物流サービスを提供している。特にアジア地域に強みを持ち、多岐にわたる物流ソリューションを展開している。

ます。これにより、グローバルな事業拡大と競争力の向上を図る方針です。

山九の主力事業は、「ロジスティクス事業」、「プラント・エンジニアリング*事業」、「オペレーション・サポート事業」の3つです。これらを軸に、まずは自社がグローバル化し、顧客企業が国際展開するのを支援するソリューション企業を目指しています。

3つの相乗効果を狙うにあたっての基本的な戦略は、まずプラント・エンジニアリングから切り込み、オペレーション・サポート、ロジスティクスへとつなげていくというものです。ロジスティクス事業だけではなく、そのフロントになる2事業を有していることは、同社の独自固有の長所になっているといえます。

2023～2026年を対象とした中期経営計画では、「Vision2030」を実現するための「変革期」として、「これまでのやり方・考え方を変革し、計画の実現、持続的成長につなげていく」と明文化し、①既存事業の収益強化②海外事業拡大③グリーン機会獲得・準備④新規事業領域進出に取り組むとしています。

山九グループの強みを活かした新規サービス・事業領域への挑戦

構内サービスの国内外へ新規領域展開
構内サービスのメニュー化
顧客ニーズに適した
サービスの提供
新規事業領域へ展開

ロボティクス分野へ物流+メンテナンスサービス
拡大するロボティクス分野において同社サービス（物流+メンテ）を組み合わせた事業展開

コアコンピタンス
・山九のユニークによる山トータルサポート
・長年培った構内サービスノウハウ
・国内外での保全・工事ノウハウ
・物流事業をカバーする基幹システムとシステム開発体制
・マテハン・自動化設備を活用した物流設計力
・専門性の高い関係会社・協力会社　etc.

物流プラットフォームサービス
物流に関連する
付加価値情報への
アクセスを可能にする
データプラットフォームの提供

社会インフラ事業
日本各地で老朽化する公共インフラの維持管理に貢献
保全計画と修繕施工を
担うサービス展開

プラントエンジニアリング　製造設備を含む工場（プラント）の企画・設計・建設・施工管理・保守等に関する仕事の総称。

Section
8-8 センコーグループホールディングス

センコーは、顧客企業の調達から販売まで、情報・商流を含めて、「流通機能」全般を提供する流通情報企業を標榜しています。

沿革と企業の特色

センコーの源流である富田商会（1916年創業）は、化学工業のコンツェルン*、日本窒素肥料の専属物流会社でした。富田商会は1941年（昭和16年）年、日本窒素肥料の100パーセント出資の子会社となり日窒運輸へと社名を変更しました。同社は、終戦後の財閥解体政策により解散しました。

しかし、日本窒素肥料のシンボルマークであった「扇に日の丸」を再び興そうとの志から、日窒運輸の有志社員が集い、1946年7月、「扇興運輸（せんこううんゆ）株式会社」を設立しました。1973年、社名を「センコー」へと変更し、2017年4月からは社名を、**センコーグループホールディングス**として、持株会社体制に移行しています。2024年3月期の連結売上高は7783億円です。

グループ会社数は188社以上あって、積極的にM&Aを行うことでサービスの多様化を図っています。

また、センコーグループでは、商品企画や調達・販売までのノウハウと、物流ノウハウを融合させ、調達から配送までのプロセスを一貫してサポートする「商流・物流一体型ビジネス」を展開しています。商流と物流を統合することで、効率的でワンストップかつローコストな商品供給を行い、SCM全体の最適化を進めています。

事業戦略と方向性、営業戦略

センコーグループは、物流、商事・貿易、ライフサポート、ビジネスサポート、プロダクト事業の5つを主な事業領域としています。

物流事業が6割程度の売上高を出し、商事・貿易事業が残りの2割ほどを占めています。

コンツェルン　ドイツ語で「企業連合」や「企業グループ」を意味する。複数の企業が資本関係や経営方針の連携を通じて、一つの経済単位として活動する形態を指す。それぞれの企業が独立性を保ちながらも、全体としての経済的影響力や市場シェアを高めることを目的としている。

物流事業は、業界や分野ごとに7つの物流サービスを用意しており、あらゆるニーズに対応できるような7つのサービスを展開しています。

・サプライヤー物流

日用雑貨や食品の物流システムを構築し、効率的な在庫管理とコスト削減を実現。値付けや梱包、アパレル商品のタグ付けなども行い、全国の物流拠点を活用しています。

・チェーンストア物流

チェーンストアへの定時納品や在庫管理、店舗改装時の配送支援を行い、チェーンストアのニーズに合わせたカスタマイズサービスを提供しています。

・食品物流

冷凍・冷蔵食品の温度と鮮度管理を徹底し、安全かつ迅速な配送を実現。食品の品質保持のための専門的なノウハウを活かしています。

・ファッション物流

衣料品の保管・流通加工（検針、プレス、値札付け）を行い、高品質を維持したまま店舗へ配送。ファッション業界特有のニーズに対応した物流サービスを提供しています。

・ケミカル物流

化学品の専門的な取り扱いと安全管理、環境規制に対応した物流サービスを提供。化学品の安全な取り扱いと法令遵守を徹底しています。

・住宅物流

建材や住宅設備の配送・設置サービスを提供し、現場のニーズに応える。住宅関連商品の専門的な物流サービスを提供しています。

・ヘルスケア物流

医薬品や医療機器の保管・配送、品質管理、迅速な供給をサポート。高度な品質管理と迅速な供給体制を整えています。

2022～2026年度の中期経営計画では、「事業の深化と創出を通じて、人と社会に新しい価値を届け、持続的な成長を目指す。」と明文化し、①既存事業の拡大と深化②成長事業の創出と育成③ESG＋H（健康）経営への取組④グループ経営の高度化⑤働きがいと個人の成長の実現に取り組むとしています。

食品物流の伸び　ライフスタイルの変化により、近年冷凍食品や中食需要が伸びており、それに伴いコールドチェーン物流の市場も伸びている。

Section

8-9 郵船ロジスティクス

日本郵船グループの中核を担う、日本の大手国際航空・海上貨物フォワーダー。国や地域、業種を問わず活躍する、世界有数の国際物流企業グループです。

沿革と企業の特色

郵船ロジスティクスは、1955年にIATA（国際航空運送協会）許可の航空代理店として、「国際旅行公社」を設立し、営業を開始しました。1959年には、「日本郵船」の支援を得て、社名を「郵船航空サービス」へと改称。1994年10月には旅客事業を「郵船トラベル」に譲渡しました。その後、日本郵船物流グループ子会社である「NYKロジスティックスジャパン」から事業を譲り受けて、2010年10月に商号を「郵船ロジスティクス」へと変更しています。従来の「郵船航空サービス」の強みであった航空貨物輸送に、「NYKロジスティックスジャパン」の強みである海上貨物輸送を加え、さらに、在庫管理・流通加工などを一括で請け負うコントラクト・ロジスティクス、トラックなどによる陸上輸送といったサービスも加えることで、企業の物流戦略により深く関わりサポートする、ロジスティクス・プロバイダーへと進化を遂げています。

従来の強みであったフォワーディング*サービスとコントラクト・ロジスティクスサービスを組み合わせ、総合物流業者として顧客のグローバルな物流最適化要請に応えるサービスを提供することを目指しています。

2030年のビジョンである「総合物流企業の枠を超え中核事業の深化と新規事業の成長」を基に中期経営計画を策定し、ESGを中核に据えた成長戦略を推進しています。

事業戦略と地域戦略

・地域特性および戦略分野

日本、東アジア、南アジア、欧州、北米の5種に分けて地域ごとに戦略を立てています。

日本：コントラクト・ロジスティクス事業を拡大、最新

フォワーディング　主に国際物流において貨物の輸送を手配し、管理するサービス。フォワーダーと呼ばれる事業者が、荷主に代わって航空便や船舶などの輸送手段を手配する。通関手続きや書類の作成、保険の手配、スケジュール管理なども含まれる。

の物流技術を導入し、生産効率の向上と物流コストの削減

北米：e-fulfillment 事業を強化、リテール業界の需要に対応

欧州：Good Distribution Practice（GDP）認証を取得した施設を運営し、医薬品物流の信頼性を確保

東アジア：ヘルスケア物流や自動車部品物流など、専門性の高い物流サービスを提供

南アジア：コールドチェーン*と食品物流事業を強化、人口増加に伴う食品需要の増加に対応

郵船ロジスティクスは、2026年までに1400億円規模のM&Aを含む投資を計画しています。

戦略的投資は、地域特性と分野に基づいて行われ、北米、南アジア、東アジア、欧州といった重要市場に焦点を当てています。特にコントラクト・ロジスティクス事業の拡大が重視され、これにより新たなビジネス機会を創出し、フォワーディング事業の拡大も目指します。また、過去の投資実績に基づき、ヘルスケア、自動車、e-fulfillment、フードリテールなどの戦略分野での投資を継続しています。

郵船ロジスティクスの戦略イメージ

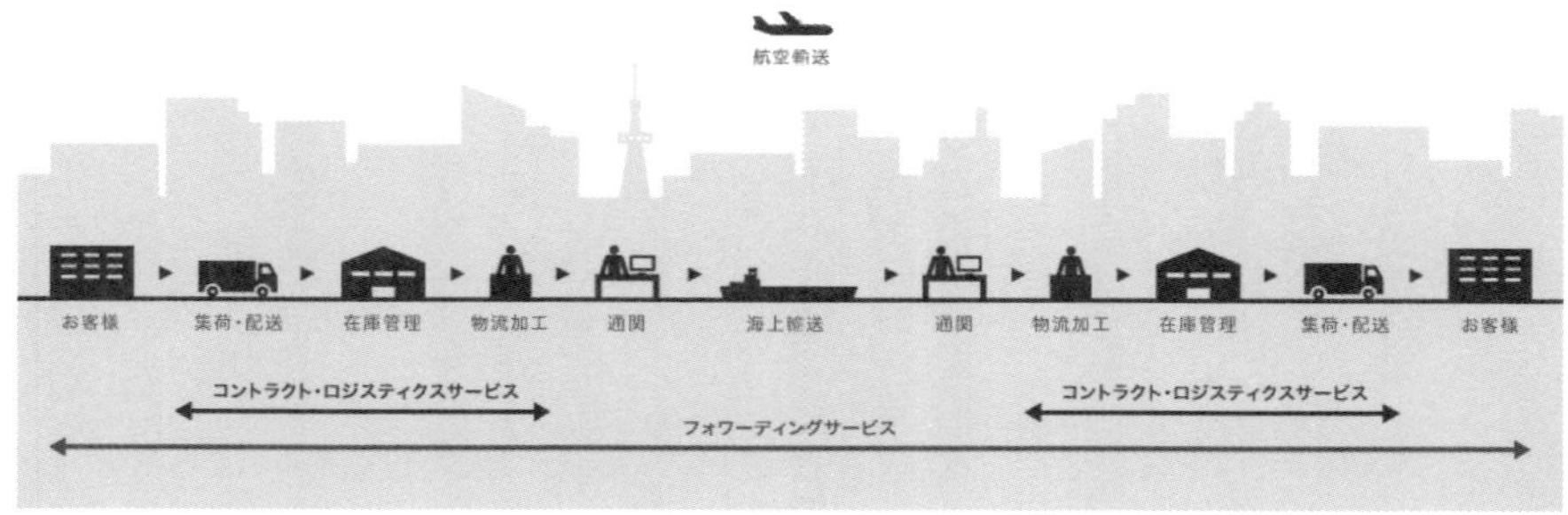

出所：郵船ロジスティクスホームページ

コールドチェーン　冷蔵・冷凍が必要な食品や医薬品を、製造から消費者までの間で適切な温度（チルド、冷蔵、冷凍）で保ったまま管理し、流通させる一連の流れ・仕組みのこと。

Section

8-10 日本郵便

日本郵便株式会社は、郵政民営化政策の下に誕生した、わが国最大の物流企業です。

沿革と企業の特色

郵政事業は、明治4年の郵便制度創設以来、あまねく全国に設置された郵便局ネットワークを通じて、郵便、郵便貯金、簡易生命保険等、国民の日常生活に必要不可欠な生活基礎サービスを一体的に提供してきました。

しかし、郵政民営化*政策により、2007年10月に持株会社である**日本郵政**株式会社の下、郵便事業株式会社、郵便局株式会社、株式会社ゆうちょ銀行、株式会社かんぽ生命保険の各社によるJP日本郵政グループ*に移行しました。

その後、2012年10月、郵便局株式会社が、郵便事業株式会社を吸収合併し、名称を**日本郵便**株式会社と改称しました。これと同時に、貯金、保険の基本的なサービスを郵便局で一体的に利用できる仕組みが確保されるようになりました。

2015年5月、オーストラリアの物流大手、トール・ホールディングスを買収し、100%子会社としました。

2021年3月期の連結売上高は3兆6569億円、わが国最大の物流企業。従業員数は、17万1804名です。

事業戦略と方向性

日本郵政グループにおいて郵便事業の運営と郵便局の運営を営む、日本郵便株式会社の展開する物流事業は、国内物流事業、国際物流事業およびロジスティクス事業に分けられます。

国内物流事業は、宅配便およびメール便の業務に相当する業務（ゆうパック、ゆうメール）です。また、ゆうパック包装用品等の販売、代金引換サービスにおける商品代金の回収並びにゆうパック等の作成および差出しに関する業務その他の附帯業務を行っています。

国際物流事業については、関係会社であるトール社がオ

Term

郵政民営化　日本政府が郵便事業、銀行業務、保険業務を担っていた日本郵政公社を民間企業として再編し、経営の効率化と市場競争力の向上を図るための改革を指す。2005年に成立した郵政民営化法に基づき、2007年に実施された。

セアニアおよびアジアにおけるエクスプレス物流、オーストラリア、ニュージーランド国内における貨物輸送、国際的貨物輸送およびアジア太平洋地域における3PLプロバイダーとしての輸送・倉庫管理等のサービスを行っています。

しかしコロナウイルスの影響やサイバー攻撃によって業績が悪化。2021年に投資ファンドであるAllegro Fundsの傘下企業にトール社のエクスプレス事業を譲渡しました。

2023年1月には事業再編を行い、コントラクト事業とフォワーディング事業をJPロジスティクスグループに移管しました。

これによってスピーディーな意思決定が可能になり、より高品質なサービスの提供を可能にしています。

ロジスティクス事業については、ゆうちょ銀行およびかんぽ生命保険からの委託を受けて日本郵政グループ内の物流業務を一括して受託する業務や、物流業務の改善に係るコンサルティングを行うと共に、その企業の物流業務フローを設計・構築し、当該荷主企業における輸送、保管、荷さばき等の物流業務を一括して受託する業務を行っています。

また自社でも新しい取り組みを行っており、2021年10月にAI配送システムを導入し、効率的な配送ルート設定や荷物の最適化を通じて配達時間を短縮し、労働力不足の問題にも対処しています。

また、2022年3月には環境負荷の軽減を目指して全電動配達車を導入し、CO_2排出量を削減し、環境保護に貢献しています。これらの取り組みは、日本郵便の持続可能な運営と環境への配慮の一環として位置付けられています。

30年ぶりの大幅値上げ

2024年10月に30年ぶりとなる各種料金の値上げを行いました。

	9/30まで（旧料金）	10/1以降（新料金）
定形郵便物	25gまで 84円 50gまで 94円	50gまで 110円（重量区分を統合）
通常はがき	63円	85円
レターパック	プラス 520円 ライト 370円	600円 430円

出所：日本郵政株式会社

Term **日本郵政グループ**　日本郵政株式会社は、日本郵便、ゆうちょ銀行、かんぽ生命保険などを傘下に持ち、日本郵政グループ全体を統括している。

Section

8-11 鴻池運輸

積極的なM&Aや大型投資、新規事業開拓など様々な挑戦を重ねる鴻池運輸。製造業に加え、国内経済の成長分野であるサービス業の請負事業においても着実に事業を拡大しています。

沿革と企業の特色

1880年、創業者の鴻池忠治郎氏が、今の大阪市此花区にて、個人創業で運輸業を始めたのが、**鴻池運輸**の起点です。その後、1945年に、鴻池運輸株式会社が設立されました。

サービスを提供する業界は、鉄鋼、食品、飲料、医療、空港、化学品、住設機器と多岐にわたります。

近年は、ミャンマーやカンボジア、メキシコにまで進出するなど、グローバル化の加速を図っています。

物流業界では、IT技術の活用と効率的なオペレーションが求められる中、鴻池運輸は最新の物流管理システムを導入し、リアルタイムのデータ分析や予測技術を駆使しています。また、エコ物流の推進や環境配慮型の車両導入を進めています。これにより、業界内での競争力を維持しつつ、顧客に対して高品質なサービスを提供しています。

2024年3月期の連結売上高は、3150億円です。

事業戦略と方向性

鴻池運輸の事業は、複合ソリューション事業、国内物流事業、国際物流事業に分けてとらえられます。

・**複合ソリューション事業**…売上高の約6割を占めるコア事業です。鉄鋼、非鉄・金属、ガス、化学などの素材産業分野から、食品、日用品などの消費産業分野、航空産業分野や医療産業分野に至るまで、様々な業種や業態を対象にお客様の事業活動における各種工程の業務請負を行っています。

・**国内物流事業**…売上高の約2割を占める安定した事業です。国内に保有するドライ倉庫*を拠点とした一般物流

Term **ドライ倉庫**　**常温倉庫**ともいわれ、温度や湿度の管理が必要ない商品を保管するための倉庫。

業務、冷凍・冷蔵倉庫を拠点とした定温物流業務（冷凍食品など、温度管理を必要とする商品の保管配送業務）について、食品メーカーやスーパー、コンビニエンスストア、機器・住宅関連メーカー、アパレル関連メーカーなどの幅広いお客様に対して、商品の保管から流通加工・配送までを一貫して提供しています。

・**国際物流事業**…売上高の約2割を占める近年成長している分野です。国内・海外においてフォワーディング業務、倉庫・配送業務（一般・定温）などを展開しています。生鮮食品から最先端の精密部品に至るまで、多種多様な貨物の各種輸送サービス、お客様の海外工場建設ニーズに対応した生産設備の輸送・施工サービスなど、お客様の海外事業展開をサポートしています。

2023年3月期〜2025年3月期を対象とした新中期経営計画では、コロナウイルスなどの想定外の事業環境の変化を受け、「2030年ビジョン＝私たちの目標」として、「技術で、人が、高みをめざす」と明文化し、①革新への挑戦②安全・安心の追求③サステナビリティの追求④収益力の向上に重点的に取り組むとしています。

中期経営計画

KONOIKEグループが2030年に目指す姿

技術で、人が、高みを目指す

先端テクノロジーを使いこなす次世代KONOIKEスピリットで、
お客様と社会の課題解決を図る「現場のあり方」を進化させていきます。

「高みを目指す」とは…

1. 新技術を活用し、現場の更なる安全確保と改善･工夫を進め、一人ひとりの創造性を高める豊かな働き方を実現していく。
2. 匠の“暗黙知”を、みんなが使えるグループ共通資産という“強み”に変えていき、変化対応力のDNAに磨きをかけていく。
3. 安全･安心の水準を高め、次世代の事業創出力を強化し、サステナブルな社会基盤創造へさらなる革新を実現していく。

ブランドプロセス
私たちの約束

私たちの
ブランド

企業理念
私たちの使命

2030年ビジョン
私たちの目標

行動指針
私たちの覚悟

貨物の追跡　国際物流では、船便の「コンテナ番号」で追跡ができます。この番号は、貨物の追跡、管理、セキュリティを効率化するための重要なキーです。世界中どこにあっても、コンテナの位置や状態をリアルタイムで確認できるのが、国際物流の面白い一面です。

グレートカンパニー紹介〜フジトランスポート

明確な戦略の打ち出しと実行力で革新を続ける運送会社

●沿革と企業の特色

フジトランスポート株式会社は、奈良県奈良市に本社を置き、グループ年商535億円（2024年5月）グループ従業員総数3,142人の物流企業です。全国に約123拠点を持ち、車両台数はグループ総数2,768台を保有しています（2024年5月現在）。2002年に富士運輸からフジトランスポートに社名変更されました。

同社は1978年4月に創業。2001年に松岡弘晃氏が代表取締役に就任して以降、急成長を遂げている企業です。宅配大手企業、路線企業の幹線輸送をメイン事業としているため保有車両のほとんどが大型トラックである点が特徴です。2022年に大型トラックの保有台数2000台を目標にしており、「長距離輸送のロジスティクスプロバイダー」として様々なエリアでネットワークを拡大させています。

●車両への投資

フジトランスポートの一番の特長としては、様々な仕事に対応できる**マルチトラック**の開発です。現社長の松岡氏が専務時代には、お客様専用車を作り業務を行っていました。しかし、お客様専用仕様のトラックを増やしすぎると、柔軟性に欠け経営リスクを高めることになると考え、多様な仕事に対応できるトラックをトラックメーカーと共に開発を進め、マルチトラックの導入を進めました。

マルチトラックを導入したことで様々な荷主の仕事を請けることができるようになり、業績も右肩上がりに伸ばしていきました。

また、車両コストを下げるための取組みも数多く行っています。トラックは大量購入により仕入れ原価を低く抑えることで、毎年100台以上増車を続けています。車両整備もグループ全体で整備工場を21拠点持ち、徹底した予防整備を行っています。トラックメーカーやディーラーの持つ整備工場の整備士が不足し、整備能力が落ちていくという予想のもと、15年以上前から自社整備への取組みも強化してきました。実際に現状、トラックメーカーやディーラーも人手不足に悩まされており、簡単な修理依頼にも1週間ほどの時間を要する場合もありますが、フジトランスポートでは自社整備によりスピーディーな対応が可能になっています。

●ITへの投資

フジトランスポートでは、IT投資も積極的に行っています。運送ビジネスでは、荷物を積んで走行した距離を指す実車率が売上に直結します。同時に荷物を積まずに走行する空車率を減らすことが重要になります。フジトランスポートでは、運行管理者やお客様がネット上でフジトランスポートの車両情報を確認できるシステムを自社で開発し、さらにそのシステムを販売するドコマップジャパンを設立しています。どの車両がどこを走っており、実車か空車か（実車は荷物を積んでいる状態、空車は荷物を積んでいない状態）を見える化したことで、運行管理も簡素化しお客様からの空車車両の利用依頼が増加し、システム開発前には33%あった空車率が、導入後14%まで改善されました。

これらの取り組みが評価され、一般社団法人 船井財団が主催するグレートカンパニーアワード2015において、ユニークビジネスモデル賞を受賞されました。

社名	フジトランスポート株式会社
本社住所	奈良県奈良市北之庄町 723-13
HP	http://www.fujitransport.com/

IT投資により
見える化を
実現しています。

第9章

物流DX

急速に進むデジタルトランスフォーメーション（DX）は、物流業界にも大きな変革をもたらしています。自動化やロボット、AI、IoT などの技術がどのように物流の効率化を進め、サプライチェーン全体を最適化しているのか。最新の DX 事例とその導入による効果について、業界の現状と未来を紹介します。

Section

9-1 ロジスティクス4・0

ロジスティクス4・0とは、第4次産業革命（インダストリー4・0）の物流版といわれ、IoTの進化により省人化・標準化を実現する物流イノベーションです。

ロジスティクスにおける革新の変遷

ロジスティクスは、いままでに3つの革新的変化を遂げてきたといわれています。

第1の革新は、19世紀後半から20世紀にかけての**輸送の機械化**です。それまでは、人力や馬車、帆船などに委ねられていましたが、トラックの実用化や鉄道網の整備等が行われ、陸上での大量・長距離輸送が可能になりました。船舶に関しても、汽船・機船の普及により、輸送能力や安定性が大きく向上しました。

第2の革新は、1960年代からの**荷役の自動化**です。荷物の自動仕分けや、荷物を自動でラックに出し入れする自動倉庫が登場します。倉庫内の荷役作業が一部機械化・自動化され、生産性が向上しました。

第3の革新は、1980年代からの**物流管理のシステム化**です。WMS＊（Warehouse Management System／倉庫管理システム）やTMS＊（Transport Management System／輸配送管理システム）といったITを活用した物流管理システムが広がり、在庫管理や配車手配の自動化・効率化が実現しました。

ロジスティクス4・0とは

そして、まさにいま、進みつつある第4の革新が**ロジスティクス4・0**（Logistics4.0）と呼ばれており、「IoT＊の進化による省人化・標準化」のことを指します。

自動運転トラック、倉庫ロボット、ドローンなどIoTの進化によりサプライチェーンの各領域において省人化が進みます。輸送は自動運転のトラックが高速道路を走り、自動トラックドライバー不足の解消を期待されています。

WMS　Warehouse Management Systemの略。
TMS　Transportation Management Systemの略。

運転については技術面でも、法律面でも、まだまだ解決すべき課題がありますが、そこまで遠い未来の話ではなくなってきているのは間違いないでしょう。また、ドローンによる無人配送も実証実験が進み始めています。倉庫においては、荷役、格納、搬送、ピッキング等を自動で行うロボットが登場してきています。オペレーションが人から機械やシステムに置きかわることにより、必要人数は大幅に削減され効率化が実現しています。

一方で、ＩoＴの進化によりサプライチェーン全体が繋がることで、物流インフラの標準化も期待されています。調達から生産、小売、配送まで、すべてのデータが連携されることにより、どこに、どれくらいのモノがあるのかを正確に把握できるようになります。例えば、ＲＦＩＤタグで、生産や販売、輸配送の状況がリアルタイムで共有されることで、需給の変動や輸送環境の変化に応じた生産・物流計画の柔軟な見直しが可能となります。また、すべての物流情報が管理され、運用ノウハウさえもデータとして蓄積されるようになれば、このようなシステムを購入するだけで同等の物流効率化を成し遂げられることになります。つまり、ＩoＴが進化すれば、企業や業界間での物流機能・情報の格差が縮小し、標準化されていくといえます。

ロジスティクス4・0がもたらすメリット

この第４の革新が、人材不足にあえぐ物流業界の課題を解決することが期待されています。具体的には次のような効果が予想されています。

・省人化による人件費の削減および人材不足の解消
・ロボット・機械による24時間３６５日連続稼働が可能になり、生産量・処理量が向上
・サプライチェーンの上流から下流までの情報を一元化することで、在庫の最小化と機会損失の縮小
・総合的な視点から最適物流を判断でき、生産性が向上

ロジスティクスは、時代の変化とともに常に進化を続けてきました。現在進行中のロジスティクス4・0は、その進化の中でも特に大きな変革をもたらすものです。ＩoＴや自動化技術の発展により、省人化と標準化が進み、物流業界は新たなステージに突入しています。この革新は、業界の持続可能性を高めるだけでなく、全体の生産性向上と効率化を実現する鍵となるでしょう。今後もこの動向を注視し、さらなる進化を期待しましょう。

IoT　Internet of Thingsの略で、インターネットを通じて様々な「モノ」が相互に接続され、データを収集・共有し合う仕組みのこと。これにより、リアルタイムでの監視や制御が可能となり、効率化や新たなサービスの提供が実現する。

Section

9-2 倉庫ロボット

倉庫ロボットは、ピッキングの効率化や保管効率の最大化などの効果を狙い、様々な物流シーンでの導入が進んでいます。

倉庫ロボットの種類と概要

倉庫ロボットには、用途に応じて様々な種類があります。例えば代表的なものに、次のようなロボットがあります。

①AGV（無人搬送車）

AGVは、倉庫内の荷物の移動を人の代わりに行うロボットです。バッテリーで稼働する車両で、物を上に乗せる、もしくは牽引して運びます。AGVは、製造業、物流、食品・飲料業界など多くの業界の倉庫・工場で活用することができ、自動化ニーズの高まりとともに急成長しています。

②ピッキングロボット

ピッキングとは、特定の注文に合わせて商品を収集する業務を指し、これを自動化するロボットです。

ピッキングロボットの定義は広く、ピッキングを人間の代わりに行うもの、商品を移動するもの、商品を画像認識で選別するものなど、いくつかの種類があります。

③ロボットストレージシステム

ロボットストレージシステムとは、自動倉庫の一種で、立方体型のロボットが専用の保管棚から商品をピッキングして、人が商品を扱う場所まで運ぶシステムです。高密度で高い保管効率と高速化されたピッキングを実現しており、対応する倉庫の広さに合わせた柔軟な構成が可能です。特にECサイトや小売業などでの需要が高まっています。

④パレタイズロボット

パレタイズ*ロボットは、商品や荷物をパレットに積み重ねる作業を自動化するために設計されたロボットです。

パレタイズ　物流現場において、複数の商品や荷物をまとめてパレットの上に積み上げる作業のことを指す。これにより、フォークリフトなどを使って一度に多くの荷物を効率的に運搬できるようになり、積み下ろしの時間や労力が大幅に削減される。

もともと段ボールなどのケース単位だった商品を効率的かつ正確にパレットに積んでいくことで、出荷準備を行うことができます。

⑤ドローン

ドローン*を利用して倉庫管理を自動化することも可能です。倉庫内の監視や、カメラで在庫数を認識させ棚卸しを自動化するなど、倉庫内を縦横無尽に飛び回ることができるドローンだからこその役割を担います。高所での目視確認なども不要になるため、効率化だけでなく安全対策にもなります。

倉庫ロボットの活用のために

このように、現在では様々な物流シーンにおいて、ロボットが活用されています。

いまはまだ大企業の物流センターでの導入が中心となっていますが、これからは中堅・中小企業でも活用が進んでいくと考えられます。そのためには技術面でのキャッチアップだけではなく、ロボットを有効利用するための組織体制ができているかが重要です。業務プロセスの可視化やオペレーションの見直し、人材の育成など、並行してこれらの課題もクリアしていく必要があります。

ロボットの導入目的は、省人化などのコスト低減を目的とするケースが大半ですが、特に日本では熟練仕事や過酷な現場など作業の代替を目的とするケースも多く、ロボット導入の目的も企業ごとに多様化してきています。

今後の展望

倉庫ロボットは、自動化技術の進歩や生成AIなどとの連携により、日進月歩で進化を続けており、これからも導入が進むことが予測されています。

矢野経済研究所が出している市場調査によると、2021年度に242億9000万円だった物流ロボティクスの市場規模は、2025年までの4年で約2.5倍にまで成長する見通しです。

ドローン　無人航空機の一種で、遠隔操作や自律制御により飛行する装置。航空技術の進歩により、小型で高機能なモデルが増え、商業や産業用途での重要性が増している。

Section

9-3 自動運転トラック

近年、急速に進展する自動運転技術は、物流の効率化とドライバー不足の解消に向けた有望な解決策として注目されています。本節では、自動運転トラックの現状と課題、そして未来の展望について解説します。

自動運転技術の進化と政府プロジェクト

日本においては、政府の目標として2025年度以降に高速道路でのレベル4自動運転トラックの実現、2026年度以降の実用化と社会実装が掲げられています。これを達成するために、車両技術の向上、社会受容性の向上、外部支援の整備、制度整備が進められています。

自動運転レベルとは?

自動運転技術は、その自動化の度合いによって、表のようにレベル0からレベル5までに分類されます。

自動運転レベル

レベル	概要
0（運転支援なし）	ドライバーがすべての運転操作を行う。
1（運転支援）	システムが車両の前後または左右の動きを支援する。 例：アダプティブクルーズコントロール
2（部分自動運転）	システムが車両の前後および左右の動きを同時に支援する。 例：車線維持アシスト
3（条件付き自動運転）	特定条件下でシステムがすべての運転タスクを実行し、システムの介入要求にドライバーが対応する。
4（高度自動運転）	特定条件下でシステムがすべての運転タスクを実行し、システムの介入要求にドライバーが対応する必要がない。
5（完全自動運転）	あらゆる条件下でシステムがすべての運転タスクを実行し、ドライバーの介入が不要。

技術開発と課題

自動運転トラックを実現させるためには、以下の4つのハードルがあります。

Point

特定条件下とは　具体的な「特定条件下」の一例として地理的（特定の高速道路区間や市内の特定エリアなど）な制限や、速度制限、時間帯の制限などが挙げられる。

①車両技術開発

自動運転トラックの技術開発では、大型車特有の課題が存在します。具体的には、次の技術が重要となります。

1. カメラとレーダーの併用：視覚情報と電磁波を用いた検知で、より精密な環境認識を行う。
2. 高精度地図：正確な位置情報を提供することで、自動運転システムの精度を向上させる。
3. AIと機械学習：膨大なデータを元に学習し、運転パターンや環境認識の精度を向上させる。

加えて、大型車両特有の以下の課題にも対応する必要があります。

1. 急停止・急操舵の困難さ：車軸の数や配列、ホイールベース*の長さ、積み荷の多様さが影響する。
2. 検知範囲の広さ：乗用車よりも多くのセンサーやカメラが必要。
3. 通信の課題：自車荷台が通信の遮蔽物になるため、複数の通信手段とアンテナ・検知器機が必要。
4. 走行可能な経路情報：大型車が走行可能な経路情報の提供が必要。

②法的枠組みの整備

自動運転トラックの実用化に向けた法的枠組みの整備が着実に進んでいます。2023年には、経済産業省と国土交通省が初めてレベル4自動運転車システムが承認されました。これにより、特定の条件下で完全に自動化された運行が可能となりました。

それ以外にも運行管理と安全基準に関する問題、プライバシーとデータ保護、保険制度の見直し等、各種制度を整えていくことが求められています。

③制度整備

自動運転トラックの実現には、道路インフラと車両の協調が欠かせません。路車協調システムにより、道路から車両への情報提供が行われます。例えば、合流支援情報や落下物情報、工事規制情報などがこれに含まれます。新東名高速道路の特定区間での実証実験では、合流支援や本線の先読み情報提供システムが導入されました。

④事業性

①～③の技術的な課題を乗り越えたとしても、最終的に物流事業者が自動運転トラックを導入しないことには普及

ホイールベース　前輪の中心から後輪の中心までの距離のこと。この距離は車両の安定性や操縦性に影響し、ホイールベースが長いほど直進安定性が高くなり、短いほど小回りが利く。ホイールベースの長さは、積載能力や車両の用途に応じて設計される。

しません。

自動運転トラックの実用化には、持続可能な事業モデルの構築が不可欠です。物流事業者のニーズを踏まえた事業モデルの検討や、実用化に向けたコストダウン、事業性分析が必要です。

■今後の展望と社会実装に向けたステップ

政府では、黎明期（2025年まで）は中継エリアを必要としない車内有人での自動運転を実現することを目標としています。

また、普及期（2030年頃）以降は中継エリアなどの整備が進み、無人自動運転の運用を開始させることを目標としています。

自動運転トラックの実用化は、技術的および法的課題が多いものの、物流効率の向上とドライバー不足の解消に向けた有望な解決策として注目されています。技術面では高精度なセンサーやAIの進化が求められ、法的には運行管理や安全基準の整備が不可欠です。日本政府やトラック開発メーカーなど官民連携でこれらの課題を克服することで、持続可能な事業モデルの構築が期待されています。

自動運転のレベル分けについて

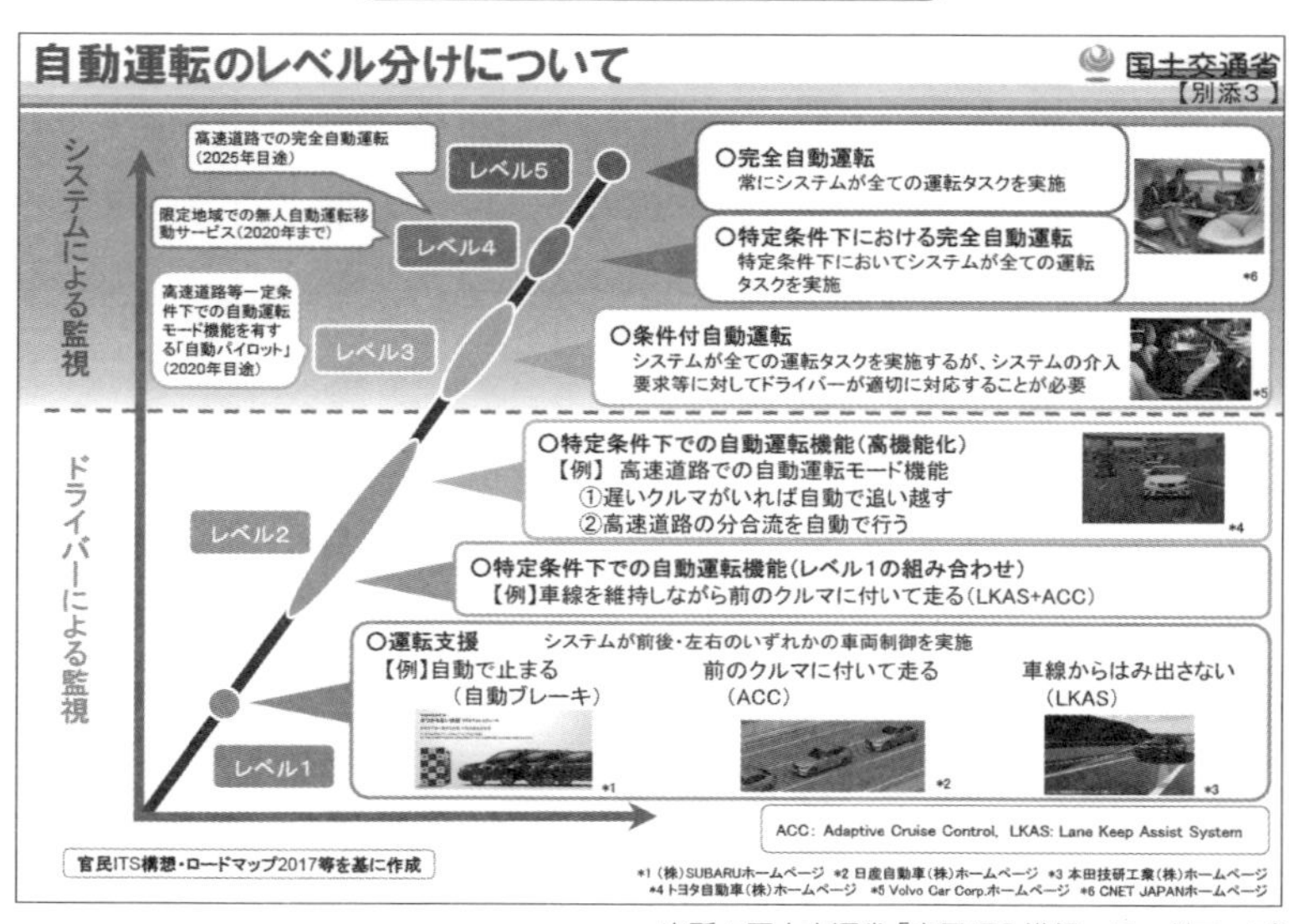

出所：国土交通省「官民ITS構想・ロードマップ2017」

自動隊列走行　アメリカでは、複数のトラックが一定の車間距離を保ちながら、自動運転技術を活用して高速道路を走行する、**自動隊列走行**の技術開発が進んでいる。輸送効率の向上だけでなく、後続車は空気抵抗が減り、燃費が向上するといわれている。

グレートカンパニー紹介〜エコトラック

環境貢献と企業成長を同時に実現。日本初・オール低公害車の運送会社

●社会性・収益性・成長性を実現する環境経営

株式会社**エコトラック**は、大阪府門真市に本社を置き、グループ全体で車両台数100台、従業員数120名の運送会社です。

近年では、SDGsやカーボンニュートラルといった取り組みへの注目度が高まり、大手物流会社では物流システムの構築において、環境保護の視点が重要視され始めています。しかし創業当時は、環境貢献に率先して取り組む企業は決して多くなかったです。そのような状況のなかでも、同社は行政等の実証実験への協力や、出張授業で子どもたちへの環境教育活動を無償で続けてこられ、活動が評価されるようになりました。メディアに取り上げられるにつれ、環境経営を標榜する大手企業から直接取引をしたいと声をかけられるようになりました。環境活動と収益性を両立され、創業以来増収&黒字経営を続けています。

●お客様の物流パートナーとして持続的な物流システムの構築を提案

同社は、持続可能な物流を目指し、多様な脱炭素化の取り組みを実施しています。天然ガス（CNG）車、液化天然ガス（LNG）車、EV車、ハイブリッド車など、多様な環境対応車両を導入することで、輸送のニーズに応じた最適な車両選択が可能となり、効率的かつ環境に優しい輸送サービスを提供しています。

また、従業員や地域社会への環境教育にも注力されています。社内研修や地域イベントを通じて、環境意識の向上と持続可能な社会の実現に向けた啓発活動を行っています。また、業界全体の脱炭素化を推進するため、他の企業や団体とも連携し、情報共有や共同プロジェクトに取り組んでいます。

これらの取り組みが評価され、一般社団法人 船井財団が主催するグレートカンパニーアワード2018において、社会貢献賞を受賞されました。

社名	株式会社エコトラック
本社住所	大阪府門真市稗島 185
HP	http://ecotruck.co.jp/

Section
9-4 ドローン配送

ドローン配送は、無人航空機を用いた新しい物流形態であり、迅速かつ効率的な物資の輸送手段として注目が集まっています。

ドローン物流の概要

ドローン配送は、**無人航空機**（UAV）を使用して物資を迅速に届ける新しい物流形態です。これにより、従来の配送方法では困難だった地域や状況での配送が可能になります。特に都市部での小型パッケージの配送や、災害時の緊急物資供給において**ドローン**は大きな役割を果たしています。技術の進展により、飛行距離や積載量が向上し、商業利用の実現性が増しています。日本では、医薬品の配送や災害支援などでの実証実験が進行中で、政府も規制緩和を進めています。Amazonや楽天といった企業もドローン配送の導入を試みており、物流業界全体での普及が期待されています。ドローン配送は、配送の迅速化、コスト削減、環境負荷の低減など多くの利点を持ち、未来の物流インフラとして重要視されています。

日本におけるドローン物流市場&事例

日本におけるドローン物流市場は、技術の進展と規制の整備により急速に成長しています。2022年に施行された**航空法改正**により、有人地帯での目視外飛行（レベル４*飛行）が可能となり、ドローン物流の実用化が一層進んでいます。

また、2023年に日本初となるレベル4での飛行を実施し、配送トライアルを行いました。東京都西多摩郡奥多摩町の郵便局から住宅への荷物配送を目的としたもので、特に自然災害の際の迅速な対応を支援するものです。さらに、近年直面している少子高齢化や労働力不足の重要な解決手段として注目されています。

また、同年に実施されたANAホールディングスの「沖縄県久米島町におけるレベル4でのドローン配送実証実験」

レベル4　ドローン配送の「レベル4」は、人間の監視や操作なしに完全に自律的に飛行できる状態を指す。障害物回避や最適ルート選定もドローンが行い、自動配送が可能。

があります。このプロジェクトでは、沖縄県南相久米島町の一部地域で、日用品や食品をドローンで配送する実証実験が行われました。ドローンは目視外飛行で、店舗から指定の配送ポイントまで物資を運び、住民の利便性向上の寄与に期待されています。

これらの事例は、日本におけるドローン物流の可能性を大いに広げ、物流業界全体に新たな革新をもたらしています。今後、さらなる規制の緩和や技術の発展により、ドローン物流は一層普及し、私たちの生活をより便利にする存在となるでしょう。

海外におけるドローン物流市場&事例

近年、ドローン配送は世界中で急速に普及し始めており、特にアメリカと中国では大きな進展が見られます。アメリカでは、Amazonが「Prime Air」プロジェクトを推進し、2022年にはテキサス州カレッジステーションとカリフォルニア州のロックフォードで初の商業配送を開始しました。また2023年にはAmazon Pharmacyと連携してお客様の処方箋薬の配送も開始し、都市部の効率的な物流の一端を担っています。

中国では、拓攻機器人（TopGun）が中国内の業界トップをリードしています。農業・物流・産業の分野にドローンを活用しており、中国大手物流会社向けに支線輸送用ドローンを提供しています。

これらの事例は、ドローン配送が持つポテンシャルを示しており、物流の効率化と迅速化に大きく貢献しています。各国の取り組みは、今後の物流のあり方を大きく変える可能性を秘めており、さらなる技術革新が期待されます。

レベル４運輸に向けた訓練の模様

出所：ANAホールディングス「レベル４によるドローン配送サービスの実証実験を実施！」より

ACSL式PF-2CAT3型▶

Point **AIによるルート最適化**　ドローン配送の興味深い進化に「AIによる配送ルート最適化」がある。AIがリアルタイムで交通状況や気象を分析し、最も効率的なルートを選定することで、配送時間の短縮とコスト削減が実現する。

Section

9-5 物流AIの基本

物流業界でもAIの導入が急速に進んでいます。物流AIの基本を理解し、そのメリットや導入の課題についてお伝えします。

AI活用で期待される効果

ChatGPT*をはじめとした**生成AI**の登場により注目が高まっていますが、物流業界においても**AI**の導入が進んでおり、配送ルートの最適化、在庫管理の精度向上、物量予測の改善など、様々な分野で活用されています。

AIは大量のデータを解析し最適な判断を下すため、人間の作業を補助または代替することができます。例えば、交通状況や納品先などのデータをAIがリアルタイムで解析し、最短かつ最も効率的なルートを導き出すことが可能です。

このように、人がやると時間がかかったり、正確な判断ができなかったりすることに対し、AIを活用することで、判断や作業のスピードと精度が向上し、業務の効率化が期待されています。

また、顧客満足度の向上も重要なメリットです。AIによる需要予測や在庫管理の精度向上により、顧客が必要とする商品を適切なタイミングで提供することが可能となります。これにより、欠品や過剰在庫のリスクが減少し、顧客満足度の向上に繋がります。

さらに、AIは24時間体制で稼働することができるため、人手不足の問題を解消する助けとなります。特に、夜間や休日でもAIは休むことなくデータを解析し、最適な判断を下すことができます。これにより、物流業務の継続性と信頼性が向上します。

物流AI活用のポイント

物流AIの導入は、業務効率や顧客満足度の向上に大きな効果をもたらす一方で、効果的に活用するためにはいくつかのポイントを押さえる必要があります。

Term **ChatGPT**　OpenAIが2022年11月に公開した人工知能チャットボットであり、生成AIの一種。GPTはGenerative Pre-trained Transformerの略となっており、「生成可能な事前学習済み変換器」という意味。

①データの質と量の確保

物流AIが効果を発揮するためには、質の高いデータが欠かせません。AIは膨大なデータを解析して最適な判断を下すため、そのデータが正確で最新のものでなければ、効果的な結果を得ることは難しいです。具体的には、リアルタイムでのデータ収集や、データの一貫性と整合性を確保することが重要です。これには、IoTデバイスやセンサーを活用し、物流の各プロセスから正確なデータを取得する仕組みを整えることが求められます。また、AIの学習に十分な量のデータを蓄積することが成功の鍵となります。

②現場との連携と教育

AI技術を活用する際、現場の理解と協力が不可欠です。現場のスタッフがAIの役割を理解し、適切に利用できるようにするための教育が重要です。例えば、AIが提案する最適ルートや需要予測の結果をどのように活用するかを具体的に学ぶことで、現場での実行がスムーズに進みます。また、現場からフィードバックを受け取り、それをAIシステムの改善に活かすことで、より現場に即した実用的なAIツールが完成します。教育プログラムの充実や、現場との連携を強化することで、AIの導入効果を最大化することができます。

③段階的な導入と拡張性の確保

物流AIの導入にはコストや時間がかかるため、全社的な導入を一度に行うのはリスクが伴います。初めは特定の部門や業務でAIを試験的に導入し、その効果を検証しながら段階的に拡大していくことが推奨されます。この進め方により、初期投資を抑えつつ、導入の成功確率を高めることが可能です。また、AIシステムを選定する際には、将来的に他の部門やプロセスにも簡単に導入できるような、拡張しやすいシステムを選ぶことが重要です。これにより、長期的に見て無駄なく効率的にAIを活用し続けることができます。

これらのポイントを踏まえることで、物流AIの導入を成功させ、業務の効率化や顧客満足度の向上を実現することができます。AIの導入はたんなる技術革新にとどまらず、企業全体の競争力を高める重要な戦略的手段となるでしょう。

クラウドシステム　インターネットを通じてデータやアプリケーションを遠隔のサーバーに保存・管理し、必要なときにアクセスできる仕組み。

Section

9-6 物流AIの実例

労働時間の削減や輸送効率の改善など、AI活用で実際に成果を上げている実例を紹介します。

積載量の可視化で、積載率のアップ

車両の積載量を判定するAIも実用化が進んでいます。トラックに積み込まれた荷物をスマートフォンやタブレットで撮影すれば、AIがトラックの荷台容積に対し、現在何%積み込まれているのかを即座に判定します。積載率を正確に把握することで、無駄なスペースが空いているトラックには他の荷物を積み合わせたり、車両を入れ替えたりして、積載率を向上させることができます。

一般的な物流会社では、配車担当者の経験から、どの荷物をどのトラックに積むのかを決めていますが、それが本当に効率的な組み合わせなのかは検証できていません。しかし、AIによってデータを可視化することで、最適な配車が可能になります。

物量の予測に合わせたシフト管理で労働時間削減

過去実績データから、日々の物量を予測するAIがあります。過去2年分の日別の販売データや天候、気温情報などを分析し、将来的な需要を平均誤差±10%以内で予測します。この技術により、企業は需要波動に迅速に対応でき、無駄な在庫を持つことなく効率的な生産・在庫管理が可能となります。

また、出荷量が多いと予測される日は、あらかじめ協力会社に声をかけて車両の手配をスムーズにすることができます。反対に物量が少ない日は、ドライバーのシフトを調整することで、積載率を向上させ、無駄な出勤をなくすことができます。実際に物量予測AIを導入した運送会社では、ドライバーの労働時間を月間15時間ほど削減されています。

積載量の可視化　積載量の可視化により、物流会社は効率的な配車計画を立てやすくなり、無駄な空車走行を減らすことが可能になる。

■リスク運転を検出し、事故を未然に防ぐ

昨今、ドラブレコーダーの普及率が高まってきていますが、最新のドラレコにはAI機能が付いたものもあります。**AIドライブレコーダー**は、外向きと内向き（ドライバー向き）の2つのカメラによって、運転中の映像をリアルタイムで解析し、危険運転やヒヤリハット運転がなかったかを検出します。

例えば、内向きのカメラでドライバーの目線の向きを検知し、運転方向から2秒以上違うところを見ていた場合、AIが脇見運転と判断し、管理者へ通知が飛ぶようになっています。運転中にスマホの画面を見てしまっていた瞬間などを捉えることができ、事故を起こす前にドライバーへ指導することができます。

従来のドライブレコーダーであれば、すべての運転映像を遡ってチェックする必要がありましたし、チェックしたとしてもつい見逃してしまっていたリスク運転をすべて把握することができます。AIが検出した映像を元にドライバー教育・指導を徹底することで、AIドラレコ導入前と比較して、事故件数を半減以下にしている会社も珍しくありません。

AIを搭載したドライブレコーダー「AIロジレコーダー」

1. 目標達成度を確認

目標設定項目に対する結果と進捗を確認

2. 危険シーン地点確認

危険が検出された場所を確認

3. 危険シーン動画確認

動画(数十秒)にて危険シーン詳細を確認

4. スコア推移状況確認

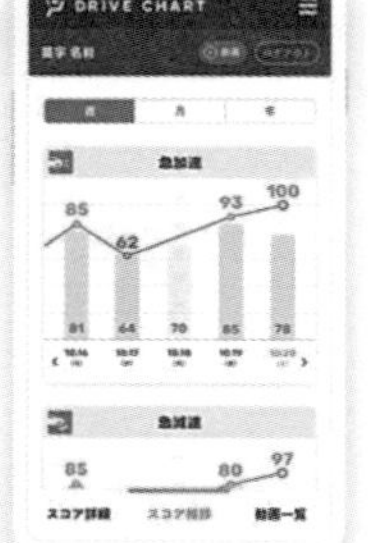

スコア推移を確認し今後の目標を定める

ドライブレコーダー　AI搭載のドライブレコーダーを導入により、物流会社は事故のリスクを低減し、安全性を向上させることができる。運転データの解析により、ドライバーの行動を把握し、運転指導や教育を行う。

MEMO

第10章

物流テック企業の動向

物流テック企業は、次世代の物流を支えるイノベーションの源泉です。スタートアップから大手まで、多様な企業が新技術を駆使して物流の課題を解決しようと試みています。本章では、スタートアップを中心とした最新の物流テック企業の動向を見ていきましょう。

Section
10-1 Hacobu

総合物流プラットフォームを構築し、物流業界に残るアナログ業務の効率化・最適化を行うサービスを提供しています。

沿革と企業の特色

Hacobu株式会社は、2015年6月に設立され、従業員数は約130名、資本金は約38億円の物流テック企業です。同社のミッションは「運ぶを最適化する」であり、物流の効率化とデジタルトランスフォーメーション（DX）を推進することを目的としています。物流業界における様々な課題に対してデータドリブンなアプローチを採用し、物流の生産性向上やコスト削減を実現するソリューションを提供しています。

総合物流プラットフォーム「MOVO（ムーボ）」

同社では、アナログな物流業務をオンライン化し、業務効率化を実現する総合物流プラットフォーム「MOVO（ムーボ）」のサービスを提供しています。

荷主企業と物流企業のデータを連携することにより、物流企業の車両管理や受注・請求管理などの業務サポート、そして法人の輸送や配送依頼・履歴管理などの物流業務をワンストップで管理できる仕組みを作ることができます。

全国のネットワークから荷主と車両を結びつける配送マッチングサービス、車両位置や運行状況をひと目で確認できる動態管理システム、倉庫業務効率化とドライバーの待機時間を短縮するバース管理システムなど、多岐に渡るサービスで物流業務の効率化を実現し、荷主事業者、3PL事業者、運送事業者それぞれの生産性向上と課題解決を行っています。

2023年現在MOVO導入企業は600社を超え、事業所単位では1万5000超、累計登録ドライバーは48万超となっています。

バース管理　バース管理とは、物流センターなどにおいて、トラックの積み下ろしを行うためのスペース（バース）を適切に割り当て、運用することを意味する。バース予約をすることで、無駄な待機時間の削減や施設周辺の渋滞回避が期待されている。

MOVOを導入しての改善事例は次のようなものがあります。

・**大手飲料メーカー**…MOVO Berthを導入し、トラックの待機時間を40%削減、配送効率が向上。
・**大手化学メーカー**…MOVO Fleetを活用し、配送の遅延率を30%改善。
・**食品メーカー**…MOVO Vistaで配車業務をデジタル化、生産性を20%向上、年間コストを削減。
・**医薬品企業**…MOVO BerthとMOVO Fleetの導入で、物流センターでの入出庫時間を短縮し、オペレーション効率を向上。

Hacobuのビジョンは、持続可能な物流インフラを創ることであり、物流業界全体のデジタル化を推進しています。特に2024年問題の中でも課題となる待機時間解消のため、バース予約システムは注目されています。2023年4月には経済産業省「行政との連携実績のあるスタートアップ*100選」に掲載されるなど、社会課題解決に向けた物流DXを推進しています。

MOVO（ムーボ）の役割

サービス名	特徴
MOVO Vista （配送案件管理）	配車支援サービスであり、配車業務をデジタル化し生産性向上を支援します。全国のネットワークから荷主企業と運送会社を結びつけ、簡単・確実に車両手配する事ができるサービスです。見積もりや情報提供はすべてオンライン上で完結します。緊急時の依頼の他、定期便や貸切での配送依頼も可能なため、様々なニーズに合わせて利用することができます。
MOVO Fleet （動態管理）	動態管理サービスであり、車両管理の効率化を図ります。 機能として走行データの蓄積と活用、自社・傭車の一括管理、遅延見込みの自動通知、配送効率の向上などが可能です。 荷主と運送会社双方のコスト削減を実現し、物流センターや工場運営の生産性向上に寄与します。
MOVO Berth （バース管理）	トラック予約受付サービスであり、物流センターや工場における車両待機の改善や生産性向上を支援します。 機能として入場予約・入退場受付、バース作業計画の立案、車両の到着状況の共有、受付・誘導の電子化などがあり、車両の入場時間を分散し計画的な入出荷作業を実現し、待機問題を解消することができます。また、到着順が事前に分かるため当日の作業効率に寄与します。

スタートアップ　革新的なアイデアや技術を基に、迅速な成長を目指す新興企業を指す。テクノロジー分野で多く見られ、社会に新しい価値を提供することを目指す。

Section
10-2 SOUCO

空きスペースと使いたい企業様をマッチングするサービスを展開。物流サービスのシェアリングサービス*を用いてネットで倉庫を貸したい企業と借りたい企業を引き合わせます。

■沿革と企業の特色

東京都千代田区にある株式会社soucoは、「技術によって物流の非効率性を解決し、円滑な社会を実現する」を会社のミッションとして2016年7月に現代表の中原 久根人氏によって設立されました。

物流事業者や物流施設を利用する3PL企業の課題である、閑散期における余剰スペースの転貸先確保や、繁忙期に短期で賃借できるスペースの確保へのソリューションとして、インターネット上のプラットフォーム「souco」を提供しています。

■物流施設・倉庫マッチングサービス「souco」

「souco」は、「必要な時に必要な分だけ 格安で荷物保管」をキャッチコピーとして、物流施設・倉庫の空きスペースを抱える企業と、スペースを必要とする企業の情報を集約しマッチングを行っていくサービスを展開しているスタートアップ企業です。ウェブサイト上で空きスペースの登録・案件の登録が完了できるため、集約された情報から、マッチング・契約まで一本化されています。2024年現在全国2500超の倉庫拠点が登録されています。

これまで、倉庫を借りるための条件は、最低面積1500坪*から、契約期間3~5年程度が、業界では一般的であり、余剰スペースの転貸や短期の賃貸借については、企業同士の情報交換に頼らざるを得ないケースが多く、業界の共通課題となっておりました。しかし、同サービスであれば、50坪から1ケ月単位で借りることが可能となっており、物流拠点をリーズナブルかつスピーディに確保したい大小様々な事業者にとって、ムリなく無駄なく使える有

シェアリングサービス 個人や企業が所有する資産やリソースを他者と共有し、利用するサービスのこと。所有者は、未使用の資産を他者に提供することで収益を得られ、利用者は必要なときにだけ資産を利用できる。

効な仕組みが誕生した形になります。そのため、季節による商品量の増減や、イベントによる一時的な在庫保管のニーズにも対応し、短期間・少量での一時保管場所の確保が可能となっています。

従来soucoのサービスは主に規格化された荷姿での寄託保管需要に対応していました。

実際にある倉庫提供者は、soucoを通じて空きスペースを提供することで、いままで保管効率が20%未満だった倉庫スペースを最大で70%まで向上させ、収益を増加させました。一方、倉庫利用者側では、繁忙期に一時的な保管スペースを確保するためにsoucoを活用し、コストを約50%削減。さらに、倉庫探しの時間を通常の半分以下に短縮し、物流業務の効率化を実現しました。

2023年にはオフィスやクリニックの書類保管向け新プランを開始。既存の段ボールをそのまま利用し、帳票や契約書、カルテなどの保管が可能で、一都三県を中心に展開するなど、soucoは物流施設のシェアリングプラットフォームを提供し、顧客の多様なニーズに対応するサービスを展開しています。

soucoのマッチングサービス

出所：株式会社soucoホームページ

坪 1坪は約3.3平方メートル（縦約1.82メートル×横約1.82メートル相当）で、2畳の広さが約1坪にあたる。

Section

10-3 Shippio

日本初のデジタルフォワーダーとして、デジタルフォワーディング業務とサプライチェーン可視化プラットフォームAny Cargoを提供し貿易DXを実現しています。

■企業の特色

株式会社Shippio（旧サークルイン株式会社）は2016年の設立以来、煩雑な国際物流手配の自動化およびクラウド化に取り組んでいる物流スタートアップ企業です。ソニー株式会社の新規事業創出プログラム「Seed Acceleration Program」が主催するビジネスプラン・コンペティション「Sony- Startup Switch」において優勝するなど注目を集めています。

国際物流の世界では、電話やメール、ファックスなどを利用したアナログな手続きがいまだに多く、多大な時間と労力が事務手続きに費やされているのが現実です。同社が開発したWebサービス「Shippio」を利用することで、書類の管理や手続きの進捗などが1つのプラットフォーム上で一括管理することでき、業務効率の向上や貨物・決済の見える化につながります。人手不足がさらに深刻化する状況下においては、同サービスのようにプロセスを簡素化し、人間にしかできない仕事に貴重な人財を配置することがますます重要になってくるでしょう。

■事業の特徴とサービス内容

Shippioのサービスは従来のフォワーディングをデジタル（クラウドサービス）によって効率化できる点が特長です。具体的な機能として以下があります。

①案件管理：貿易案件を一元管理し、案件ごとの進捗状況をリアルタイムで把握。

②本船動静管理：本船動静の情報を自動取得し、関係者全員が最新情報にアクセス可能。

③書類管理：貿易に関連する書類をクラウド上で一括管理

デジタルフォワーディング　従来のフォワーダーは、輸送手配、通関、書類作成、貨物追跡などの業務を手動で行っていたが、オンラインプラットフォームを通じて効率化・自動化するサービスをデジタルフォワーディングという。

し、検索や共有を容易に。

④社内外コミュニケーション：チャット機能を活用して、関係者間のコミュニケーションを円滑に行える。

株式会社Ｓｈｉｐｐｉｏは、すでに国内大手メーカーや商社に導入され平均して約50％の業務削減（貿易実務工数削減度合い）効果が出ています。

また、Ｓｈｉｐｐｉｏは、たんなるフォワーディング業務の効率化にとどまらず、貿易業務全体の可視化と自動化を実現する「Any Cargo」というSaaSも提供しています。本船スケジュールや貨物の追跡、輸送リードタイムの分析など、国際物流の様々なプロセスを一元管理できます。

これにより、コスト削減や納期短縮といったビジネスメリットを顧客にもたらし、グローバルなサプライチェーンの最適化に貢献しています。

Shippio の情報入力画面

出所：株式会社Shippioホームページ

自動トラッキング　いままでは、本船のスケジュールは各船社サイトで確認し転記するといった非効率な作業が発生していたが、本船動静を自動トラッキングすることで、業務効率化を実現している。

Section

10-4 Mujin

「すべての人に産業用ロボット」をというスローガンのもと、ロボットをソフトウェアの力によって自動化し、世界の生産性向上に貢献する産業用ロボットコントローラを開発します。

企業の特色

2011年に創業した株式会社**Mujin**は、日本発の**産業用ロボット**技術系のスタートアップ企業です。ロボット技術の企業といっても、実際にロボットを作っているわけではありません。製造業や物流業の現場で行われる製造や検査、包装、組み立てなどの作業の自動化のために用いられる産業用ロボットのコンロトーラ（制御器）を開発・販売と、ロボットソリューションの提供を行っています。

通常、ロボットを動かすには、ロボット本体に対して指令を出すコンロトーラが必要になり、このコンロトーラがいわゆるロボットの脳のような役割を果たします。作業の「自動化」のために用いられる産業用ロボットですが、多目的な用途に適応するためには事前にロボットにティーチング（プログラミング）をしなければならず、ロボット自体が自動で目の前の状況を判断して動作を行う「ロボット自体の自動化」の実現は課題が多いのが現実です。

それに対して、同社はロボット自体に動作を考えさせるためにコントローラの開発をしています。この技術はロボットが活躍する場を広げて、省人化や生産現場の生産性向上に貢献することが期待され、世界中から注目を浴びています。その結果として既に産官学の垣根を越えて幅広い分野で数々の賞を受賞しています。

事業の特徴とサービス内容

産業用ロボットは、①ロボットメーカーごとに操作方法が異なり、②ティーチングが難しく専門の人材が必要で、③ロボットは事前に教えた動作しかできず、④新規でロボットメーカーになるのが難しいという課題があります。この問題の原因は、汎用的で知能的なロボットのコントローラ

モーションプランニングAI　ロボットや自動運転車などが効率的かつ安全に動作するための経路や動きを計画・最適化するAIのこと。センサーや地図データを利用し、障害物や環境をリアルタイムで認識しながら、目標地点までの最適なルートや動作を計算する。

がないためです。

Mujinは、世界初のモーションプランニングAI*搭載の知能ロボットコントローラを開発しました。このコントローラは、どのようなメーカーのロボットにも適用でき、最小限のティーチングで誰でも簡単にロボットを知能化できるという特徴があります。また、そのコントローラが普及することで、新規のロボットメーカーの業界参入の障壁が低くなり、新たな技術の創出を後押しします。

同社のコントローラによって知能化されたロボットの出現で、これまで自動化が難しかった物流業界に新たな革新をもたらすでしょう。特に、MujinRobotシリーズは、高速・高精度なパレタイジング、デパレタイジング、ピースピッキングを実現し、多種多様な物流現場での自動化を支援しています。また、特売品・高頻度品の出荷積み付けを手間なく短期で自動化することができる、「特売品積み付けパッケージ」もあります。

この技術により、物流業界では生産性向上やコスト削減が期待され、既に多くの企業で導入実績を上げています。Mujinのソリューションは、AGV*（無人搬送車）や3Dビジョンシステムと連携し、柔軟かつ高効率な自動化を実現しています。

MujinのWebサイト

出所：株式会社Mujinホームページ

Term

AGV（無人搬送車）　Automatic Guided Vehicleの略で、工場や倉庫などで物品を自動で搬送する車両のこと。センサーやマーカーを利用して決められたルートを走行し、荷物を自動で運搬する。

Section

10-5 GROUND

ロボットやAIを活用した物流ソリューションの企画・開発・提供を通して、持続可能な物流の未来の実現を目指しています。

企業の特色

2015年創業のGROUND株式会社は、ロジスティクス、サプライチェーンだけでなく、データサイエンスやマーケティングにおいても豊富な経験を持っています。国内外の最新のテクノロジーに関して幅広い知識やネットワークを有しており、流センターの全体最適と統合管理を実現させせています。

事業の特徴とサービス内容

同社は、倉庫管理ソフトウェアとロボットソリューションを中心に、多岐にわたる物流ソリューションを提供しています。

①ロボットソリューション

(1)自律型協働ロボット（AMR*）「PEER」

自律型協働ロボット「PEER」は、物流施設内の「ピッキング」工程において、人との協働により省力化を実現するロボットです。物流の自動化を推進する「PEER」シリーズは、複数のモデルで構成され、さまざまなニーズに対応することができます。

・PEER ST

従来の自動化機器とは異なる新しいコンセプトのピッキング支援ロボットです。オーダーに基づいて複数のロボットが自律走行し、オペレーターが商品の保管場所から取り出してロボットに格納します。これにより、オペレーターは運搬作業から解放され、ピッキングに専念できます。時間短縮と省力化・省人化を実現する協働型ロボットシステムで、需要や波動に合わせて、柔軟に台数を増減できることが特長です。

AMR　Autonomous Mobile Robotの略で、物流や製造現場で使われる自動で移動し作業を行うロボットのこと。AGVとは異なり、AMRは固定された経路や物理的なガイドに依存せず、より自由度が高く柔軟な運用が可能。

・PEER ST SpeeMa+™

「PEER ST」の機能を活かしながら、RFID*の自動読み取り機能を搭載した製品です。アパレルやメディカル関連用品の物流センターで、バーコードリーダーの代わりにボックス型リーダーで商品を読み取ります。ピッキング時にはタブレットの表示、ICタグの読み取り、オペレーターの目視の三段階を経て、ピッキング精度を向上させることができます。

・PEER 100

従来型「PEER ST」の運搬能力を拡張し、可搬重量を100kgに高めた製品です。積載容量を拡大し、柔軟性を維持しつつ、B2B領域での効率化を図り、重量物や多点オーダーにも対応します。

⑵ **棚搬送型ロボット** Ranger™ GTP

物流施設内の床面を走行するロボットと専用棚を組み合わせ、商品を作業者の元まで運ぶシステムです。これにより、ピッキングや棚入れ作業に伴う作業者の歩行を大幅に削減し、物流センターの省人化を実現します。また、リアルタイムで制御ソフトウェア「GreyMatter」と通信し、効率的な入出庫を実現することができ、最新型のV3.0では、ロボットがコンパクトになり、保管効率や動作安定性が向上、床面の工事不要で導入可能です。これにより省人化、保管効率向上、作業ミス低減、作業時間短縮が期待できます。

② AIを活用した物流センター統合管理・最適化システム『GWES』

GWES(Ground Warehouse Execution System)は、4つの役割を持つ機能群と8つのモジュールで構成されている汎用性と拡張性の高いパッケージシステムです。共通データ基盤とAIを適用した各種機能モジュールで構成されており、様々なハードウェア(マテハン・ロボット)やソフトウェア(倉庫管理システム・倉庫制御システム)とシームレスに連携し、物流施設全体のデジタル化最・適化・可視化を実現します。

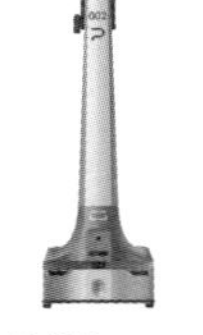
▲PEER ST

▲PEER ST SpeeMa+

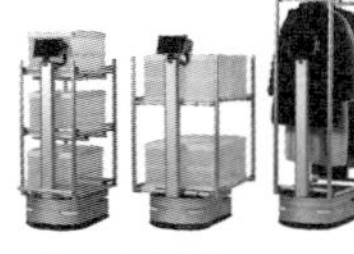
▲PEER 100

出所:GROUND株式会社HPより

RFID 無線通信を利用して物品の識別や情報の管理を行う技術。タグに埋め込まれたデータをリーダーが読み取ることで、非接触かつ高速に情報を取得可能。

Section

10-6 ライナロジクス

AIアルゴリズムにより日々の配車計画を自動で作成するシステムを提供し、これまで属人的だった配車業務の効率化を実現しています。

■企業の特色

ライナロジクス社は、日本に拠点を置く企業で、効率的な物流を支援するソリューションを提供しています。2000年に設立された同社は、自動配車システム「LYNA 自動配車クラウド」を開発し、配送計画の最適化を行うクラウドベースのサービスを提供しています。

このシステムは、AIを活用し、配送オーダーの組み合わせを最適化することで、効率的な配送計画を自動で作成するものです。また、クラウドを利用して複数の事業所間で情報を共有する機能も備えており、物流業務の効率化とコスト削減を支援しています。

同社は、様々な輸送形態に適したソリューションを提供し、店舗配送や共同配送、ラストワンマイル配送などで利用されています。また、顧客のニーズに合わせたサポートを行い、現場でのシステム定着を支援しています。

■事業の特徴とサービス内容

複数の自動配車システムが出てきているなか、「LYNA自動配車クラウド」には、いくつかの特徴があります。同システムでは、AIと最適化アルゴリズム*「**メタヒューリスティクス**」を駆使し、大量の配送オーダーや複数日にわたる配送を効率的かつ迅速な配車計画を実現しています。ユーザーはワンクリックで、積載上限や各車両の稼働時間を遵守した最適な配送計画を自動的に作成でき、デジタルに慣れていない担当者でも扱える操作性の高さも特徴の1つです。また、作成した配送計画はクラウド上で簡単に共有できるため、チャット機能を使って本社と現場の担当者が計画をチェック・修正することが可能です。案件も1から入力する必要がなく、取り込み機能を用いて既存のCS

アルゴリズム　特定の問題を解決するための一連の手順や計算手続きのこと。コンピュータプログラムで広く使用され、入力データに対して効率的に処理を行い、望ましい結果を得るための方法を定義する。アルゴリズムは数学的な計算からデータの並び替え、検索、最適化など様々な分野で応用される。

VやExcel形式のデータから複雑な設定なしでシステムを立ち上げられます。

さらに、計画作成後に受けた注文や急なオーダー変更にも対応できるため、ドラッグ＆ドロップ＊で簡単に配送計画を見直すことができます。作成した配送計画はドライバーのスマホに配信可能で、様々な形式の帳票に出力する機能もあり、計画作成から運行指示までをクラウドで一括管理できます。その後の実際の各車両の稼働状況はグラフで表示され、運行スケジュールの全体像を把握しやすくなっており、運行のムリやムダを一目で確認、改善もしやすいという特徴があります。

輸配送以外での活用シーン

ライナロジクス社では、AIの活用領域を拡げており、輸配送のみならず需要予測によって店舗からの発注量を推定するサービスや、訪問介護・メンテナンス・セールスなどの業界でのルート最適化支援サービスなど、物流で培ったノウハウを他分野にも活かし、効率化を支援しています。

ライナロジクスのサービス

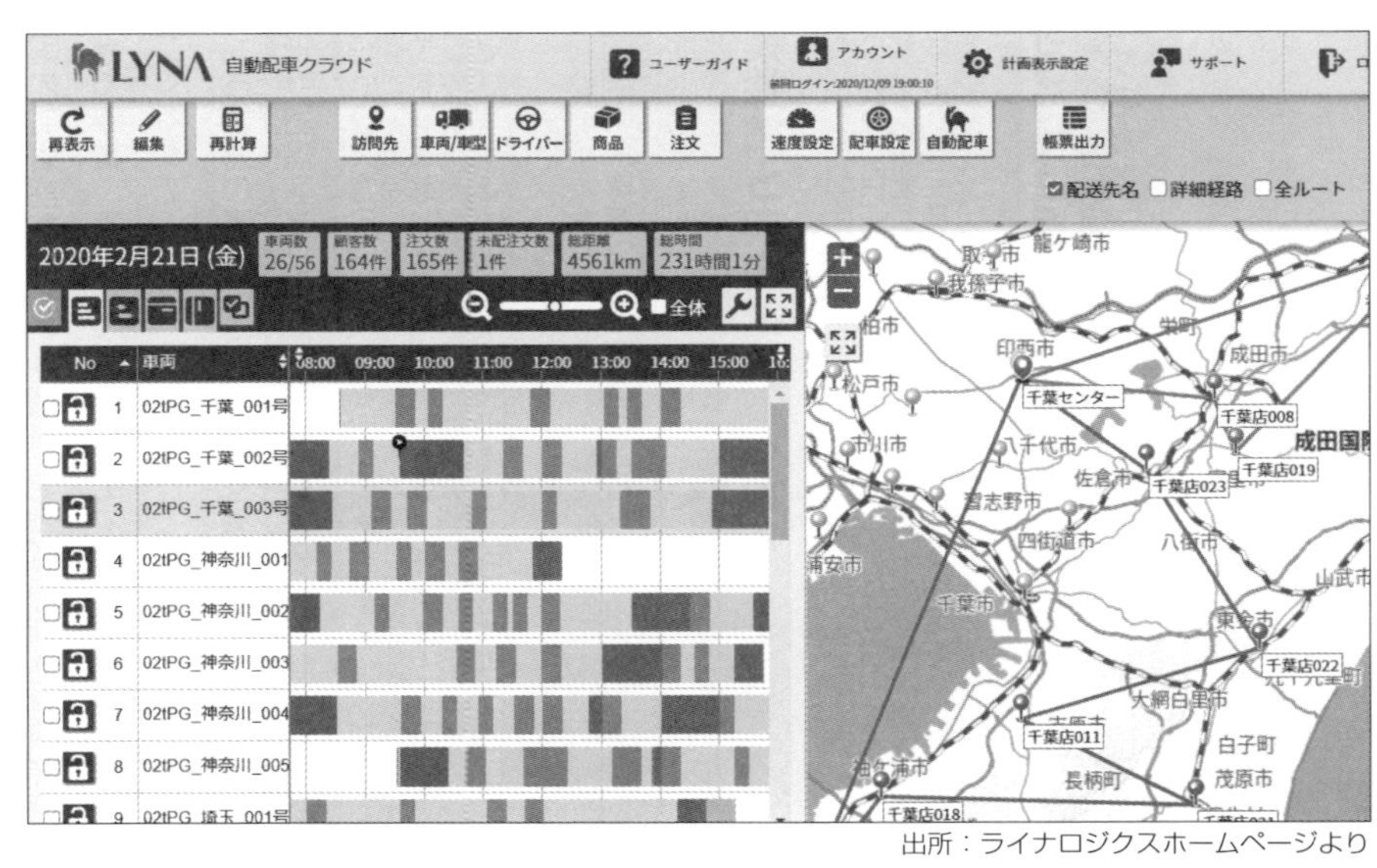

出所：ライナロジクスホームページより

ドラッグ＆ドロップ　コンピュータ上で物をクリックしてつかみ、画面の別の場所へ移動させて配置する操作方法のこと。

Section
10-7 KURANDO

庫内作業のデータを収集し、生産性を可視化するシステムを提供。世界でも有数の物流デベロッパーとも提携し、事業を加速させている。

企業の特色

株式会社KURANDOは、2019年7月に設立され、倉庫内業務を可視化するクラウドシステム「**ロジメーター**」などを提供している企業です。「物流現場をデータで支える」ことをミッションとし、荷主と現場双方の業務を最適化するシステムを開発しています。手書き作業をタッチ操作に、エクセルの手入力を自動計算に変えるなど、これまで物流業界で多かった熟練者の経験や勘に頼る現場判断を、過去データからのレコメンドシステム*に切り替えていき、デジタル技術で現場の負担を軽減し、運営品質を向上させることを目指しています

2020年10月には、世界20カ国以上に物流施設を保有するプロロジス社と資本業務提携を行い、事業開発と普及を加速させています。

事業の特徴とサービス内容

主要なサービスであるロジメーターは、倉庫内の作業進捗等を可視化するクラウド型システムです。

簡単な操作で作業実績の記録・進捗確認が可能で、庫内における作業実績をタブレットのアプリに登録することで、リアルタイムでの作業進捗の把握や、収支、生産性分析が可能です。これまでに無かったサービスで、500を超える物流センターで導入されています。

選ばれる理由として、直感的で使いやすい操作画面、物流現場での豊富な実績、そして現場ニーズに合わせたカスタマイズ性の高いシステムが挙げられます。作業ごとにタイムカードを押すという、シンプルな仕組みから導入コストが比較的低く抑えられており、コストパフォーマンスの高さも評価されています。これらの要素が総合的に支持を

レコメンドシステム　ユーザーのこれまでの行動履歴を分析し、個々に適した情報やコンテンツを自動で提案する仕組みのこと。

集める要因となっています。これまで、原価意識*は経営層がメインでしたが、ロジメーターの導入により現場責任者が生産性を把握し、数字で語れる幹部人材の育成にも寄与します。

また、月間の物量予測値と各業務の生産性、作業員のスキルなどの人員管理に必要な全情報が集約されて可視化する、「**ロジボード**」というシステムも展開しています。過去の数字をもとにシフト組みや作業シミュレーションをすることで、人員配置の最適化を実現します。また、管理者工数の削減、人による判断の違いを均一化することも可能になります。

数値の可視化が共通理解を生む

荷主企業と物流企業、どちらが主体となるケースでも導入事例があり、いずれも数値の可視化に高い関心を持っているということがわかります。

実態の把握により、委託・受託の関係である両社が共通理解を生み、お互いに協力して改善活動に取り組むことができます。

ロジメーターのイメージ図

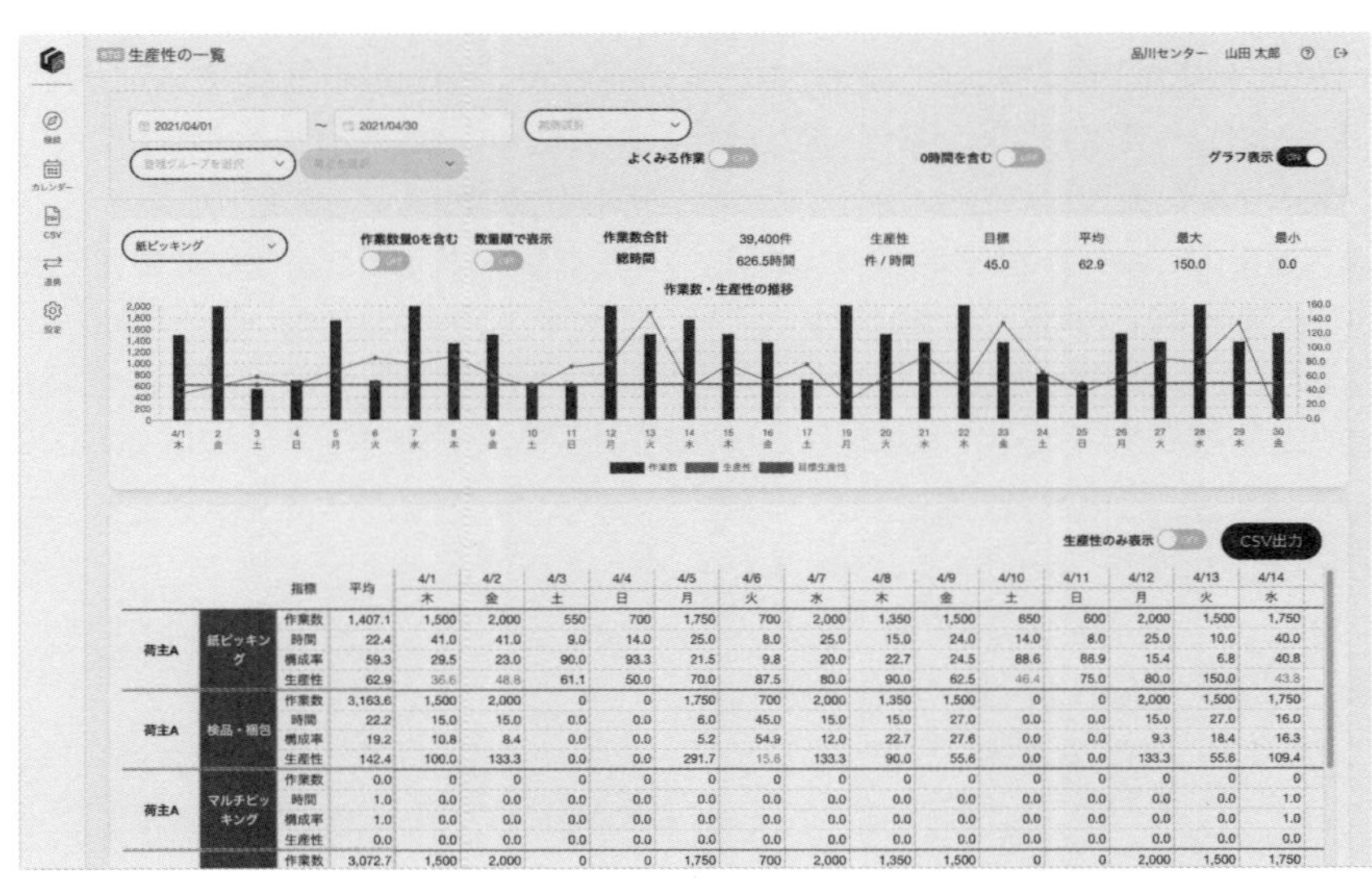

		指標	平均	4/1 木	4/2 金	4/3 土	4/4 日	4/5 月	4/6 火	4/7 水	4/8 木	4/9 金	4/10 土	4/11 日	4/12 月	4/13 火	4/14 水
荷主A	紙ピッキング	作業数	1,407.1	1,500	2,000	550	700	1,750	700	2,000	1,350	1,500	650	600	2,000	1,500	1,750
		時間	22.4	41.0	41.0	9.0	14.0	25.0	8.0	25.0	15.0	24.0	14.0	8.0	25.0	10.0	40.0
		構成率	59.3	29.5	23.0	90.0	93.3	21.5	9.8	20.0	22.7	24.5	88.6	88.9	15.4	6.8	40.8
		生産性	62.9	36.6	48.8	61.1	50.0	70.0	87.5	80.0	90.0	62.5	46.4	75.0	80.0	150.0	43.8
荷主A	検品・梱包	作業数	3,163.6	1,500	2,000	0	0	1,750	700	2,000	1,350	1,500	0	0	2,000	1,500	1,750
		時間	22.2	15.0	15.0	0.0	0.0	6.0	45.0	15.0	15.0	27.0	0.0	0.0	15.0	27.0	16.0
		構成率	19.2	10.8	8.4	0.0	0.0	5.2	54.9	12.0	22.7	27.6	0.0	0.0	9.3	18.4	16.3
		生産性	142.4	100.0	133.3	0.0	0.0	291.7	15.6	133.3	90.0	55.6	0.0	0.0	133.3	55.6	109.4
荷主A	マルチピッキング	作業数	0.0	0	0	0	0	0	0	0	0	0	0	0	0	0	0
		時間	1.0	0.0	0.0	0.0	0.0	0.0	0.0	0.0	0.0	0.0	0.0	0.0	0.0	0.0	1.0
		構成率	1.0	0.0	0.0	0.0	0.0	0.0	0.0	0.0	0.0	0.0	0.0	0.0	0.0	0.0	1.0
		生産性	0.0	0.0	0.0	0.0	0.0	0.0	0.0	0.0	0.0	0.0	0.0	0.0	0.0	0.0	0.0
		作業数	3,072.7	1,500	2,000	0	0	1,750	700	2,000	1,350	1,500	0	0	2,000	1,500	1,750

出所：KURANDOホームページより

原価意識　企業や個人が商品やサービスを提供する際に、かかるコスト（原価）を常に意識し、効率的に管理・削減する考え方や姿勢を指す。

Column

これからの物流業界と物流企業のあり方

物流業界は経済活動の重要な基盤としてその役割を果たしてきましたが、労働集約型の産業で他業種と比べると生産性が低いと言われてきました。しかし、近年の技術革新や社会的な変化により、その姿は大きく変わろうとしています。今後、物流業界や物流企業が進むべき道は、①装置産業化または②データ産業化のいずれか（もしくは両方）といわれています。

●大企業に有利な装置産業化

装置産業化とは、自動運転トラックやロボット倉庫、ドローン等が普及すれば、労働力を提供する代わりに、そのような装置を提供するようになるということです。この方向性は、特に大企業に向いています。中小企業と比較して資本力に差があり、また規模の経済が成り立つためです。

装置産業化には大規模な初期投資が必要です。自動化設備や高度なインフラを整えるためには、多額の資本が求められます。大企業はその資本力を活かして最新の技術や設備を導入し、大規模な設備投資を行うことが可能です。また、装置を有効活用するためには、大量の貨物を輸送・保管・処理し、設備の稼働率を高める必要がありますが、そういった点でも大企業の方が有利といえます。

さらに、大企業は長期的な視点での投資回収を見据えた戦略を取ることができます。初期投資が大きくても、長期的に見ればその投資がコスト削減や生産性向上につながることを理解し、実行する余裕があるためです。

●中小企業が生き残るためのデータ産業化

データ産業化とは、データを活用して業務の効率化やサービス向上を図る戦略的な取り組みです。

物流現場には受発注のデータやエリア別の出荷データ等、ありとあらゆるデータが存在します。しかし、今まではそれが集約して管理されたり、分析に使われたりすることはあまりなく、有効活用されているとは言えない状況でした。本来であれば、過去の物流データから需要予測や最適な在庫数量、拠点配置を荷主企業に提案することで、お互いにとってサプライチェーンの最適化を実現できます。

これからは、IoT技術やAIの進化によって、ビックデータの活用がより容易になり、物流プロセス全体の効率化が実現されます。システムのクラウド化やAIの低コスト化によって、中小企業でもデータを活用して競争力を強化し、差別化を図ることができます。

これからの物流業界や物流企業は、装置産業化によるハード面の効率化と、データ産業化によるソフト面の効率化とバランスよく取り入れ、、持続可能で革新的な運営を実現することが期待されます。

DATA

資料編・索引

・物流総合効率化法（流通業務の総合化および効率化の促進に関する法律）の概要
・3PLビジネスのイメージ
・令和６年度 モーダルシフト等推進事業において優先的に採択する案件の例
・物流関係の資格
・主な物流業界関連団体および主な物流関連企業一覧
・索引

物流総合効率化法（流通業務の総合化および効率化の促進に関する法律）の概要

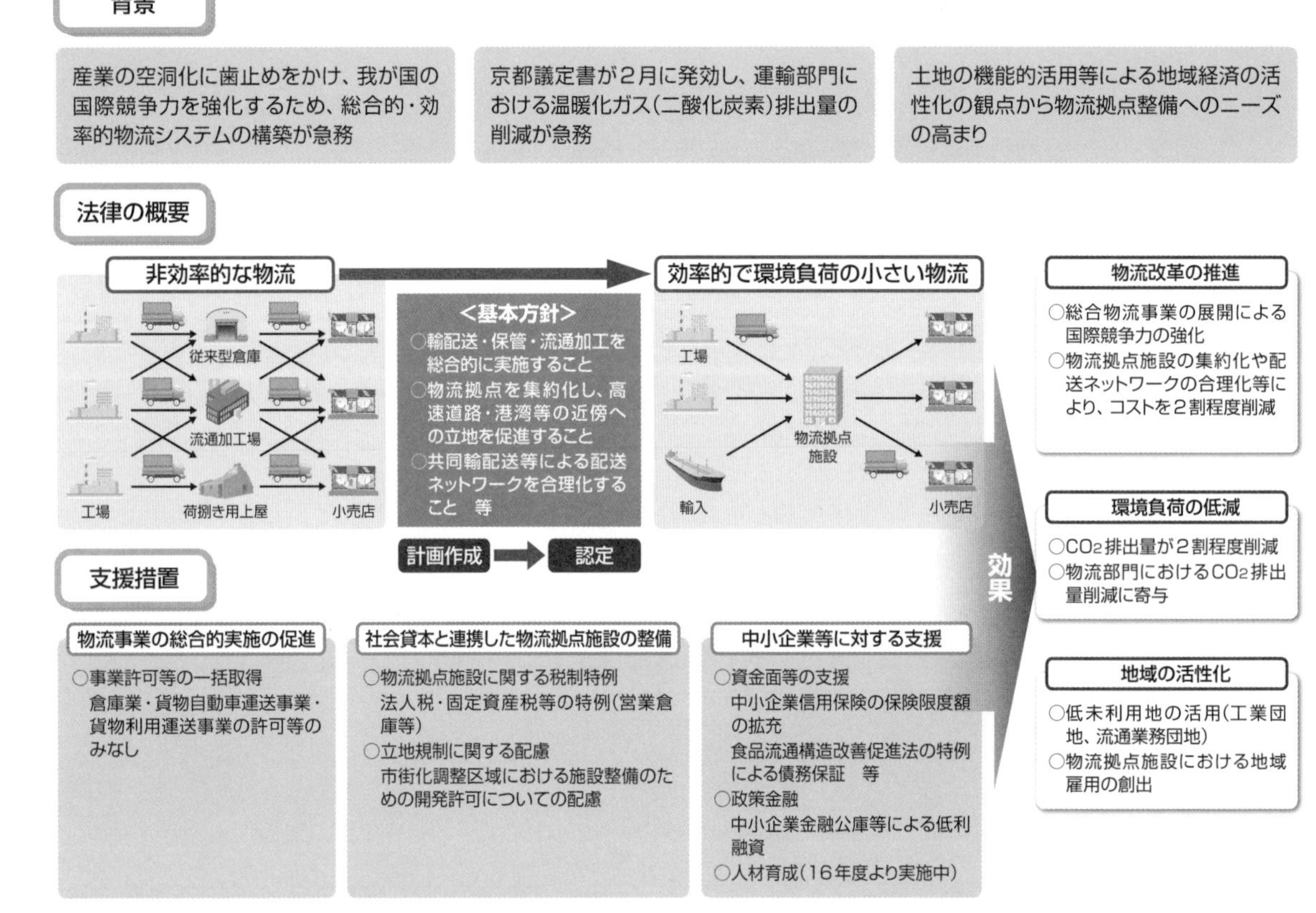

出所：国土交通省ホームページ

3PL ビジネスのイメージ

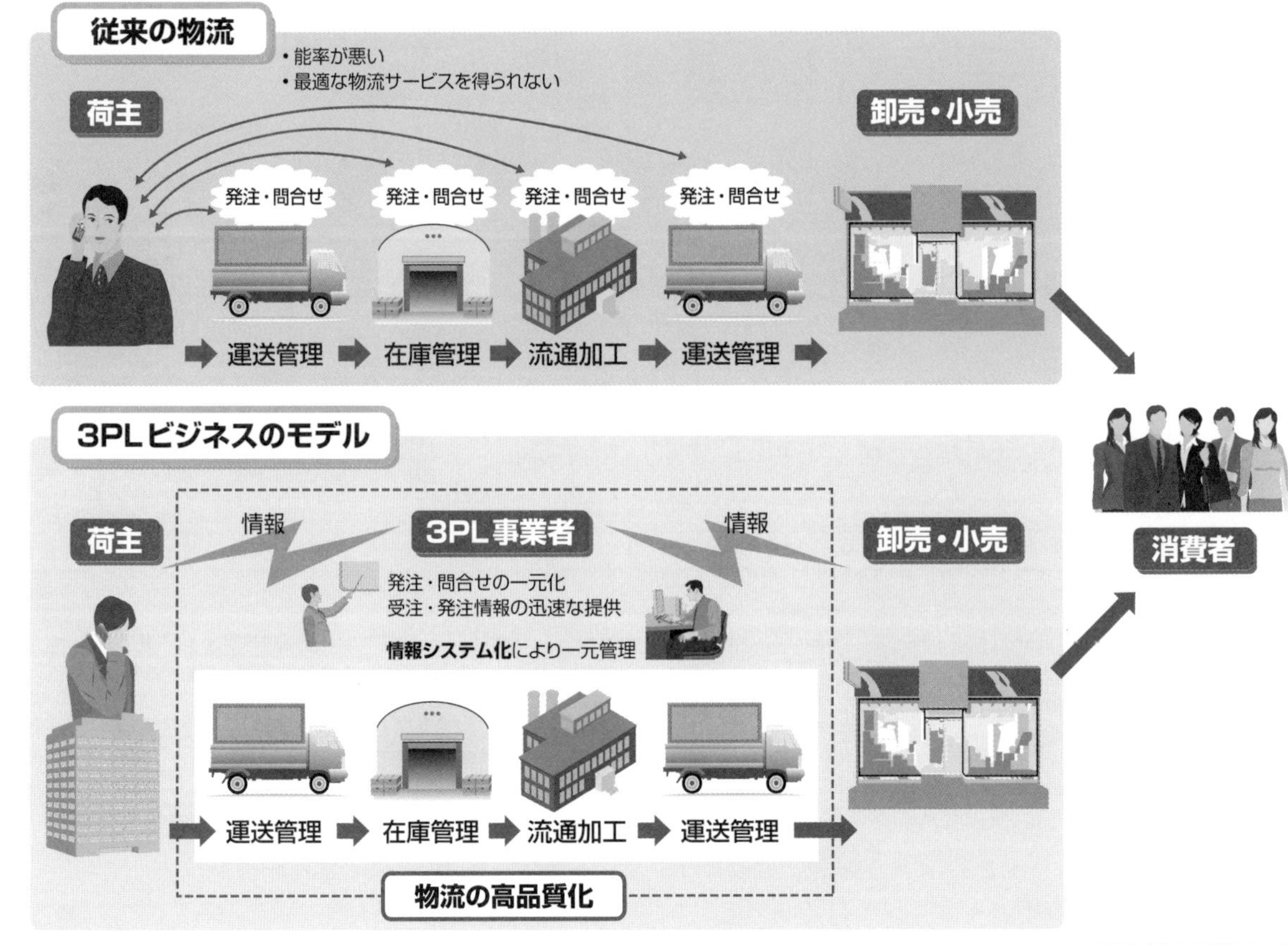

出所：国土交通省ホームページ

令和６年度　モーダルシフト等推進事業において優先的に採択する案件の例

令和6年度　モーダルシフト等推進事業において優先的に採択する案件の例

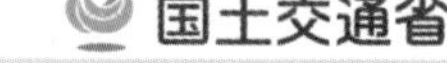

※下記の取組を優先的に採択するが、これ以外の取組も採択対象とする。

A) 荷主や輸送事業者等の連携・工夫による輸送の効率化

A社　B社　→　A社　B社

外装・ロット・伝票等がバラバラ　→　仕様を統一（標準化）

荷姿や物流・商流データ基盤等の標準化、リードタイムの延長や荷量の平準化など、荷主等と連携した工夫による輸送の効率化

物量・配送回数の平準化で配送回数・必要車両台数を効率化

～業界団体等で定めた規格を用いた標準化は、さらに評価～

B) 複数企業による混載または帰り荷を確保したモーダルシフトや、過疎地域や館内物流における共同配送

A工場　B工場　○○駅　××駅　X工場　Z工場

複数企業で混載または帰り荷を確保してのモーダルシフト

A社　B社　集約拠点　共同集配

複数事業者がそれぞれ過疎地域向けの運んでいた貨物について集約拠点に集約し共同配送しラストワンマイル配送の確保

C)旅客鉄道やバス等の空きスペースを活用した貨客混載

○○営業所　→　○○駅　→　××駅　→　××営業所

宅配便等

鉄道やバスを活用して貨客混載

D) 鮮度保持コンテナの活用等による農産品輸送の効率化

（Q地方）○○農業組合　→　○○駅　→　××駅　→　××卸売市場（P地方）

～輸出につながる農産品輸送の効率化は、さらに評価～

鉄道や船舶を活用する等によって輸送を効率化

E) 中継輸送や流通業務への省人化・自動化機器を用いた輸送の効率化

（X地区）　中継拠点　（Y地区）

中継輸送の実施

発荷主　集約地　集約地　着荷主

集約施設に無人搬送車や無人フォークリフト、ピッキングロボットなどを導入

F) 物流企業内や企業間の事業再編、企業間の協調的投資を伴う輸送の効率化

A社　B社　→　A&B社

業界各社の物流子会社を統合し、共同輸配送等を通じて、安定的・効率的な物流体制を構築

○社　×社　▲社　→　新システム等

荷主・倉庫・運送事業者・卸・小売などのサプライチェーンを構成する関係事業者の間で、共通の貨物情報システムなどを導入し、投資効果を創出

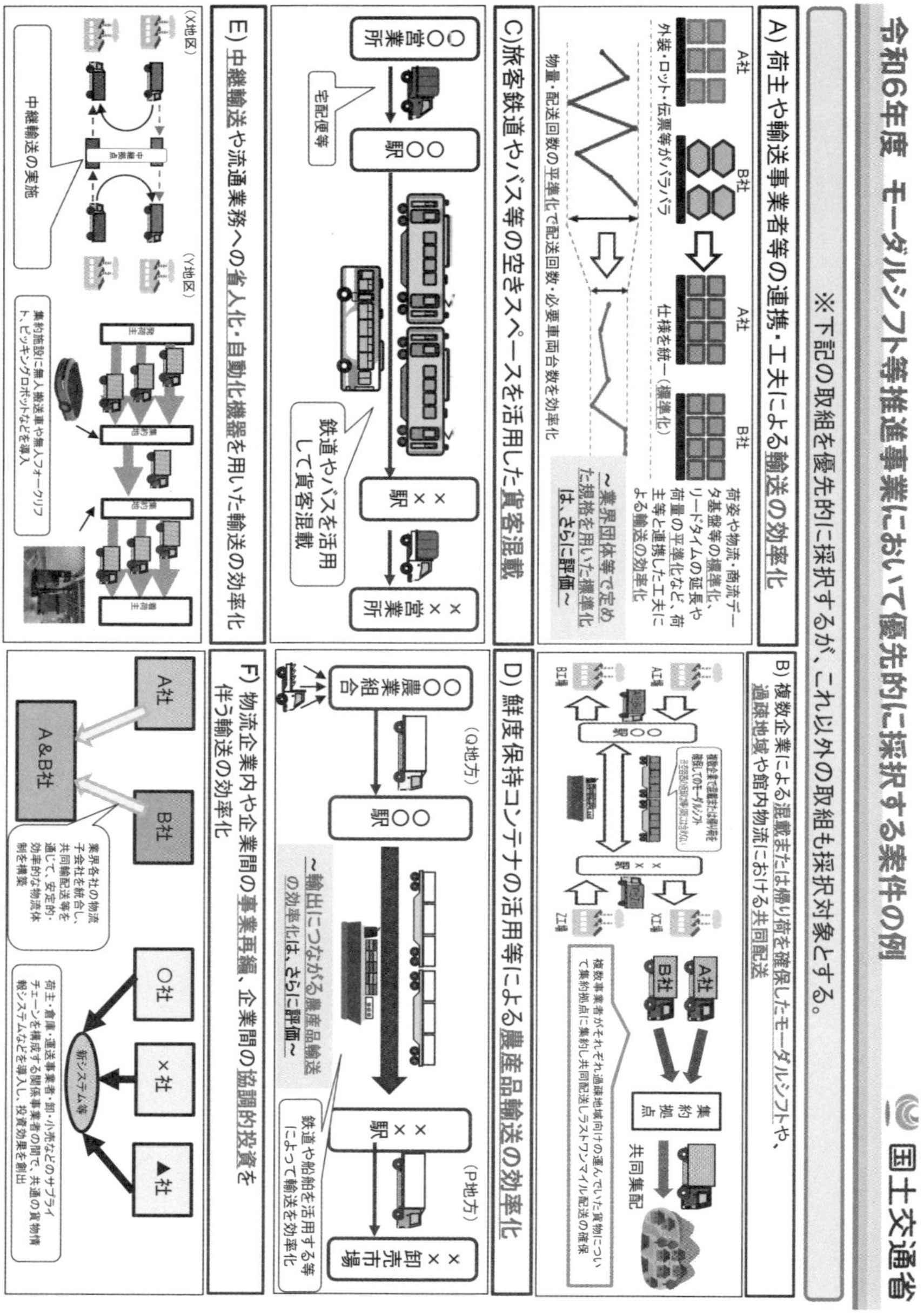

出所：国土交通省ホームページ

物流関係の資格

資格名	主催団体
運行管理者	財団法人運行管理者試験センター
海技士	国土交通省
海事代理士	国土交通省
小型船舶操縦士	財団法人日本海洋レジャー安全・振興協会
国際航空貨物取扱士（ディプロマ）	社団法人航空貨物運送協会
国際物流管理士	社団法人日本ロジスティクスシステム協会
通関士	税関（財務省）
物流技術管理士	社団法人日本ロジスティクスシステム協会
物流技術管理士補	社団法人日本ロジスティクスシステム協会
物流現場改善士	社団法人日本ロジスティクスシステム協会
物流経営士	社団法人全日本トラック協会
ロジスティクス経営士	社団法人日本ロジスティクスシステム協会
グリーンロジスティクス管理士	社団法人日本ロジスティクスシステム協会

主な物流業界関連団体一覧および主な物流関連企業一覧

近畿運輸局
〒540-8558
大阪府大阪市中央区大手前4-1-76
大阪合同庁舎第４号館
TEL：06-6949-6404（総務課・広報対策官）
URL：https://wwwtb.mlit.go.jp/kinki/

神戸運輸監理部
〒650-0042
兵庫県神戸市中央区波止場町1-1
神戸第２地方合同庁舎５階・６階
TEL：078-321-3141
URL：https://wwwtb.mlit.go.jp/kobe/

中国運輸局
〒730-8544
広島県広島市中区上八丁堀6-30　広島合同庁舎４号館
TEL：082-228-3434
URL：https://wwwtb.mlit.go.jp/chugoku/

四国運輸局
〒760-0019
香川県高松市サンポート3-33
高松サンポート合同庁舎南館（3階・4階）
TEL：087-802-6715（総務課）
URL：https://wwwtb.mlit.go.jp/shikoku/

九州運輸局
〒812-0013
福岡市博多区博多駅東2-11-1
福岡合同庁舎新館７階〜10階
TEL：092-472-2371
URL：https://wwwtb.mlit.go.jp/kyushu/

環境省
〒100-8975
東京都千代田区霞が関1-2-2　中央合同庁舎５号館
TEL：03-3581-3351（代表）
URL：https://www.env.go.jp/

経済産業省
〒100-8901
東京都千代田区霞が関1-3-1
TEL：03-3501-1511（代表）
URL：https://www.meti.go.jp/

【主な物流業界関連団体一覧】

国土交通省
〒100-8918
東京都千代田区霞が関2-1-3中央合同庁舎３号館
TEL：03-5253-8111
URL：https://www.mlit.go.jp/

北海道運輸局
札幌庁舎：〒060-0042
北海道札幌市中央区大通西10丁目札幌第２合同庁舎
TEL：011-290-2711
URL：https://wwwtb.mlit.go.jp/hokkaido/

東北運輸局
〒983-8537
宮城県仙台市宮城野区鉄砲町１番地
仙台第４合同庁舎
TEL 022-299-8851
URL：https://wwwtb.mlit.go.jp/tohoku/

関東運輸局
〒231-8433
神奈川県横浜市中区北仲通5-57　横浜第２合同庁舎
TEL：045-211-7204（総務部）
URL：https://wwwtb.mlit.go.jp/kanto/

北陸信越運輸局
〒950-8537
新潟県新潟市中央区美咲町1-2-1
新潟美咲合同庁舎２号館
TEL：025-244-9000（総務部）
URL：https://wwwtb.mlit.go.jp/hokushin/

中部運輸局
〒460-8528
愛知県名古屋市中区三の丸2-2-1
名古屋合同庁舎第１号館
TEL：052-952-8002（代表）
URL：https://wwwtb.mlit.go.jp/chubu/

公益社団法人全国通運連盟
〒101-0063
東京都千代田区神田淡路町2-21 淡路町MHビル5階
TEL：03-5296-1670（代表）
URL：https://www.t-renmei.or.jp/

公益社団法人鉄道貨物協会
〒101-0048
東京都千代田区神田司町2-8-4 吹田屋ビル4階
TEL：03-5256-0577
URL：https://www.rfa.or.jp/

一般社団法人日本倉庫協会
〒135-8443
東京都江東区永代1-13-3 倉庫会館内
TEL：03-3643-1221
URL：https://www.nissokyo.or.jp/

一般社団法人日本冷蔵倉庫協会
〒104-0055
東京都中央区豊海町4番18号 東京水産ビル5階
TEL：03-3536-1030
URL：https://www.jarw.or.jp/

一般社団法人日本船主協会
〒102-8603
東京都千代田区平河町2-6-4 海運ビル
TEL：03-3264-7171
URL：https://www.jsanet.or.jp/

一般社団法人航空貨物運送協会
〒104-0033
東京都中央区新川1-6-1 アステール茅場町4階
TEL：03-6222-7571（代表）
URL：http://www.jafa.or.jp/

中小企業庁
〒100-8912
東京都千代田区霞が関1-3-1
TEL：03-3501-1511（代表）
URL：https://www.chusho.meti.go.jp/

総務省
〒100-8926
東京都千代田区霞が関2-1-2 中央合同庁舎第2号館
TEL：03-5253-5111（代表）
URL：https://www.soumu.go.jp/

内閣府
〒100-8914
東京都千代田区永田町1-6-1
TEL：03-5253-2111（代表）
URL：https://www.cao.go.jp/

公益社団法人日本ロジスティクスシステム協会
〒105-0022
東京都港区海岸1-15-1 スズエベイディアム3階
TEL：03-3436-3191
URL：https://www1.logistics.or.jp/

一般社団法人日本物流団体連合会
〒100-0013
東京都千代田区霞が関3-3-3 全日通霞が関ビル5階
TEL：03-3593-0139（代表）
URL：https://www.butsuryu.or.jp/

公益財団法人利用運送振興会
〒1108-0074
東京都港区高輪4-7-15
TEL：03-3280-1616
URL：https://www.lmuse.or.jp/

公益社団法人全日本トラック協会
〒160-0004
東京都新宿区四谷3-2-5
TEL：03-3354-1009
URL：https://www.jta.or.jp/

株式会社キユーソー流通システム

〒182-0021
東京都調布市調布ヶ丘3-50-1
TEL：042-441-0711
創業：1966年2月
資本金：40億6,311万円
従業員数：675名（2023年11月末現在）
URL：https://www.krs.co.jp/

株式会社キュラーズ

〒141-0032
東京都品川区大崎3-5-2　エステージ大崎3階
TEL：03-4563-1500
創業：2001年8月
資本金：1,000万円
従業員数：85名（2023年12月現在）
URL：https://www.quraz.com/

キリングループロジスティクス株式会社

〒164-0001
東京都中野区中野4-10-2
中野セントラルパークサウス
TEL：03-6837-7234
創業：1899年
資本金：1,000万円
従業員数：1,849名（2024年度1月現在）
URL：http://www.kirin-logistics.co.jp/

株式会社近鉄エクスプレス

〒108-6024
東京都港区港南2-15-1
品川インターシティA棟24階
TEL：03-3201-2580
創業：1948年
資本金：72億1,600万円
従業員数：18,651名（連結：2024年3月末現在）
URL：https://www.kwe.co.jp/

京葉物流株式会社

〒136-0072
東京都江東区大島2-31-6
TEL：03-5628-5450
創業：1989年5月
資本金：1億円
従業員数：15名（2023年3月末現在）
URL：https://www.privatebox.jp/

【主な物流関連企業一覧】

アート引越センター株式会社

〒540-6016
大阪府大阪市中央区城見1-2-27
クリスタルタワー16階
TEL：06-6946-0123
創業：1977年6月
資本金：1億円
従業員数：3,700名（2023年9月末現在）
URL：https://www.the0123.com/

エリアリンク株式会社

〒101-0021
東京都千代田区外神田4-14-1
秋葉原UDXビル北ウィング20階
TEL：03-3526-8555
創業：1995年4月
資本金：61億1,154万円
従業員数：80名（2023年12月末現在）
URL：https://www.arealink.co.jp/

押入れ産業株式会社

〒101-0046
東京都千代田区神田多町2丁目1-23
神田東山ビル6階
TEL：03-6625-0201
創業：1987年11月
資本金：1億円
従業員数：24名（2024年1月末現在）
URL：https://www.oshiire.co.jp/

川崎汽船株式会社

〒100-8540
東京都千代田区内幸町2-1-1飯野ビルディング
TEL：03-3595-5000
創業：1919年4月
資本金：754億5,764万円
従業員数：847名（2024年3月末現在）
URL：https://www.kline.co.jp/

株式会社商船三井
〒105-8688
東京都港区虎ノ門2-1-1
TEL：03-3587-7026
創業：1884年9月
資本金：661億170万円
従業員数：9,795名（連結：2024年3月末現在）
URL：https://www.mol.co.jp/

株式会社住友倉庫
〒550-0021
大阪府大阪市北区中之島3-2-18　住友中之島ビル
TEL：06-6444-1181
創業：1899年7月
資本金：149億2,200万円
従業員数：853名（2024年3月末現在）
URL：https://www.sumitomo-soko.co.jp/

セイノーホールディングス株式会社
〒503-8501
岐阜県大垣市田口町1番地
TEL：0584-82-3881
創業：1931年2月
資本金：424億8,100万円
従業員数：28,854名（2024年3月末現在）
URL：https://www.seino.co.jp/seino/shd/

センコーグループホールディングス株式会社
〒135-0052
東京都江東区潮見2-8-10　潮見SIFビル
TEL：03-6862-7150
創業：1916年9月
資本金：284億7,900万円
従業員数：25,574名
（グループ合計：2024年3月末現在）
URL：https://www.senkogrouphd.co.jp/

全国引越専門協同組合連合会（ハトのマークの引越センター）
〒101-0035
東京都千代田区神田紺屋町14
千代田寿ビル4階（組織の本部）
TEL：03-5298-1208
設立：1974年12月
組合数：14組合
組合員会社総数：132社
URL：https://www.hato.or.jp/

鴻池運輸株式会社
〒541-0044
大阪府大阪市中央区伏見町4-3-9
HK淀屋橋ガーデンアベニュー2階
TEL：06-6227-4600
創業：1945年5月
資本金：17億2,300万円
従業員数：約24,000名（連結：2024年3月末現在）
URL：https://www.konoike.net/

株式会社サカイ引越センター
〒590-0823
大阪府堺市堺区石津北町56
TEL：072-241-0464
創業：1971年11月
資本金：47億3,100万円
従業員数：総計5,997名（2024年3月末現在）
URL：https://www.hikkoshi-sakai.co.jp/

佐川急便株式会社（SGホールディングス）
〒601-8104
京都府京都市南区上鳥羽角田町68
TEL：075-691-6500
創業：1957年3月
資本金：112億7,500万円
従業員数：52,403名（2024年3月末現在）
URL：https://www.sagawa-exp.co.jp/

山九株式会社
〒104-0054
東京都中央区勝どき6-5-23
TEL：03-3536-3939
創業：1918年10月
資本金：286億1,900万円
従業員数：30,672名（連結：2024年3月末現在）
URL：https://www.sankyu.co.jp/

澁澤倉庫株式会社
〒135-8513
東京都江東区永代2-37-28
TEL：03-5646-7220
創業：1897年3月
資本金：78億4,700万円
従業員数：1,289名
（グループ合計：2024年3月末現在）
URL：https://www.shibusawa.co.jp/

株式会社日本航空
〒140-0002
東京都品川区東品川2-4-11　野村不動産天王洲ビル
TEL：03-5460-3121
創業：1951年8月
資本金：5,471億9,200万円（資本準備金含む）
従業員数：36,500名（連結：2024年3月末現在）
URL：https://www.jal.com/

日本通運株式会社
〒101-0024
東京都千代田区神田和泉町2番地　NXグループビル
TEL：03-5801-1111
創業：1872年
資本金：701億7,500万円
従業員数：34,299名（2023年12月末現在）
URL：https://www.nittsu.co.jp/

日本郵便株式会社
〒100-0004
東京都千代田区大手町2-3-1
TEL：03-3477-0111
設立：2007年10月
資本金：4,000億円
従業員数：171,804名（2024年3月末現在）
URL：https://www.post.japanpost.jp/

日本郵船株式会社
〒100-0005
東京都千代田区丸の内2-3-2　郵船ビル
TEL：03-3284-5151
創業：1885年9月
資本金：1,443億1,983万円
従業員数：35,243名（2024年3月末現在）
URL：https://www.nyk.com/

株式会社ハマキョウレックス
〒430-0841
静岡県浜松市南区寺脇町1701-1
TEL：053-444-0055
創業：1971年12月
資本金：65億4,700万円
従業員数：5,778名（連結：2024年3月末現在）
URL：https://www.hamakyorex.co.jp/

株式会社引越社
〒450-0954

全日本空輸株式会社
〒105-7140
東京都港区東新橋1-5-2　汐留シティセンター
TEL：03-6735-1000
創業：1952年12月
資本金：250億円
従業員数：12,854名（2024年3月末現在）
URL：https://www.ana.co.jp/group/

寺田倉庫株式会社
〒140-0002
東京都品川区東品川2-6-10
TEL：03-5479-1611
創業：1950年10月
資本金：1億円
従業員数：140名（2024年3月末現在）
URL：https://www.terrada.co.jp/

株式会社日新
〒231-8477
神奈川県横浜市中区尾上町6-81
ニッセイ横浜尾上町ビル
TEL：045-671-6111
創業：1938年12月
資本金：60億9,700万円
従業員数：1,601名（単体：2024年3月末現在）
URL：https://www.nissin-tw.com/

日本貨物航空株式会社
〒282-0011
千葉県成田市成田国際空港内
NCAライン整備ハンガー
TEL：0476-30-3001
創業：1978年9月
資本金：100億円
従業員数：822名（単体：2024年4月1日現在）
URL：https://www.nca.aero/

日本貨物鉄道株式会社（JR貨物）
〒151-0051
東京都渋谷区千駄ヶ谷5-33-8　サウスゲート新宿
TEL：03-5367-7380
創業：1987年4月
資本金：190億円
従業員数：5,637名（単体：2024年4月1日現在）
URL：https://www.jrfreight.co.jp/

ヤマト運輸株式会社
〒104-8125
東京都中央区銀座2-16-10
TEL：03-3541-3411
創業：1919年11月
資本金：500億円
従業員数：165,420名（連結：2024年3月末現在）
URL：https://www.kuronekoyamato.co.jp/

株式会社ライゼ
〒530-0001
大阪府大阪市北区梅田1-2-2
大阪駅前第2ビル1309号
TEL：06-6346-0139
創業：1991年12月
資本金：4,000万円
従業員数：17名（2024年3月末現在）
URL：https://www.reisebox.co.jp/

ロジスティード株式会社
〒104-8350
東京都中央区京橋2-9-2　ロジスティードビル
TEL：03-6263-2800
創業：1950年2月
資本金：1億円
従業員数：46,916名
（グループ合計：2024年3月末現在）
URL：https://www.logisteed.com/jp/

SBSホールディングス株式会社
〒160-6125
東京都新宿区西新宿8-17-1
住友不動産新宿グランドタワー25階
TEL：03-6772-8200
創業：1987年12月
資本金：39億2,000万円
従業員数：23,562名（連結：2023年12月末現在）
URL：https://www.sbs-group.co.jp/

愛知県名古屋市中川区江松5-226
TEL：052-687-0001
創業：1971年6月
資本金：1,200万（グループ合計）
従業員数：1,175名（グループ合計：2024年1月末現在）
URL：https://www.2626.co.jp/

福山通運株式会社
〒721-0974
広島県福山市東深津町4-20-1
TEL：084-924-2000
創業：1948年9月
資本金：303億1,045万円
従業員数：26,327名（連結：2024年3月末現在）
URL：https://corp.fukutsu.co.jp/

株式会社プロロジス
〒100-6421
東京都千代田区丸の内2-7-3　東京ビルディング21階
TEL：03-6860-9000
設立：1999年
資本金：1,000万円
従業員数：136名（2022年3月末現在）
URL：https://www.prologis.co.jp/

三井倉庫ホールディングス株式会社
〒105-0003
東京都港区西新橋3-20-1
TEL：03-6400-8000
創業：1909年10月
資本金：112億8,200万円
従業員数：7,882名（連結：2024年3月末現在）
URL：https://msh.mitsui-soko.com/

三菱倉庫株式会社
〒103-0027
東京都中央区日本橋1-19-1
TEL：03-3278-6611
創業：1887年4月
資本金：223億9,300万円
従業員数：4,922名（連結：2024年3月末現在）
URL：https://www.mitsubishi-logistics.co.jp/

索引
INDEX

貨物自動車利用運送事業……80
仮置き……34
完全歩合給……75
管理部門……65
企業の社会的責任……85
規制緩和……48
基本給……76
休憩時間……108
休息期間……108
業界団体……102
行政監査……124
協同組合倉庫……34
共同配送……32
京都議定書……84,86
業務改善……69,71
業務企画・推進……68
共用空港……92
拠点空港……92
近鉄エクスプレス……163
区域トラック……30
空港整備計画……92
国管理空港……92
クラウドシステム……191
経済基盤……92
ケース……51
原価意識……209
現業部門……64
航空法改正……188
拘束時間……108
高度経済成長……13
高度成長……132
鴻池運輸……175
港湾整備計画……88

■あ行

アウトソーシング……15
アルゴリズム……206
安全車両機器……145
委託物流……24
一時置き……34
一括請負……53
一般貨物自動車運送事業……80
インフレーション……12
請負……58
運送会社……30
運送業……24,30
運送部門……68
運転免許制度……99
運輸支局監査……124
営業倉庫……25,34,50
営業部門……64,72
エコトラック……187
エンドユーザー……114
大型免許……100
オーナー・オペレーター……134
温室効果ガス……117

■か行

会社管理空港……92
会社説明会……147
改善基準告示……108
貸切運賃……47
活動基準原価計算……53
貨物運送取扱事業法……47,96
貨物軽自動車運送事業……80
貨物自動車運送事業……47
貨物自動車運送事業法……30,47,96

常温倉庫……175
消費者物流……38
商物分離……14
情報管理サービス……62
情報システム部門……65
商流……14
所有権……14
自律型協働ロボット……204
白ナンバートラック……81
水面倉庫……35
スタートアップ……197
スルーセンター型……66
生産年齢人口……140
生成AI……190
成長戦略型M＆A……119
西濃運輸……161
セイノーホールディングス……161
積載効率……112
センコー……169
センコーグループホールディングス……169
全日本トラック協会……102
倉庫運営……70
倉庫会社……24
倉庫管理主任者……83
倉庫業……24,34
倉庫現品管理……70
倉庫部門……70
倉庫保管サービス……62
倉庫料……50
倉庫ロボット……182

■た行

第一次石油危機……128
第一種貨物利用運送事業……80
待機時間料……48
代行サービス……62
第二種貨物利用運送事業……80
コールドチェーン……172
コールバーグ・クラビス・ロバーツ……165
国策会社……154
個人引越……38
コストセンター……42
固定給……76
コンツェルン……169
コンテナ……69
コンテナリゼーション……85
コンプライアンス……142
梱包・包装サービス……62

■さ行

サードパーティー・ロジスティクス……134,136
サービス・レベル・アグリーメント……136
佐川急便……159
サステナビリティ……157
サプライチェーン・マネジメント……18
三期制……50
山九……167
産業用ロボット……202
シェアリングサービス……198
自家倉庫……25,34,50
事業継続計画……121
自社物流……24
下請け会社……45
自動運転トラック……184
自動運転レベル……184
自動隊列走行……186
支払物流……24
事務所移転……38
社員紹介制度……148
社内物流……17
車両整備……69
車両整備部門……64
重要港湾……88
準中型免許……99

ドライバー不足……140
トラック……55
ドラッグ＆ドロップ……207
トラック運送業界の環境ビジョン2030……84
トラック運賃……47
トラック輸送……132
トラックGメン……111
トラディショナル……134
トランクルーム……39
トレード・オフ……88
ドローン……183,188
ドローン配送……188
トンキロ……27
トンキロ法……118

な行

内部監査……124
荷役サービス……62
荷役の自動化……180
荷役料……53
日新……167
荷主……30
荷主交渉……107
日本貨物運送協同組合連合会……103
日本倉庫協会……103
日本物流団体連合会……103
日本郵政……173
日本郵便……173
日本ローカルネットワークシステム協同組合連合会……103
日本ロジスティクスシステム協会……103
入荷・保管・出荷……70
入社率……147
人工……53
農業倉庫……34
能率性単価……53
ダイレクト物流……152
ダイレクトリクルーティング……148
宅配運賃……47
宅配クライシス……110
宅配BOX……115
宅急便……156
棚搬送型ロボット……205
短期定着率……150
地球温暖化防止京都会議……84
地方管理空港……92
地方港湾……88
中型免許……99,100
中経輸送……107,113
長期定着率……150
調達……133
調達物流……17
坪……199
積合運賃……47
手当……76
提案営業……137
ディストリビューションセンター型……66
デジタルトランスフォーメーション……107
デジタルフォワーディング……200
デポ……66
東京証券取引所……159
東証……159
道路運送法……30
特殊運賃……47
特定貨物自動車運送事業……80
特定重要港湾……88
特定地方管理空港……92
特別積合せ自動車運送事業……80
ドライ倉庫……175
ドライバー……75
ドライバーズカルテ……151
ドライバーニューディールアソシエーション……103

物流センター……66
物流総合効率化法……212
物流二法……28,47,96
プラント・エンジニアリング……168
プルウィップ効果……19
プル型……72
プロフィットセンター……42
ベストプラクティス……54
変動給……76
ホイールベース……185
保障給……75
補償的単価……53
ホワイト物流……112

ま行

マーケティング……78
マーチャンダイジング……12
孫請け会社……45
マテハン機器……62
マルチトラック……177
無人航空機……188
無人搬送車……182,203
鞭効果……19
メタヒューリスティクス……206
免許効力停止期間……99
面接来社率……146
モーションプランニングAI……202
モーダルシフト……84,107,214
持株会社……43
元請け会社……45

や行

山岸運送グループ……152
ヤマト運輸……156
ヤマトホールディングス……156
有効求人倍率……141
郵政民営化……173

は行

バース管理……196
配車・運行管理……68
はい付け……70
配分率……51
派遣……58
ハザードマップ……122
働き方改革関連法案……75
働きやすい職場認証……75
ハブ空港……93
パレタイズ……182
パレタイズロボット……182
パレチゼーション……85
パレット……52
販売物流……17
日立物流……165
ピッキング……182
ピッキングロボット……182
引越運賃……47
引越専業事業者……38
標準的な運賃……48
歩合給……76
フォワーディング……171
フジトランスポート……177
附帯作業料……48
普通倉庫……35
物流……10
物流改革に向けた政策パッケージ……110
物流管理のシステム化……180
物流企業……24
物流クライシス……110
物流経路……14
物流子会社……42
物流コンサルタント……21
物流システム……132
物流情報のレポーティングサービス……63
物流診断……74

■わ行

ワークライフバランス……144
割増賃金……76

■アルファベット

ABC……53
AGV……182,203
AI……190,192
AIドライブレコーダー……193
AMR……204
Any Cargo……201
APLロジスティクス……163
BCP……121
B to B……31
B to C……31,114
C級……35
ChatGPT……190
CLO……17
CSR……85,160
C to C……114
DC型……66
DM……73
DOE……161
DX……107,143
ERP……18
ESGロジスティクス……117
EU……93
F級……35
GMS……36
GROUND……204
Hacobu……196
IoT……180
KKR……165
KURANDO……208
LPS……103
MOVO……196
Mujin……202
郵船ロジスティクス……171
輸送梱包作業……69
輸送の機械化……180
ユニットロードシステム……85
輸配送サービス……62
輸配送作業……68
傭車……68

■ら行

ライナロジクス……206
ラストワンマイル……114
リードナーチャリング……78
陸運局……82
流通加工……36
流通加工会社……36
流通加工サービス……62
流通加工料……53
流通経路……14
流通倉庫……34
利用運送手数料……46
冷蔵倉庫……35
レコメンドシステム……208
レベル4……184,188
レンタルスペース……41
労働基準監督署監査……124
労務マネジメント……104
ロジスティード……165
ロジスティクス……16,132
ロジスティクスプロバイダー経営研究会……103,138
ロジスティクス4.0……180
ロジボード……209
ロジメーター……208
路線トラック……30
ロボットストレージシステム……182

M＆A……119
NIPPON EXPRESSホールディングス……154
NXグループ……154
PDCA……62
RFID……205
SCM……18,129
SGホールディングス……159
Shippio……200
SLA……136
souco……198
TC……66
TMS……65,180
UAV……188
WMS……65,71,180
Z世代……150

■数字

3PL……45,96,134,136,213
2024年問題……106,140

参考文献

- 河西健次・津久井英喜 編著『よくわかるこれからの物流』（同文舘出版）
- 鈴木邦成『図解 物流の最新常識』（日刊工業新聞社）
- 菊池康成『2時間でロジスティクスがわかる本』（同友館）
- 湯浅和夫『これからの物流がわかる本』（PHP研究所）
- 中田信哉・橋本雅隆『物流のしくみ』（日本実業出版社）
- 花房 陵『「物流」のしくみ』（日本実業出版社）
- 平島廉久『手にとるように流通のことがわかる本』（かんき出版）
- 日本創造経営協会 編『トラック経営革新』（同友館）
- 日本創造経営協会 編『トラック環境経営』（同友館）
- Roland Berger「視点109号　Logistics 4.0－物流ビジネスにおける新たなイノベーション」
- ロジ・ソリューション株式会社『図解即戦力 物流業界のしくみとビジネスがこれ1冊でしっかりわかる教科書 ［改訂2版］』（技術評論社）

●著者紹介

船井総研ロジ株式会社
物流ビジネスコンサルティング部

「社員が誇れる物流企業を創る」というミッションのもと、物流企業様の業績アップのための、競争戦略・戦術の立案から実行支援までの現場密着型の活動を行う。

近年では、「ドライバー採用・定着・育成」、「営業強化・直荷主獲得」、「利益率改善」、「ＷＥＢマーケティング」などを主なテーマとして活動。

物流企業経営研究会「ロジスティクスプロバイダー経営研究会」を主宰しており、全国から、志の高い経営トップ・幹部を集めて、先進物流企業づくりを推進している。

・連絡先
船井総研ロジ株式会社（http://www.f-logi.com/）
TEL.03-4223-3163／FAX.03-4546-0271
メール.lps@f-logi.com

図解入門業界研究 最新
物流業界の動向とカラクリが
よ～くわかる本［第５版］

発行日　2024年10月21日　第1版第1刷

著　者　船井総研ロジ株式会社

発行者　斉藤　和邦
発行所　株式会社　秀和システム
〒135-0016
東京都江東区東陽2-4-2　新宮ビル2F
Tel 03-6264-3105（販売）Fax 03-6264-3094
印刷所　三松堂印刷株式会社　Printed in Japan

ISBN978-4-7980-7305-7 C0033

定価はカバーに表示してあります。

乱丁本・落丁本はお取りかえいたします。

本書に関するご質問については、ご質問の内容と住所、氏名、電話番号を明記のうえ、当社編集部宛FAXまたは書面にてお送りください。お電話によるご質問は受け付けておりませんのであらかじめご了承ください。